日本の祭と神《かみ》賑《にぎわい》

京都・摂河泉の祭具から読み解く祈りのかたち

森田玲

創元社

［目　次］

装丁 橘浩貴
写真撮影・作図 森田玲（特記外すべて）

まえがき

　皆さんの「祭」の風景《イメージ》はどのようなものでしょうか。私の祭の原風景は、大阪の南部、岸和田市の八木《やぎ》という地域の地車《だんじり》です。子供の頃、祭が近づくと、もう居ても立ってもいられなくなって、学校から帰ってくると法被《はっぴ》を着て団扇《うちわ》を手にはしゃぎ回っていました。祭の日、祖父の家の土間で地下足袋《じかたび》を履くのですが、子供にとっては足袋の小鉤《こはぜ》というものは洋服のボタンの比にならないほどの難題です。「ドンチチ・ドンチチ・ドンチチ」と太鼓の音とともに地車が近づいて来るものの、気持ちだけが焦ってなかなか準備が整いません。「何やってんの。ダンジリ行ってしまうで」と言うが早いか、母が見事な手さばきで小鉤を次々にはめ込んでくれました。夜の地車は提灯に彩られます。祖父が持たせてくれた弓張《ゆみはり》提灯に立つ蠟燭《ろうそく》の炎の暖かさを今でも思い出すことができます。地車囃子《だんじりばやし》の「トロラヒャリツロ」という透明な笛の遠音《とおね》は、篠笛《しのぶえ》奏者としての私の原点でもあります。

　私は現在、京都と、大阪の岸和田の二箇所を拠点に、祭の笛を中心として扱う笛屋を営んでおります。初めの頃は、祭といえば岸和田の地車、地車といえば笛と太鼓といったように、かなり限定された祭にしか興味がありませんでした。ところが、二十代も後半になると、多くの出会いに恵まれ、御迎《おむかえ》提灯や太鼓台、岸和田以外の地車、唐獅子などが出る、他地域のさまざまな祭に接する機会が増えました。平成十八年に岸和田祭が土日開催となった頃からでしょうか、「祭とは何か」「祭は誰のものか」といった祭の本質についても考えるようになりました。本書は、このような十年にわたる私の祭研究の集大成です。

　第一章では「祭とは何か」という、時代や地域を越えて共通する祭の基本概念を紹介しました。カミを奉る行為が「祭」です。ここでは、祭が「カミ迎え」「カミ祀り」「カミ送り」という三部で成り立っていること、そして「神事」と「神賑行事《かみにぎわいぎょうじ》」という二つの局面が存在することを紹介しています。詳細は本文に譲りますが、私たちが普段、祭と認識している部分の多くは、この神賑行事という祭の賑やかな側面を指します。

第二章では「カミの道行き」に注目しました。カミの移動経路に注目することによって、祭の目的がより明らかとなります。また、神輿《みこし》の発達史についても詳しく述べました。一口に神輿といっても、さまざまな形態があること、そして現在、私たちがよく目にする金色の神輿は、神仏習合の産物であることなどを述べています。

第三章から第六章では、多くの図表と写真を用いて、御迎提灯、太鼓台、地車、唐獅子といった多様で魅力的な祭具の世界を紹介しています。祭の形態は、地域の風土や歴史を反映して数え切れないほど多く存在します。祭の見聞を重ねただけでは、単に知っている祭の数が増えるだけです。ところが、私が長く祭というテーマに興味を持ち続けることができたのは、まったく異なる内容の祭や遠く離れた地域の祭の中に、さまざまな共通点を見出し、それを面白いと感じることができたからだと思います。

例えば、祭に欠かせない提灯の灯の源流は、カミ迎えのための庭燎《にわび》であることがわかりました。台昇《だいがく》と呼ばれる巨大な御迎提灯も、元をたどればカミ迎えの灯です。太鼓台の形態は多様で、布団を重ねたような布団太鼓や、鳳輦《ほうれん》の屋根を模したもの、神社の社殿を模したものまでさまざまですが、頭巾をかぶって装束で着飾った乗子たちが、地面に足をつけずに大人に肩車されて移動するという共通点を持ちます。太鼓台の起源は、神輿を先導する触太鼓《ふれ》です。地車といえば、現在は岸和田が有名ですが、その発祥は天神祭です。地車という大阪独特の形態の練物《ねりもの》は、江戸時代、西国大名や幕府が所有していた豪華絢爛の川御座船《かわござぶね》を模したものであることがわかりました。獅子舞はお正月の行事というイメージが強いですが、祭の唐獅子は、もちろん正月に限りません。唐獅子は古く奈良時代以前に大陸から日本へと伝来し、長い祭の歴史の中で、さまざまな役割を担うようになりました。有名な管弦楽曲にも採り入れられた大阪の夏祭の獅子舞の笛の旋律は、明治期に伊勢大神楽から習ったものです。このように、一見、無関係に見えるさまざまな祭も、竹林の地下茎のごとく根底では互いにつながっています。

祭具の歴史的な背景が見えてくると、祭への理解がぐっと深くなると思います。

第七章では、私が見聞した祭をカラー写真とともに紹介しています。ここでの祭の紹介は、一般的な事実の列挙ではなく、第一章から第六章まで培った、本書独自の視点で綴っています。それぞれの祭の意外な一面や新たな魅力を知っていただければと思います。祭は季節ごとに並べました。春夏秋冬四季折々の表情を見せる我が国では、春季の豊作祈願祭、夏季の疫病退散の御霊会《ごりょうえ》、秋季の収穫感謝祭など、祭の性格も季節ごとに異なります。祭の季節性への理解は、祭を考える上で、とても大切です。

以上のように、私たちを惹きつけてやまない祭には、まだまだ知られていない魅力が満ちあふれています。本来は、そこで筆をおきたいところですが、本書では、もう一歩踏み込んで、祭の未来についても考えます。第八章では「祭は誰のものか」と題して、現在の祭が抱える課題をいくつか取り上げます。その際、本文で何度も述べることになる「神賑行事」というキーワードが重要となります。祭の中のヒトの楽しみの部分である神賑行事は、長い期間をかけて培われてきた、喜びのかたちです。ただし近年、祀る対象であるはずのカミの存在を意識することが少なくなってきていると感じるのは私だけでしょうか。その問題が表面化したわかりやすい事例が、「祭の土日開催」です。祭の中の神賑行事が、神事に対して大きくなりすぎると、共同体のアイデンティティであるはずの祭が、地域を弱体化させる危険性すらあります。今一度、祭のあり方を見つめ直さなければなりません。これまでも文化の継承や、祭の地域に果たす役割といった問題は、さまざまな機会に語られてきましたが、祭についての基礎知識や共通言語がない状態でなされることが多かったように思います。第一章から第七章までの内容を読んでいただいた上での祭談義は、これまで以上に、楽しく、意義のあるものになるはずです。

この十年は、何よりも祭のフィールドに出かけることを優先して予定を組んできました。また、過去に記された文献を検証することにも時間を費やしました。そこからは、地域や時代を越えて、祭に携わる人々の熱い想い、見聞した人々の感動、祈りのかたち、喜びの感情が、強く伝わってきました。私は、そこで得たものを次の世代へと伝えていかなければなりません。現時点で、私が語ることができる内容はすべて盛り込んだつもりです。本書が、祭に携わる皆さん、祭に興味を持っている皆さんにとって、祭のゆくえを舵取りするための羅針盤となれば、筆者として幸いです。

森田　玲

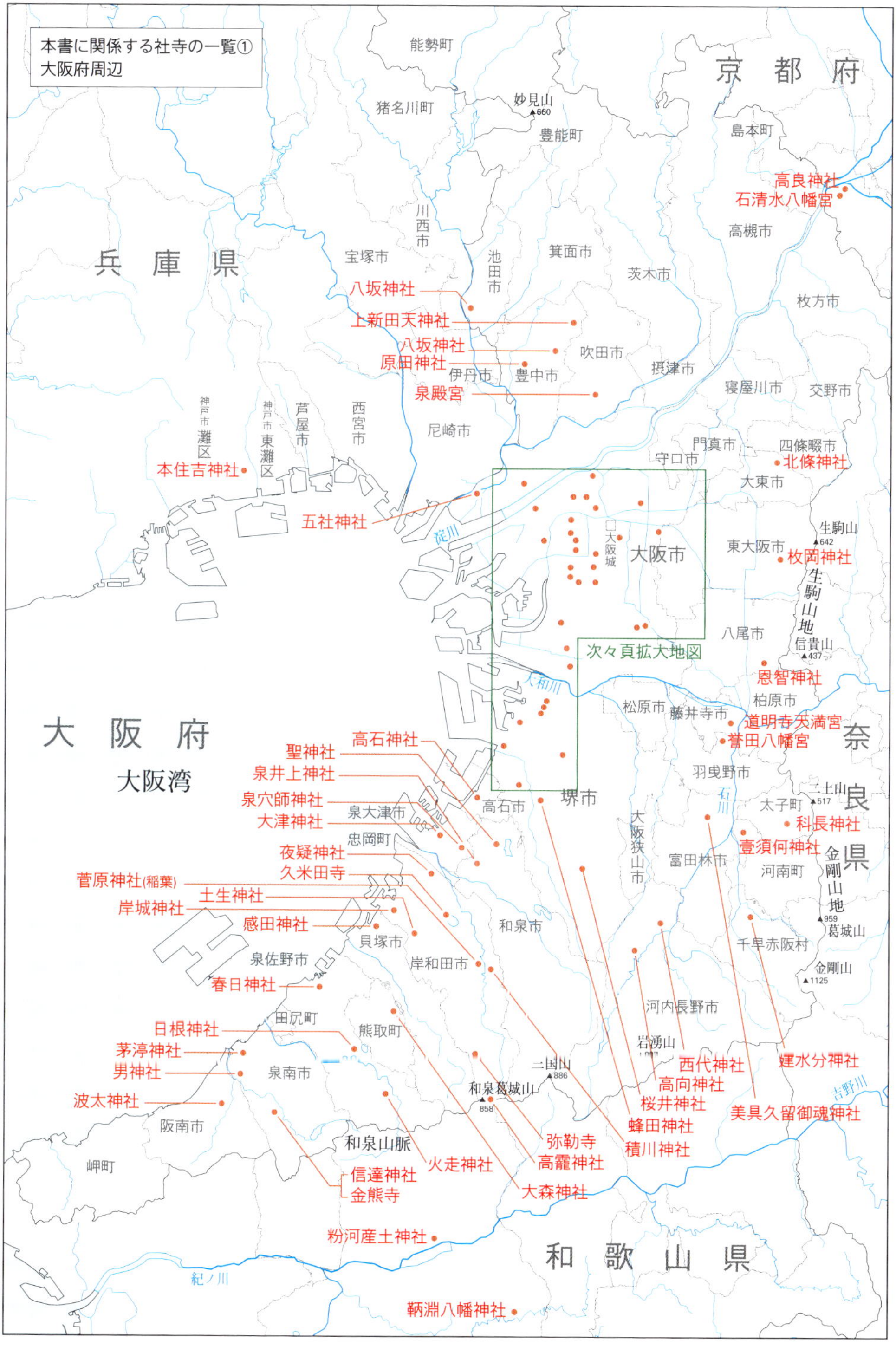
本書に関係する社寺の一覧①
大阪府周辺
能勢町
京都府
猪名川町
妙見山
660
豊能町
島本町
高良神社
石清水八幡宮
川西市
高槻市
兵庫県
宝塚市
池田市
箕面市
茨木市
八坂神社
枚方市
上新田天神社
八坂神社
吹田市
原田神社
摂津市
伊丹市
豊中市
寝屋川市
交野市
泉殿宮
神戸市灘区
神戸市東灘区
芦屋市
西宮市
尼崎市
門真市
四條畷市
守口市
本住吉神社
北條神社
大東市
五社神社
生駒山
642
淀川
大阪城
大阪市
東大阪市
枚岡神社
生駒山地
八尾市
信貴山
437
次々頁拡大地図
恩智神社
大和川
柏原市
松原市
藤井寺市
道明寺天満宮
大阪府
誉田八幡宮
奈良県
高石神社
聖神社
羽曳野市
泉井上神社
二上山
517
泉穴師神社
高石市
堺市
太子町
大津神社
泉大津市
科長神社
忠岡町
石川
壺須何神社
夜疑神社
大阪狭山市
富田林市
河南町
久米田寺
金剛山地
菅原神社(稲葉)
土生神社
岸城神社
959
葛城山
感田神社
和泉市
貝塚市
千早赤阪村
泉佐野市
岸和田市
金剛山
1125
春日神社
河内長野市
田尻町
日根神社
熊取町
岩湧山
茅渟神社
西代神社
建水分神社
男神社
泉南市
二国山
886
高向神社
和泉葛城山
858
波太神社
桜井神社
美具久留御魂神社
吉野川
阪南市
蜂田神社
弥勒寺
和泉山脈
積川神社
岬町
火走神社
高龗神社
信達神社
金熊寺
大森神社
粉河産土神社
和歌山県
紀ノ川
鞆淵八幡神社
大阪湾

本書に関係する社寺の一覧②
全国
早馬神社
宮城県気仙沼市
諏訪大社
長野県諏訪市
八坂神社
石川県能登町
壬生神社
広島県北広島町
厳島神社
広島県廿日市市
宇佐神宮
古要神社
大分県宇佐市
八幡古表神社
福岡県吉富町
京都
大阪
奈良
東京
明治神宮
東京都渋谷区
鶴岡八幡宮
神奈川県鎌倉市
銀鏡神社
宮崎県西都市
諏訪神社
長崎県長崎市

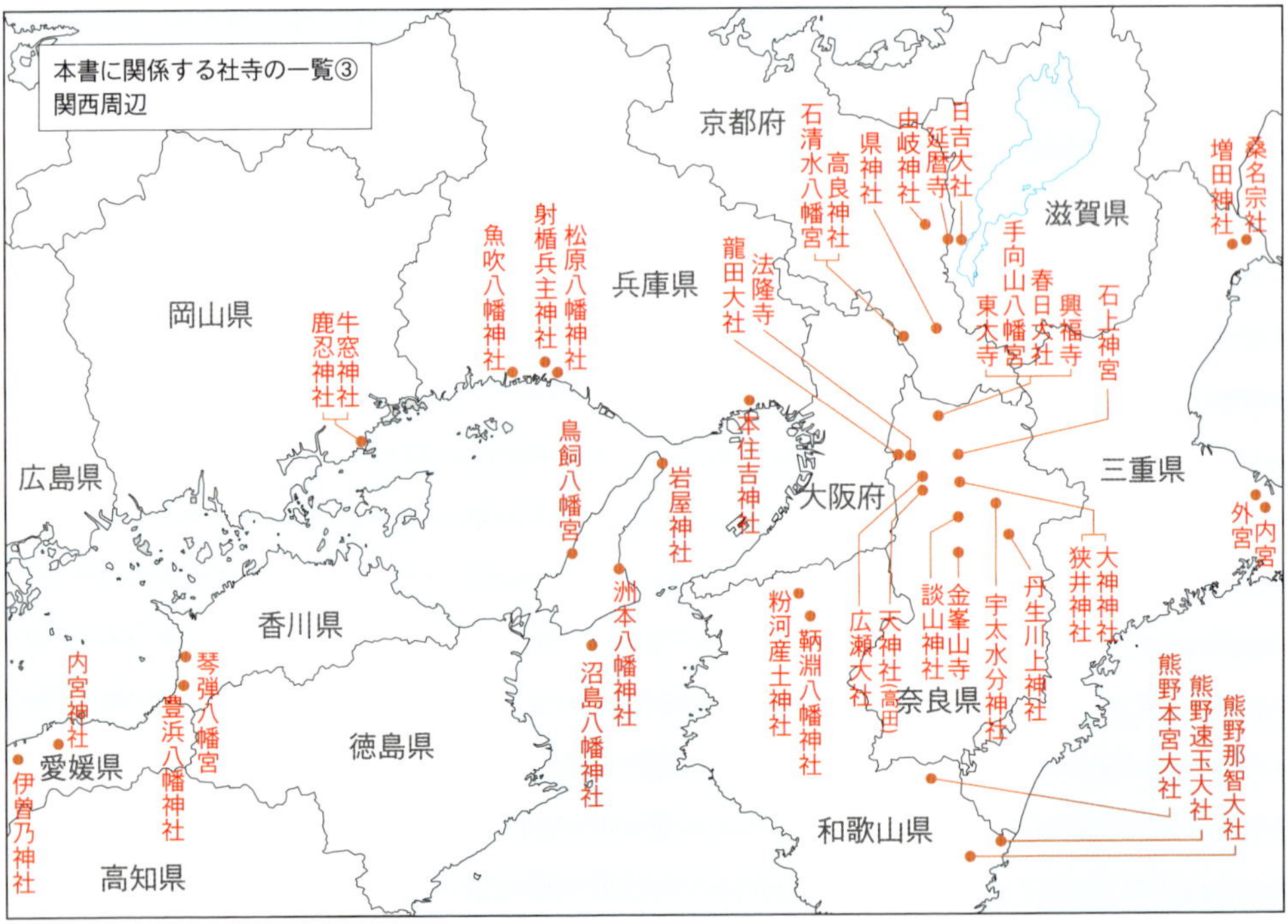
本書に関係する社寺の一覧③
関西周辺
京都府
滋賀県
兵庫県
岡山県
広島県
大阪府
三重県
香川県
奈良県
徳島県
愛媛県
和歌山県
高知県
石清水八幡宮
高良神社
県神社
由岐神社
延暦寺
日吉大社
増田神社
桑名宗社
射楯兵主神社
松原八幡神社
魚吹八幡神社
龍田大社
法隆寺
手向山八幡宮
春日大社
東大寺
興福寺
石上神宮
牛窓神社
鹿忍神社
鳥飼八幡宮
岩屋神社
本住吉神社
大神神社
狭井神社
外宮
内宮
洲本八幡神社
沼島八幡神社
粉河産土神社
鞆淵八幡神社
広瀬大社
天神社（高田）
談山神社
金峯山寺
宇太水分神社
丹生川上神社
熊野本宮大社
熊野速玉大社
熊野那智大社
琴弾八幡宮
豊浜八幡神社
内宮神社
伊曽乃神社

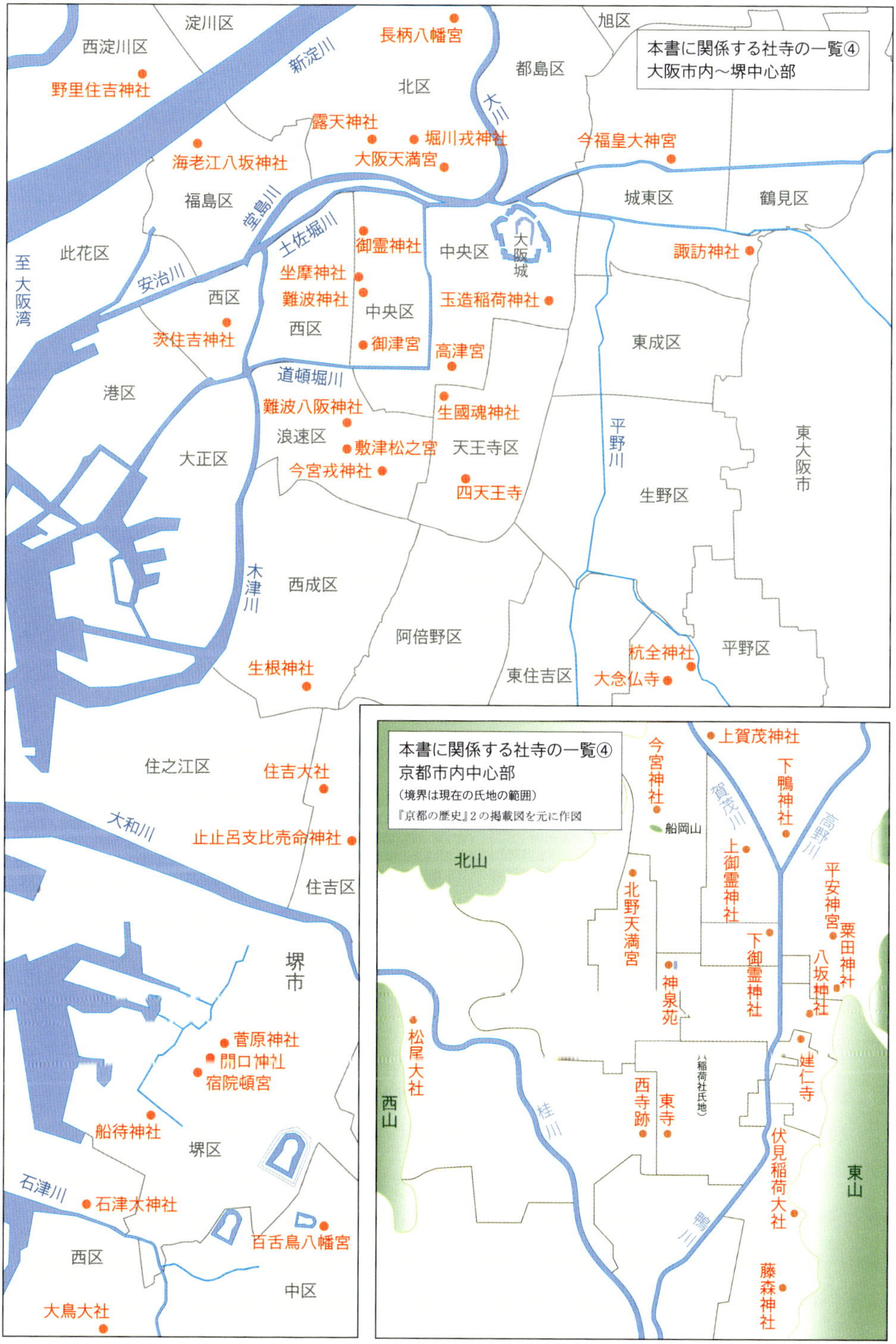

本書に関係する社寺の一覧④
大阪市内～堺中心部
淀川区
西淀川区
旭区
都島区
北区
新淀川
大川
長柄八幡宮
野里住吉神社
露天神社
堀川戎神社
大阪天満宮
今福皇大神宮
海老江八坂神社
福島区
堂島川
城東区
鶴見区
土佐堀川
御霊神社
中央区
大阪城
諏訪神社
此花区
安治川
坐摩神社
難波神社
中央区
玉造稲荷神社
至大阪湾
西区
茨住吉神社
西区
御津宮
高津宮
東成区
道頓堀川
港区
難波八阪神社
生國魂神社
平野川
浪速区
敷津松之宮
天王寺区
東大阪市
大正区
今宮戎神社
四天王寺
生野区
木津川
西成区
阿倍野区
杭全神社
平野区
生根神社
大念仏寺
東住吉区
住之江区
住吉大社
大和川
止止呂支比売命神社
住吉区
堺市
菅原神社
開口神社
宿院頓宮
船待神社
堺区
石津川
石津太神社
百舌鳥八幡宮
西区
中区
大鳥大社
本書に関係する社寺の一覧④
京都市内中心部
（境界は現在の氏地の範囲）
『京都の歴史』2の掲載図を元に作図
今宮神社
上賀茂神社
下鴨神社
船岡山
賀茂川
高野川
北山
上御霊神社
平安神宮
北野天満宮
下御霊神社
粟田神社
八坂神社
神泉苑
松尾大社
建仁寺
（稲荷社氏地）
西寺跡
東寺
西山
桂川
伏見稲荷大社
東山
鴨川
藤森神社

序章　図説・祭のかたちを読み解く

祭とは──カミを祀り神賑を楽しむ

第一章

江戸時代の国学者・本居宣長は『古事記伝』の中で、「カミ」を、古典で語られる神々や神社に坐《ま》す産土神《うぶすながみ》はもとより、動物や植物のような生き物、海や山、川などの自然環境、そしてヒトをも含めて、「すぐれて畏《おそ》れ多いもの」であれば、すべてカミであると述べた。このような「カミ」を「マツル（祭る・祀る・奉る）」行為が「マツリ」である。

祭の目的は、カミの御霊《みたま》の活性化や鎮魂、豊作祈願や収穫感謝、雨乞いや雨喜び、悪霊・怨霊・疫神の類の遷却《せんきゃく》、先祖供養など多岐にわたり、祭の様式も、時代や地域、祭の目的によってさまざまである。祭を営むにあたっては、さまざまな供物《くもつ》や歌舞音曲が奉られた。祭は、その種類や規模の大小にかかわらず「カミ迎え」「カミ祀り」「カミ送り」の三部で構成される。また、祭には「神事」と「神賑《かみにぎわい》行事」という二つの局面が存在する。厳粛にカミと向き合う儀式的な部分が「神事」で、我々が現在一般に祭と認識している賑やかな場面が「神賑行事」にあたる。

「祭」の文字はカミに供物を奉る行為を表わす。「神」の文字は、「祭」との関連を示唆する「示」と「雷光」を表わす「申」からなる。

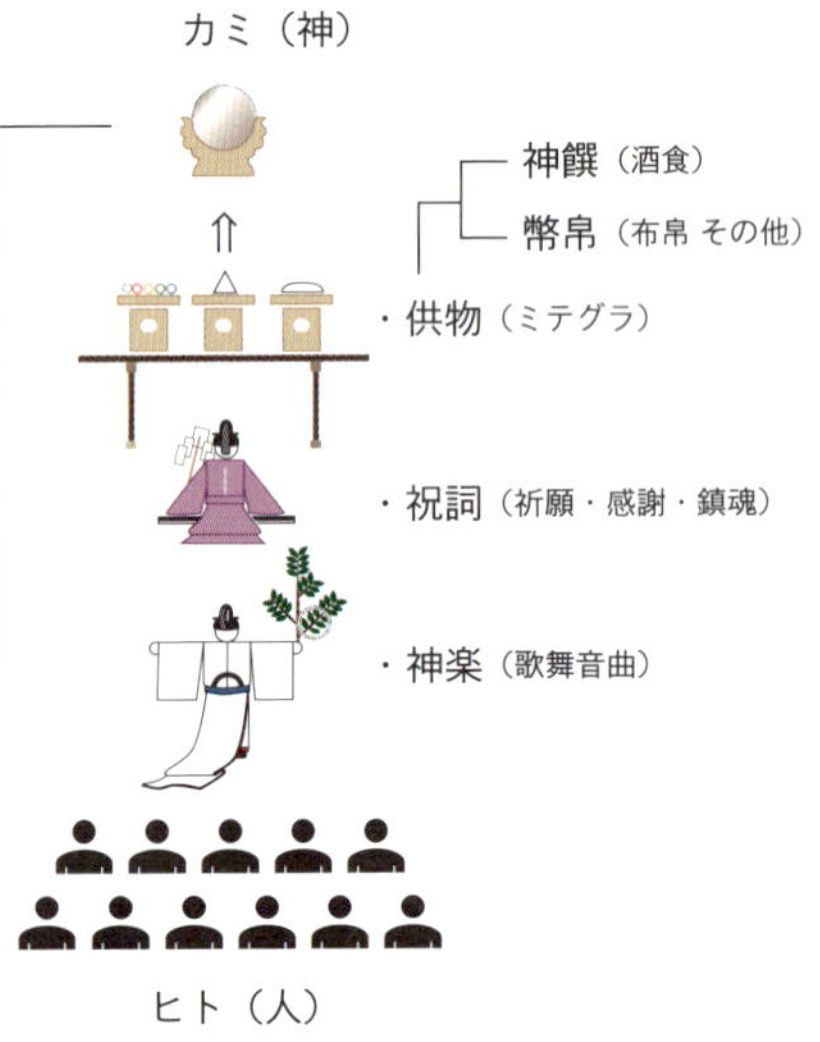

カミの祀り方　カミを奉る行為が祭である。供物も神楽もカミに捧げるという意味においては同じ範疇。祈りや感謝の気持ちを祝詞として言葉に表わして奏上する。

榊を手に採る御神楽の人長『故実叢書 舞楽図』 宮中や大規模な社寺では神楽の様式が整えられていくが、その土壌には各地に土着の神楽（風俗歌舞）があった。

菅江真澄筆『粉本稿』（大館市立中央図書館蔵） 菅江真澄が天明4年（1784）に見聞して描いた諏訪大社の祭の神饌。カミへの供物（神饌）は地域色豊か。神饌を撤した後にカミとヒトとが共食する場が直会（なおらい）である。

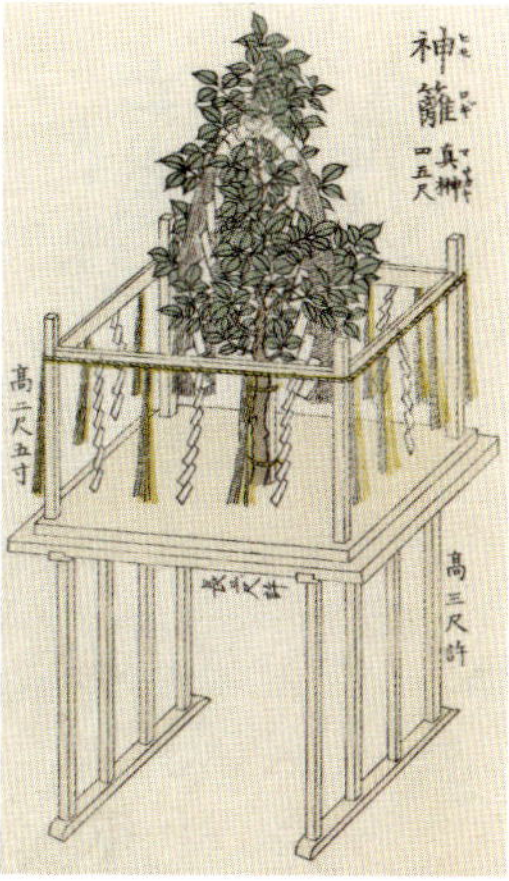

神籬（ひもろぎ）『神職宝鑑』（筆者蔵） カミは榊（さかき）などの常緑樹や特徴的な岩石（磐座）に宿りやすい。カミの依代（よりしろ）は祭によって多様である。

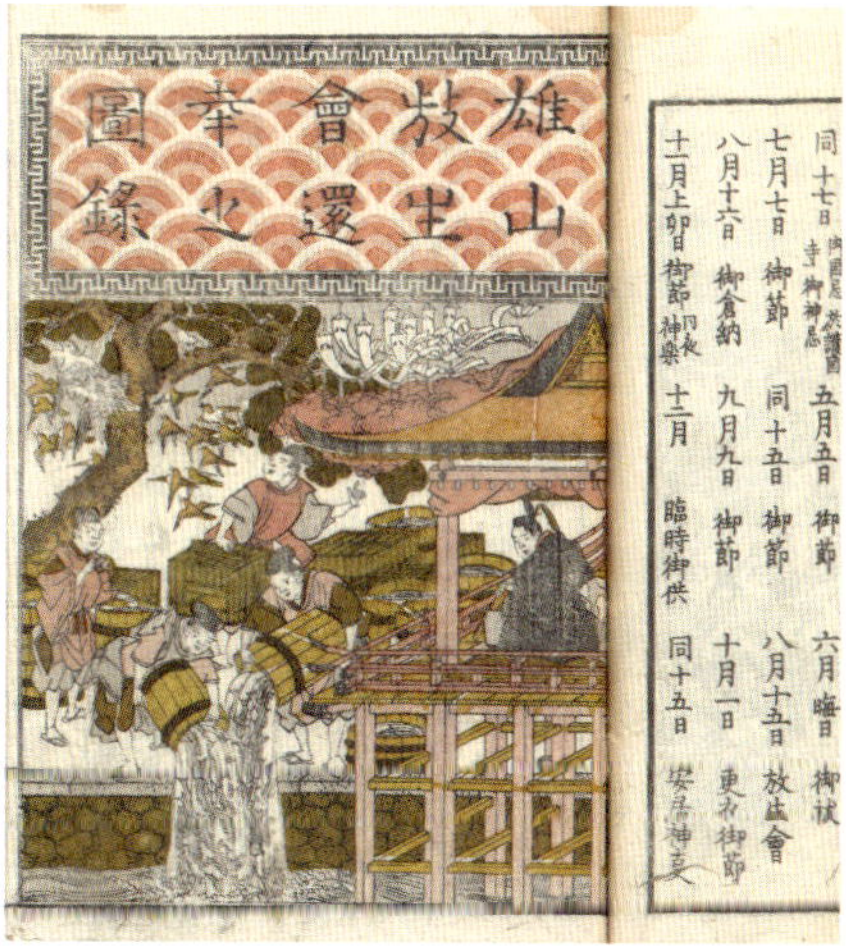

石清水八幡宮の放生会『雄山放生会還幸之図録』（筆者蔵） 生き物の供養や鎮魂を祈って鳥や魚を放生する姿が描かれる。八幡神系の神社の例祭は旧暦8月15日であることが多い。これは石清水八幡宮の放生会の日取りに由来する。その起源である宇佐神宮では隼人の霊が宿った蜷貝（にながい）を海に放生して鎮魂する。

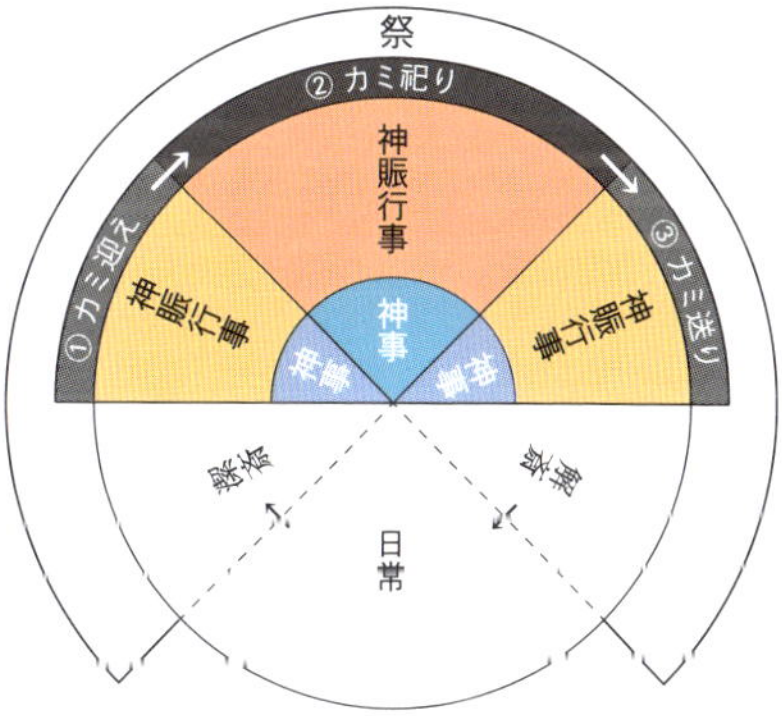

祭の三部構成と二つの局面（神事と神賑行事） 祭は「カミ迎え」「カミ祀り」「カミ送り」の三部で構成される。その中には、ヒトの意識がカミへと向けられる「神事」と、ヒトとヒトとの交流に重点を置いた「神賑行事」とがある。

カミの道行き——神幸の意義と神輿の発達史

第二章

カミの移動は神幸《しんこう》と呼ばれる。神幸祭は移動の目的によって「ミアレ型」「ミソギ型」「オイデ型」の三種に大別される。「カミの乗物」の形態はさまざまであるが、現在では、神輿《みこし》が用いられることが多い。今日、我々がよく目にする神輿は、方形の台の四隅に柱を立て、鳳凰や宝珠《ほうじゅ》（葱花《そうか》）を頂く宝形《ほうぎょう》造の屋蓋《おくがい》を設けた形態のもので、轅《ながえ》と呼ばれる二本の棒で舁《か》き上げる。鳳凰や宝珠は、天皇の輿《こし》であった鳳輦《ほうれん》や、皇后あるいは天皇の略式の行幸に用いられた葱花輦《そうかれん》（広義の鳳輦）の意匠を模したものである。

また、鳳輦型の神輿が全国的な広がりを見せる一方で、京都では神社の社殿を模したような宮型の神輿がよく見られる。さらに、神輿の中には六角形や八角形の寺院の円堂のような形態のものもある。このような神輿による神幸祭は、いつ頃、どの祭から始まったのであろうか。

鳳輦『故実叢書 輿車図考』（筆者蔵） 金銅の鳳凰を頂いた天皇の輿。現在、我々が目にする神輿の多くは、鳳輦を元に、仏教の影響を受けて金銅装とし荘厳具で飾り付けて成立したもの。

春日若宮おん祭の遷幸の儀「春日祭礼興福行事」（国立公文書館蔵）　カミの移動方法は神輿に限らない。多くの神職が手に採った榊葉がカミの依代を囲って人目をはばかる。

鳳輦型神輿『転害会図会』（手向山八幡宮蔵／奈良女子大学学術情報センター画像提供）　鳳輦型神輿の起源は東大寺の大仏開眼会に先立って宇佐から八幡神を勧請する際に、カミの依代となった巫女の輿として、天皇の輿である鳳輦に準じた輿を用いたことに始まる。転害会はそのカミ迎えを再現した祭。

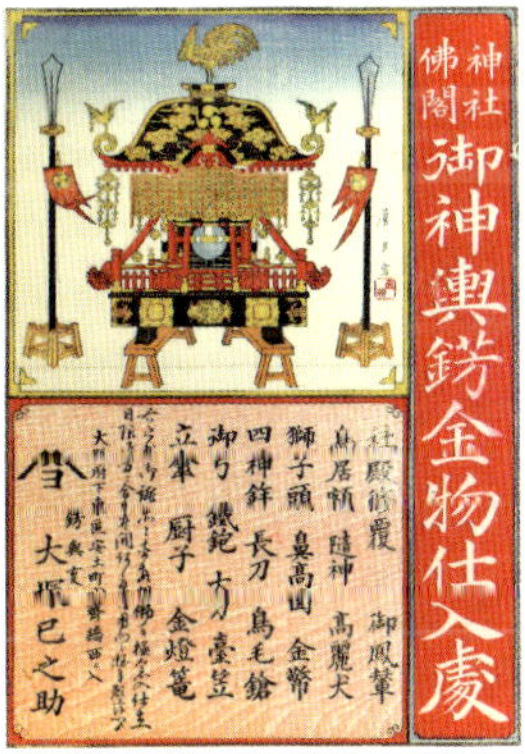

神輿飾金物店の引札（筆者蔵）　明治前期のもの。鳳輦型神輿が描かれる。明治初年に神仏判然令が出され神社から仏教色が一掃されるが、神輿に限っては瓔珞（ようらく）などの荘厳具で飾られるなど仏教的な要素が継承された。

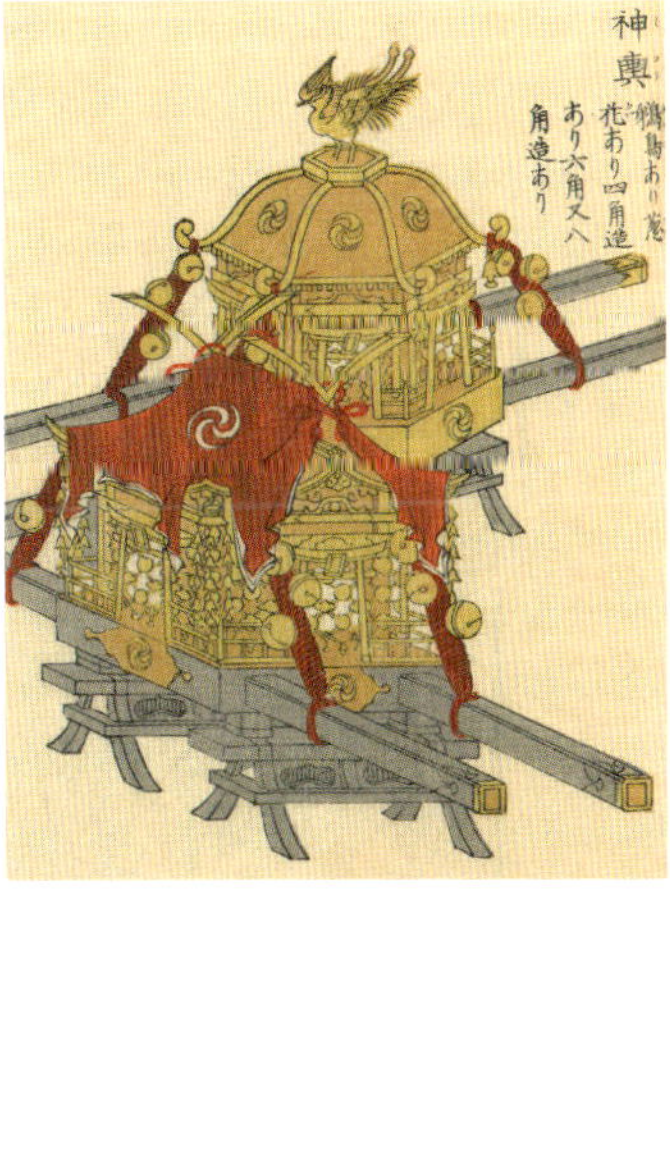

宮型神輿と円堂型神輿『神職宝鑑』（筆者蔵）　京都では社殿を模し千木（ちぎ）を頂いた独特の形態の神輿が見られる。宮型神輿は鳳輦型神輿よりも古い歴史を持つ。

御迎提灯――カミを迎える清らかな灯

祭が近づくと、神社の境内や家々の軒先に「御神燈」と墨書された提灯が掲げられる。このような祭の灯の源流を探っていくと、カミ迎えのために祭場で焚かれる庭《にわ》燎《び》にたどりつく。円筒形の筥《はこ》提灯が一般的で、多くは提灯の上部に御幣《ごへい》や飾金具が掲げられ、放射状に広がる傘《かさ》骨《ぼね》のような細工（ヒゲコなどと呼ばれる）が付いて、下部には鈴と飾房《かざりふさ》が吊るされる。提灯の数を増やす方向で神賑化したものが台昇《だいがく》。社殿や鳥居に掲げられる扁額を四枚合わせて箱形の行灯《あんどん》とした御迎《おむかえ》提灯もある。

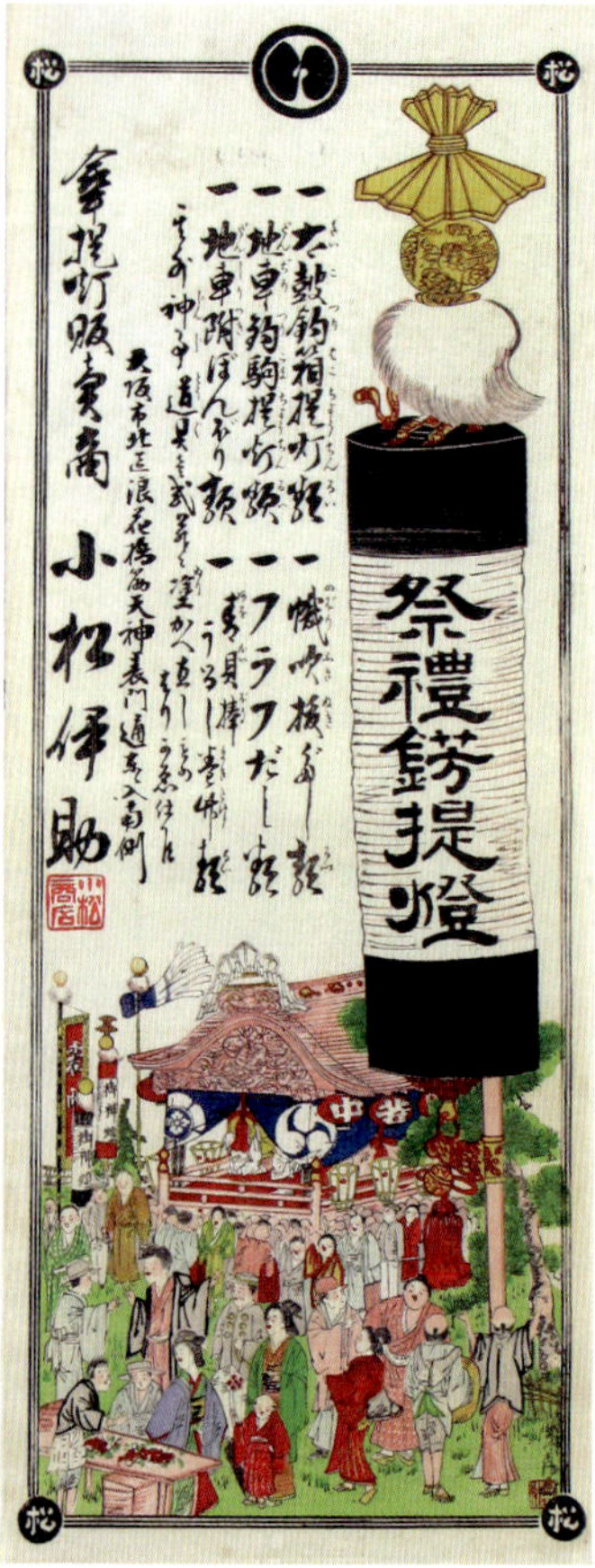

傘提灯販売商の引札（筆者蔵）　ちょんまげ姿の人と洋服姿の人が描かれる。

夏祭宵宮参り市中賑之図『郷土研究 上方』第31号（筆者蔵）　戦前までは御迎提灯は大阪の夏祭の風物詩であった。摂河泉の農山村域の祭には御迎提灯の風俗が今も残る。

難波八阪神社台舁之図『郷土研究 上方』第67号（筆者蔵） かつて大坂三郷南方域の祭には多くの台舁が出た。文楽や歌舞伎の『夏祭浪花鑑』にも夏祭の演出効果として登場する。京都にも同様の形式の御迎提灯がある。

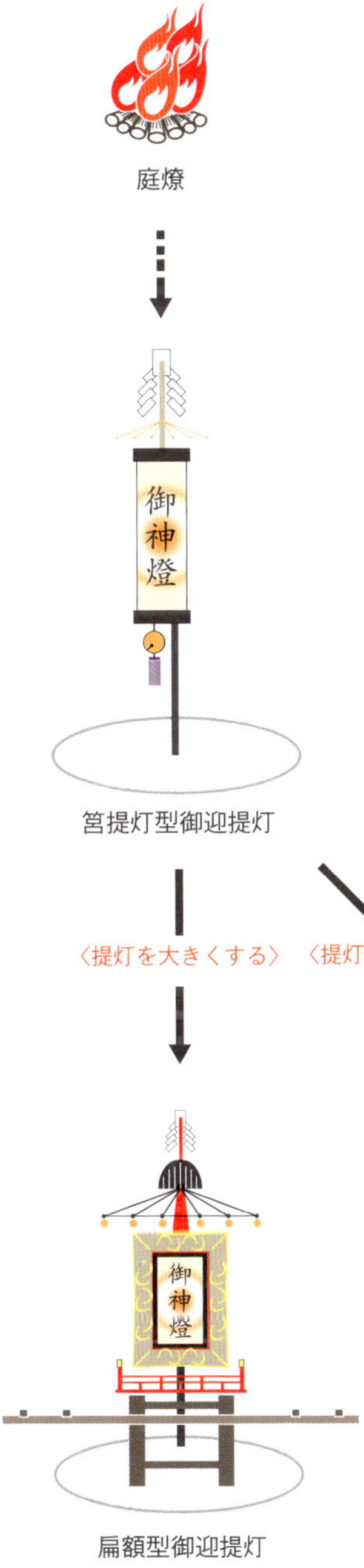

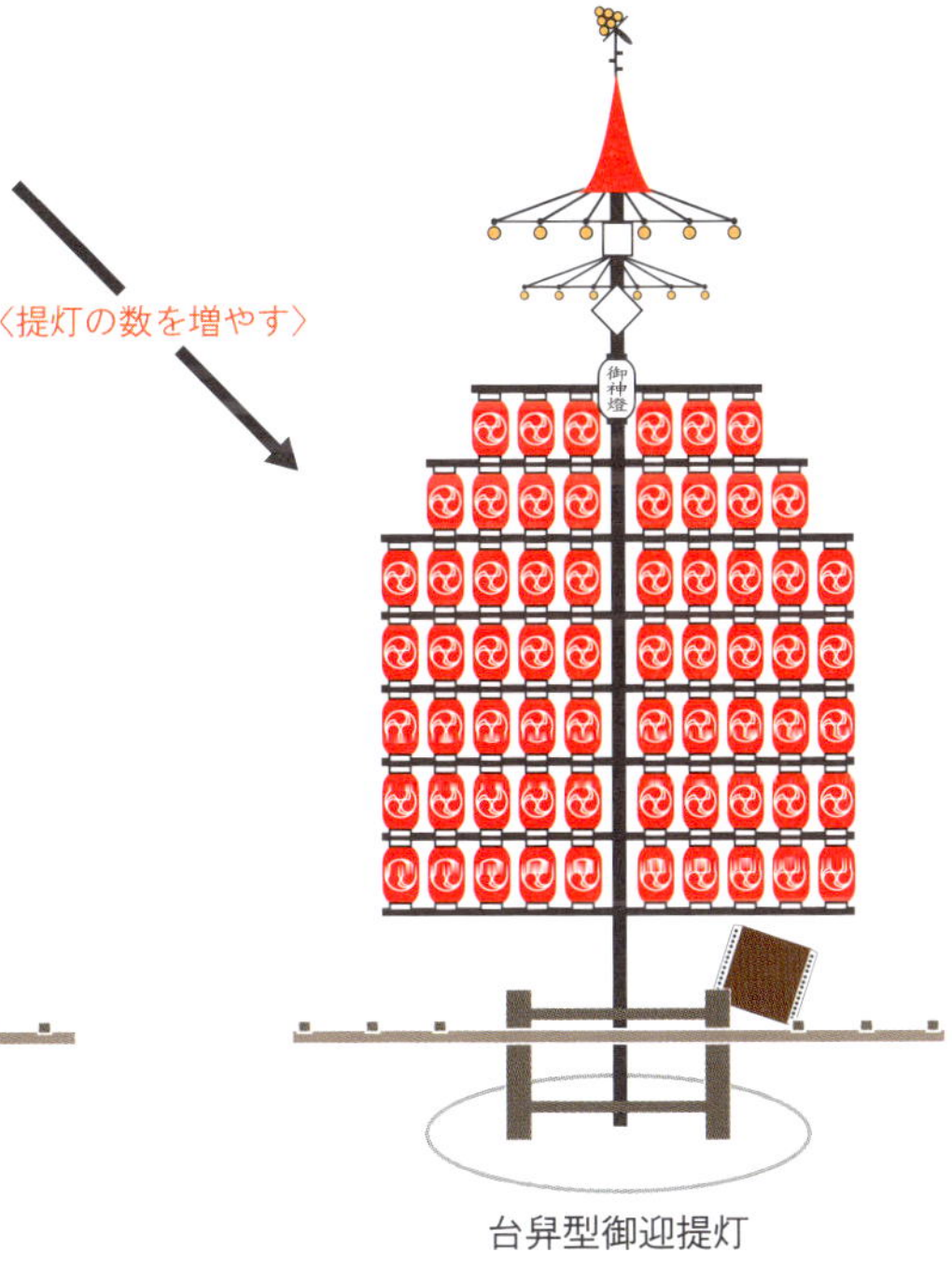

第四章

太鼓台——カミの到来を報知する

摂河泉《せっかせん》・瀬戸内域を中心に山城・大和地方にまで広く分布する太鼓台は、その名の通り、太鼓という祭具が前提となって存在する神賑行事の練物《ねりもの》である。太鼓台の直接的な源流は、神輿の触《ふれ》太鼓にある。初期の形態は鋲打《びょううち》太鼓を木枠に吊るしただけの単純な枠式太鼓台であったが、伝播した先々で、一見しただけでは同じ出自を持つ構造物であることが判別できないほどに、多様な形態の太鼓台が生み出された。太鼓台は、その構造から「枠式太鼓台」と「屋根付太鼓台」の大きく二つに分類される。「屋根付太鼓台」の代表は、茵《しとね》や座布団のようなものを数段重ねて屋根とした「布団屋根付太鼓台」（布団太鼓）。大阪から離れると、鳳輦型神輿の屋蓋や神社の社殿の屋根を模した太鼓台もある。このようなさまざまな太鼓台の中には、神事的な役割、すなわち、祭の始まりやカミのオイデ（御出）を知らしめる報知太鼓としての意味を残しつつ神賑化した太鼓台がある一方で、装飾性を増して人々の楽しみに重点を置いた神賑一般の練物となった太鼓台も多く存在する。

荷太鼓・荷鉦鼓『転害会図会』（手向山八幡宮蔵／奈良女子大学学術情報センター画像提供）　道楽を奏でる楽人たち。重量のある楽太鼓と鉦鼓（しょうこ）は輿に乗せられて運ばれる。

荷太鼓『春日祭礼興福行事』（国立公文書館蔵）　春日若宮おん祭の遷幸の儀。太鼓の鐶（かん）に棒を通して荷太鼓とする。大きな社寺では装飾性の高い楽太鼓が用いられることが多いが、ここでは原初的な太鼓が描かれる。村の産土の祭では、このような簡素な太鼓が用いられた。

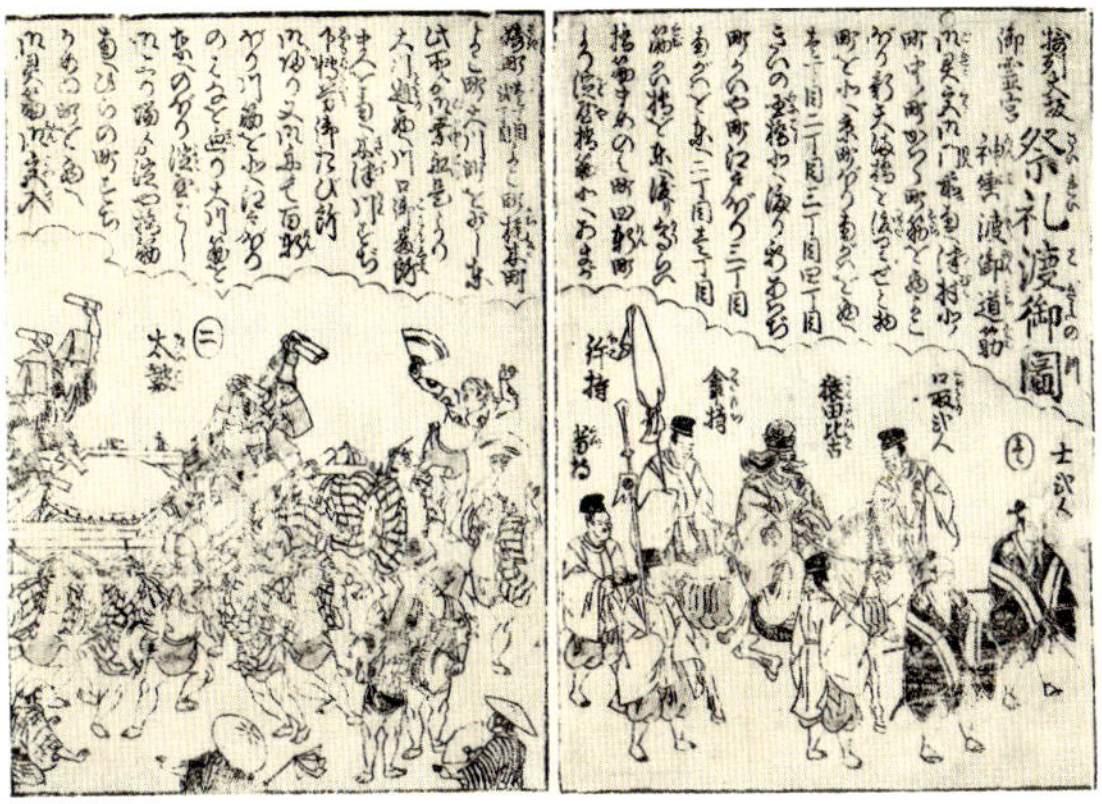

枠式太鼓台『摂州大坂御霊宮祭礼渡御図』(『摂陽奇観』より) 猿田彦に続いて氏子らに神輿の到来を報知する。緋色の投頭巾をかぶった願人が特徴的。現在では天神祭の催（もよおし）太鼓、生國魂神社の枕太鼓などが有名。

布団屋根付太鼓台『平野郷牛頭天王祭礼図』(杭全神社蔵) 御霊神社の枠式太鼓台と同じ役割を担う。

夏祭り蒲団太皷之図『郷土研究 上方』第55号(筆者蔵) 神賑化が進むと触太鼓という役割から自由になって、一氏地に複数台の布団太鼓が出る。

第五章

地車——川御座船から生まれた芸能舞台

地車《だんじり》は、祇園祭の曳鉾《ひきほこ》や曳山《ひきやま》とはまったく異なる発想で、幕府や西国大名が用いた川御《かわご》座船《ざぶね》を原型として大阪独自に生み出されたものである。大坂三郷《さんごう》域の夏祭を出自として周囲に伝播した地車は、伝わった先々で独自の発展を遂げた。ダンジリは楽車と記されることがある。「楽」は「あそび」とも訓じて「神楽《かぐら》をはじめとした諸々の歌舞音曲」を指すから、地車は「さまざまな芸能を行なうための移動舞台」であることがわかる。かつては地車の舞台で俄《にわか》をはじめ多種多様な芸能が演じられた。現在でも南河内域などいくつかの地域で地車芸が演じられている。岸和田の地車は、その目的を曳行《えいこう》に特化した地車で、各部に施された精細で躍動感溢れる彫刻と豪快なヤリマワシが有名。

宇和島藩川御座船絵図（船の科学館蔵）　朝鮮通信使や琉球使節の送迎、参勤交代の際には、大阪までは海御座船、大阪から淀・伏見までは豪華絢爛の川御座船が用いられた。船によって屋形の数や形式はさまざま。

天神丸（大阪天満宮蔵／大阪市立住まいのミュージアム寄託）　天神祭では「川御座船を陸で曳く」という発想が生まれた。御座船風に漆塗で蒔絵や彫刻、金飾が施された豪華な川御座船型曳車。上荷船・茶船仲間が元禄期に新調したと伝わる。

浪花浮世画壇松川半山翁遺稿（NPO法人摂河泉地域資源研究所蔵）　お多福面を掛けて鈴を振る舞人、笛と銅拍子の囃子方が見える。屋根に掲げられた御幣には「〇〇ヵ」と記される。

武部白鳳筆 大坂型地車（筆者蔵）　地車は宵宮の晩に宮入りして境内で一晩を過ごした。安永9年（1780）の天神祭では84台もの地車が宮入りした。

六覺千手作 岸和田本町地車宮入之図　岸和田の地車は曳行目的型地車の典型。団扇（うちわ）を採った大屋根の大工方（だいくがた）から小屋根の大工方、後梃子（うしろてこ）へと舵取（かじとり）の伝達がなされるさまは、往時の川御座船の操舵法を模したもの。後部に立てられた吹流（ふきながし）が和船の姿を彷彿とさせる。

第六章 唐獅子——大陸から渡来した勇猛な聖獣

大陸から伝来した師子《しし》は、伎楽《ぎがく》や舞楽の中では複数演目のうちの一演目にすぎなかったが、日本各地の産土《うぶすな》の祭の中では獅子が主役となるさまざまな演目が生み出された。獅子の目的の第一は、その神威を発動させての悪霊調伏《ちょうぶく》であった。神賑一般として舞われる獅子においても、その最大の見せどころは、獅子が激しく暴れる場面である。獅子に頭を噛んでもらうと無病息災が約束されるという概念も、このような「強い獅子」の性格を反映したものである。獅子は、その他の神事や神賑行事の祭具とは異なって「生き物」であるという観点も大切である。日本の祭の中では、獅子はカミの依代や神幸列の露払い、神楽としての獅子舞など、さまざまな祭の概念に基づいて多様に展開した。

獅子と狛犬『神職宝鑑』（筆者蔵）
古くは天皇の玉座である御帳台（みちょうだい）の帳（とばり）が風で動かないように鎮子（ちんし）として用いられ、聖域を守護した。多くの社寺でも獅子と狛犬の区別が見られる。角のあるほうが狛犬。

神輿の露払いを担う獅子『転害会図会』（手向山八幡宮蔵／奈良女子大学学術情報センター画像提供）
伎楽の一演目として伝わった師子は五色の毛で覆われていた。絵は江戸期のもの。

獅子髪洗ひ乃図（筆者蔵）『守貞謾稿』に英一蝶の筆と記された絵と同じ図柄の版画。笛や太鼓の音に乗せて猿田彦が簓（ささら）を摺って獅子を導く。江戸に下った伊勢大神楽。

森寛斎　伊勢神楽之図（筆者蔵）
獅子による採物舞（とりものまい）と放下（ほうか）と呼ばれる曲芸が伊勢大神楽の特徴。

祭は誰のものか——フィールドワークから見えてくるもの

第七章・第八章

祭は我々日本人にとって、何にも代えがたい喜びを仲間と共に世代を越えて共有できる精神的支柱であり、また、人知を越えた自然の振る舞い、すなわち、カミの領域を感じることができる貴重な機会である。このような祭を次世代へとつなげていかねばならないし、伝えていきたいと願う心が自然であろう。ところが、現在の祭のあり方をみていると、楽観視できない問題が山積している。その最たる事例が「祭の土日開催」である。「神事と神賑行事の日程の分離」は「神社と氏子の分離」と言い換えることができる。神賑行事から「神」の文字を取ると、単なる「賑《にぎわい》行事＝イベント」になってしまう。祭は誰のものか。今一度、我々は問わなければならない。ヒトがカミを奉る行為が祭であるならば、究極的には、祭はヒトのものといえるであろうか。たとえそうであったとしても、現代に生きる我々だけのものではないはずである。

五雲亭貞秀筆 皇都祇園祭礼四條河原之涼『三都涼之図』（国立国会図書館蔵）

五雲亭貞秀筆 浪速天満祭『三都涼之図』（国立国会図書館蔵）

豪快な神輿の舁（か）きっぷりや、山鉾・太鼓台・地車などの賑やかな神賑行事は、ヒト・モノ・カネが集まる都市域で発達した。とりわけ京都の祇園祭と大阪の天神祭が城下町など各地の都市の祭に与えた影響は大きい。神賑行事の熱狂は周辺の農山漁村地域にも伝わり、現在進行形でその賑わいを増している。一方で、祭の土日開催など祭のイベント化が進み、祭の本質である神事の意味が薄れている地域もある。

第一章

祭の構造

第一節　祭とは

祭の意義

　我々日本人は「祭」と名の付く催事を好む。「文化祭」「音楽祭」「映画祭」「花火祭り」「YOSAKOIソーラン祭」、果ては百貨店の「〇〇感謝祭」まで、巷には「祭」「祭り」「まつり」の文字が溢れている。それでは、これらの「祭」「祭り」「まつり」と、「祇園祭」や「天神祭」とが同じものであるかというと、そうではない。「賑わい」という意味では共通するであろうが、「本物の祭」と「偽物の祭」との境界には「カミ」の存在の有無がある。

「カミ」とは何か。「神」という漢字が単独の一字で示されると、キリスト教などに見られる絶対神を想像してしまう。これは、明治初期にアメリカの宣教師ヘボンらが『新約聖書』に記された絶対神「God」を「神」と訳して、「かみ」とルビを振ったことに端を発するが、もちろん、日本のカミは「God」ではない。「カミ」とは何か。明治以前の「神」の文字に、その答えを求めたいところではあるが、「神」という漢字も、日本の「カミ」を正確に表わしているわけではない。我々の祖先は、膨大な漢字の中から「カミ」の概念に近い文字を求め、「神」の文字を発見し、それを採用したのである。漢字の借用以前に、日本には「カミ」という言葉、「カミ」という概念が存在していたから、あくまでも、カミ≒「神」である。この「日本のカミ」の概念を絶妙に捉えて表現した人物が、江戸時代の国学者・本居宣長であった。彼は『古事記伝』の中で、「カミ」を、古典で語られる神々や神社に坐《ま》す産《うぶ》土神《すながみ》はもとより、動物や植物のような生き物、海や山、川などの自然環境、そしてヒトをも含めて、「すぐれて畏《おそ》れ多いもの」であれば、すべてカミであると述べた。そして、人間にとって有益なものばかりではなく「悪しきものや奇《あや》しきもの」も「畏れ多いもの」であればカミであるという。「カミが宿る」「カミが依《よ》り憑《つ》く」と考えたほうがわかりやすい場合もある。このような八《や》百万《およろず》の神々の感覚は、現在の我々日本人でも素直に了解できるものである。そして、このような「カミ」を「マツル（祭る・祀る・奉る）」行為が「マツリ」である。

　祭の目的は、カミの御霊《みたま》の活性化や鎮魂、豊作祈願や収穫感謝、雨乞いや雨喜び、悪霊・怨霊・疫神の類の遷《せん》却《きゃく》、先祖供養など多岐にわたり、祭の様式も、時代や地

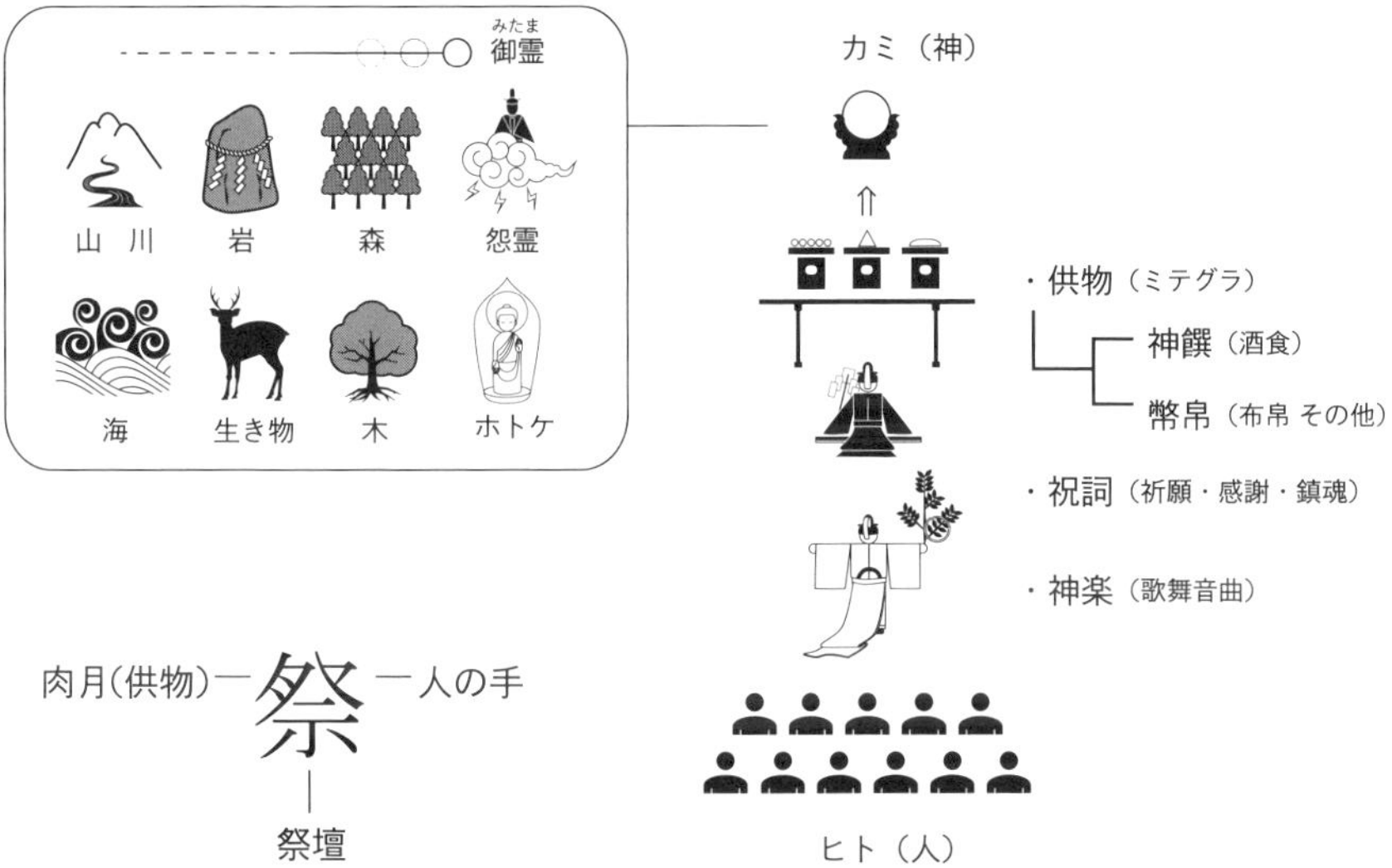

「祭」の文字はカミに供物を奉る行為を表わす。「神」の文字は、「祭」との関連を示唆する「示」と「雷光」を表わす「申」からなる。

カミの概念と祀り方　カミを奉る行為が祭である。供物も神楽もカミに捧げるという意味においては同じ範疇。祈りや感謝の気持ちを祝詞として言葉に表わして奏上する。

域、祭の目的によってさまざまである。祭を営むにあたっては、「祭」の字義からも明らかなように、供物や歌舞音曲の奉献が必須であった。このようなカミを祀る祭事は、神社や寺院の他、共同体にとって特別な、村境や峠、水口や山口などでも営まれる。また、年神《としがみ》や祖霊神、田《たの》神《かみ》を迎え祀る各戸ごとの祭もある。本書では「地域の氏子が奉祀する産土《うぶすな》神社のカミ祭」を中心に扱うが、まずは、このような「広義のカミ」「広義のマツリ」の概念を確認しておきたい。

祭の基本構造

現在のように、一年を通して神社の本殿に御祭神が鎮まるという形態が確立する以前には、カミは、祭ごとに斎庭《ゆにわ》へと迎えられた。現在でも、古式を残す祭では、このようなカミ迎えの神事が執り行なわれている。カミは、山や海、天の彼方から迎えられる。そして祭が終わると、カミは再び元の場所へと送られるのである。

日本の祭は、目的や方法が多様であると先に述べたが、このような①「カミ迎え」、②「カミ祀り」、③「カミ送り」といった三部構成は、どの祭にも見られる祭の基本構造である。建築の起工の前にその土地の産土神を迎えて祀る地鎮祭は、わかりやすい事例であろう。奥能登（石川県北部）のアエノコトと呼ばれる民間祭祀では、稲の刈り上げの後、田から田主の家へと田のカミを迎える。田主は風呂や種々の御馳走でカミをもてなし、田主の家で年を越していただいて後、春先にカミは再び田へとカミ送りされる。アエノコトのアエは「饗」で、カミに酒食を振る舞うことを意味し、コトは祭と同義である。ここではカミへの饗応が「カミ祀り」となる。神社一般の祭においては、本殿の御扉《みとびら》の「開扉《かいひ》の儀」が「カミ迎え」に、「閉扉《へいひ》の儀」が「カミ送り」にあたり、その間の行為が「カミ祀り」となる。

　祭という特別な儀式に臨むにあたって、ヒトの側には心身を清浄とするためのモノイミ（物忌・物斎）が求め

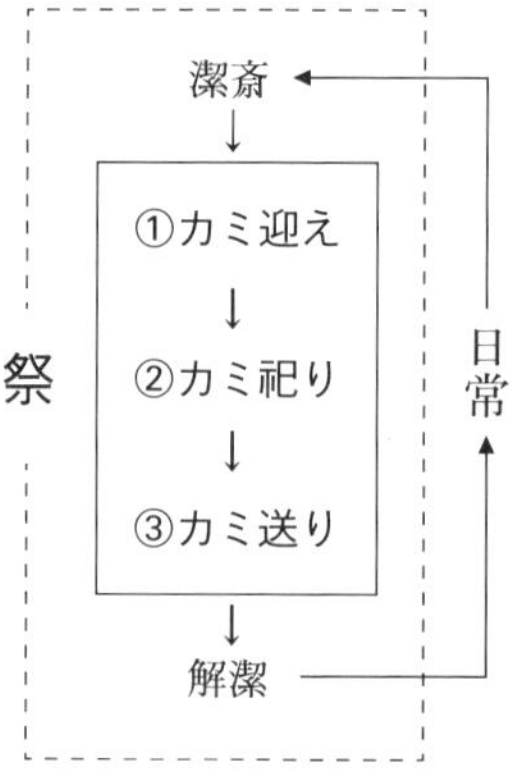

祭の三部構成

られた。そして、祭が終わると、モノイミを解いて再び日常生活に戻らねばならない。「日常→潔斎《けっさい》→カミ迎え→カミ祀り→カミ送り→解斎《げさい》→日常」という循環が、祭の永続には不可欠である。広義には、このような「潔斎」と「解斎」の儀式や行事も、祭の中に含められる。祭は、国家、町、村、家、講といった大小さまざまな単位で四季を通して営まれ、現在でも、多様な年中行事が我々の生活の大切な節目となっている。人々にとっての祭の重要性は、時代を遡ればなおさらで、カミを祀り続けることが国家や地域の安定に直結した。政治がマツリゴトと呼ばれたゆえんである。

　本書の主題である産土神社の祭も、もちろん、以上に述べたような基本構造を持つ。現在、多くの神社で採用されている祭式は、おおむね神社本庁が定める「神社祭式行事作法」に則っているが、このような全国統一的な神事の形態は、王政復古・祭政一致を目指した明治維新政府によって、神仏分離政策の実施、官国弊社・府県社・郷社などの近代社格制度の整備がなされていく過程で整えられたものである。かつては、今以上に多様な、風土に根ざした「祭のかたち」が地域ごとに育まれていた。とはいえ、現行の神社祭式も、古くから続く「日本の祭」

の概念に則ったものであることには違いない。

次に、比較的なじみのある現行の神社祭式を例にとって、祭の流れを具体的に確認しておきたい。なお、以下の内容は、実際の神社の祭式に完全に合致したものではない。現行の一般的な産土神社の祭を理解するための、一つのモデルとして捉えていただきたい。

カミ迎え

宵宮までに、注連縄《しめなわ》や榊《さかき》が新しく整えられ、幟《のぼり》や献灯提灯などで境内が祭の仕様に飾り付けられる。古式に則ると神事の斎行には浄闇《じょうあん》がふさわしい。古儀を残す祭では庭燎《にわび》が焚《た》かれて、そこが祭の斎庭《ゆにわ》であることが示される。現在、一般に見られる神社や各戸に掲げられる献灯の灯火は、庭燎の代替といえよう。定刻になると、祭の始まりを告げる太鼓が打ち鳴らされる。

神事の斎行にあたって、まず、諸役は、境内の湧水や川水、手水舎《てみずや》などで手と口を注《そそ》いで心身を清める。これは禊《みそぎ》の略式である。準備が整うと「祓詞《はらえことば》」が奏上されるとともに、大麻《おおぬさ》や塩湯などを用いて、祭具、斎主、参列者などが祓い清められる〔修祓《しゅばつ》〕。

カミ迎え	修祓《しゅばつ》	参列者・祭具を祓い清める。
	降神（開扉）	カミを迎える。
カミ祀り	献饌《けんせん》	酒食を奉る。
	祝詞奏上	祈願・感謝などを奏上する。
	奏楽（神楽奉納）	歌舞音曲を奉る。
	奉幣（玉串奉奠《たまぐしほうてん》）	玉串（榊葉）などを奉る。
	撤饌《てっせん》	酒食を撤する。
	直会《なおらい》	カミと酒食を共にする。
カミ送り	昇神（閉扉）	カミを送る。

祭式（神事の次第）の一例

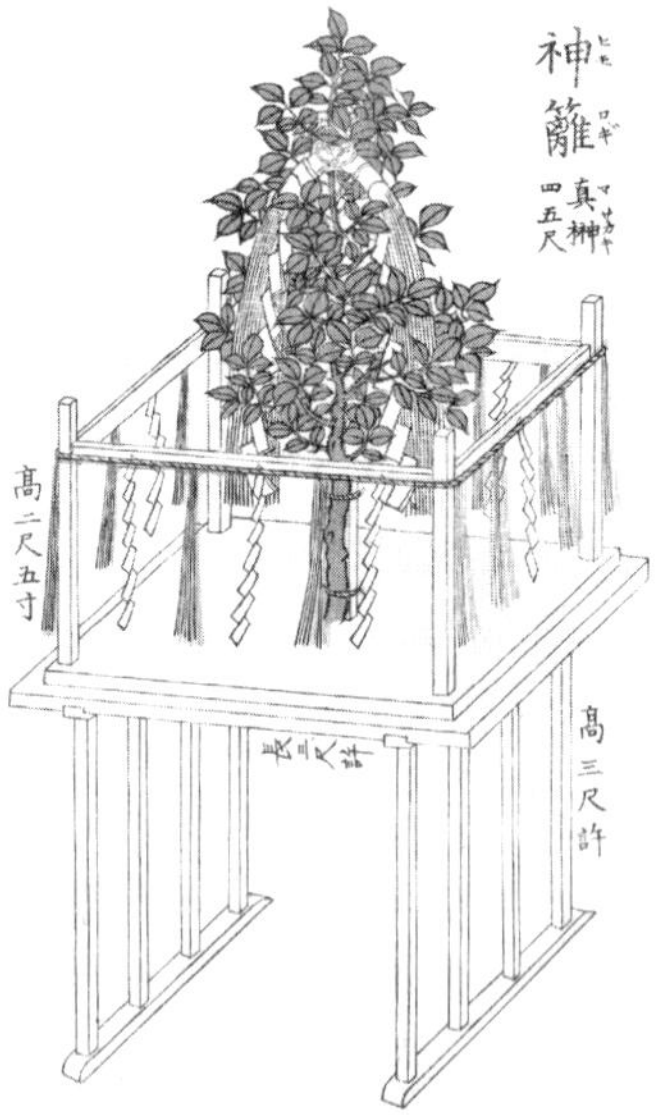

神籬（ひもろぎ）『神職宝鑑』（筆者蔵）
カミは榊などの常緑樹に依る。

カミを迎える準備が整うと、神主の「オー」という音声（警蹕《けいひつ》）が参列者に静粛と低頭を促し、本殿の御扉が開かれてカミのミアレ（御生）が達成される〔開扉〕。常設の社《やしろ》がない祭場では、神籬《ひもろぎ》や磐座《いわくら》などを依代《よりしろ》として、カミが迎えられる〔降神〕。

カミ祀り

カミを「祀る」行為は、カミを「奉る」行為に他ならない。そのために、幣《みてぐら》や神楽《かぐら》といった有形無形の供物《くもつ》が献納され、祭の目的を明らかにするための祝詞《のりと》が奏上される。

幣の献納　カミに奉る供物は、総称してミテグラ（幣）と呼ばれる。ミテグラは「御手座」の意で、元は神楽の舞人《まいびと》が手にする採物《とりもの》を指す言葉であった。『延喜式』に収められた祝詞には、布帛《ふはく》、衣服、武具、酒、五穀、鳥獣、魚貝、山菜などさまざまな幣が詠まれている。ミテグラに幣帛の文字をあてるのは、古くは布帛の類がミテグラの代表であったからである。ヘイハクと訓じた場合は、特に布帛を指すことが多い。神主と参列者が奉奠《ほうてん》する玉串（榊の枝に紙垂《しで》を掛けたもの）も、ミテグラの一種である〔玉串奉奠《たまぐしほうてん》〕。

幣のうち、特に酒や山野海川の供物は、ミケ（御食）あるいは神饌《しんせん》などと呼ばれる。現在では、生のままの生饌《せいせん》が多いが、明治期に神社祭式が整えられるまでは、別火で調理を施した熟饌《じゅくせん》や鳥や獣、蛙の類まで地方色豊かな神饌が存在し、祭によっては仏式の供物も奉られた〔献饌《けんせん》〕。現在でも、古式に則って整えた、いわゆる特殊神饌を供する祭が残っている。

「春日祭礼興福行事」（国立公文書館蔵）　春日若宮おん祭の大宿所祭で奉られたさまざまな掛物（神饌）。雉子1268羽、狸143疋、兎136疋、鯛100枚、樽160荷と記される。

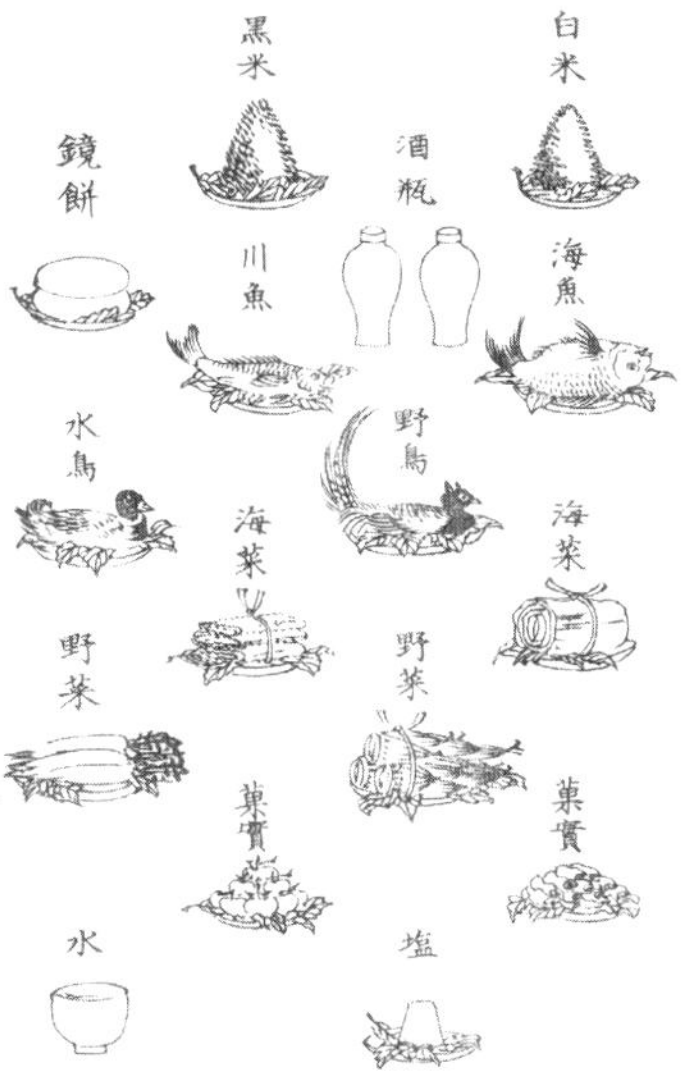

明治32年（1899）刊『神職宝鑑』（筆者蔵）　明治８年（1875）に『神社祭式』（式部寮編纂）が発行され、祭の神饌の種類が規定された。

祝詞の奏上　祝詞の奏上は、祭の目的を明らかにするための重要な儀式である。その文言は独特の修辞法を用いて、流麗かつ格調高い雰囲気に仕上げられている。「修祓」に用いられる祓詞も、清祓《きよはらい》の達成を願った一種の祝詞である。現行の祝詞の多くは、『延喜式』に収められた祝詞を手本とする。その形式には、カミの神意をヒトに伝える宣命形（「〜と宣《の》る」で終わる）と、ヒトがカミに申し上げる奏上形（「〜と申す」で終わる）の二種類がある。祝詞の語源は、「宣る」であるが、現在はカミが語ることは少なく、もっぱら奏上形の祝詞が用いられる〔祝詞奏上〕。祭の目的を達するためには、神饌や幣帛を奉るとともに、祈願なり感謝なりを実際に口に出さねばならない。古く『万葉集』に「大和の国は言霊《ことだま》の幸《さき》はふ国」「言霊の助《たす》くる国」といった表現がある。また、『古今和歌集』の仮名序には、和歌は「力をも入れずして天地《あめつち》を動かす」と記される。言葉の力は単なる伝達の手段以上に、万物に働く霊的な力を持つのである。

神楽の奉納　カミに奉る歌舞音曲が神楽である〔奏楽《そうがく》〕。神楽は無形のミテグラ（幣）といえる。「神楽」の語源は定かではないが、「神楽」は「神座《かむくら》」の転訛であるという。

「楽」は「あそび」とも訓じられ、歌舞音曲を意味する。『古今和歌集』には「神遊びの歌」として、宮中の御神楽《みかぐら》で詠まれた神楽歌が収められている。神楽の起源譚としては、記紀神話に描かれた天岩屋《あまのいわや》の物語が有名である。この神話を反映したと思われる宮中祭祀に、新嘗祭《にいなめさい》の前日に行なわれる鎮魂祭がある。『儀式（貞観儀式）』には「御巫《みかんなぎ》が宇気槽《うけふね》を覆《ふ》せて其の上に立ち、桙《ほこ》で槽を撞《つ》く」と記される。

神祇令《じんぎりょう》で定められた四時祭《しじさい》や宮中の節会《せちえ》、大規模な社寺の祭では、さまざまな歌舞音曲が奉られた。倭舞《やまとまい》、五《ご》節舞《せちのまい》、田舞《たまい》、楯伏舞《たてふしまい》、国栖奏《くずそう》、久米舞《くめまい》、吉志舞《こしまい》、東遊《あずまあそび》、筑紫諸県舞《つくしのもろかたまい》、隼人舞《はやとまい》といった名称が記録に残る。これらの神楽は、雅楽寮《うたまいのつかさ》や、後の大歌所《おおうたどころ》、楽所《がくしょ》などの国家組織で教習され様式化が進んだが、地名を冠したものが多くあることからもわかるように、元々は各地域の祭で用いられた「国風《くにぶりの》（風俗）歌舞《うたまい》」であった。朝廷への従属を示すために舞われたものもあろう。式楽としての風俗歌舞の多くは後に伝承が途絶えるが、それは、その出自である土着の神楽の衰退を意味するものではない。今日、全国各地の祭で奉納される神楽の多様性は、地域ごとの国風が、今日まで連綿と伝えられた結果といえよう。

日本国内の芸能だけではなく、唐楽《とうがく》や三韓楽《さんかんがく》（百済楽・新羅楽・高麗楽）、渤海楽《ぼっかいがく》、度羅楽《とらがく》、林邑楽《りんゆうがく》、あるいは伎《ぎ》楽《がく》や散楽《さんがく》といった外来の歌舞音曲も、カミに奉る神楽として積極的に採り入れられた。天平勝宝四年（七五二）に営まれた東大寺大仏開眼会《かいげんえ》の法楽行事は、国際色溢れる一大民族芸能大会ともいえる内容で、国内外の多様な歌舞音曲が奉納された。

以上のような国内外の歌舞音曲は、統合整理されながらも、千数百年来、神祇官祭祀や大規模な社寺の祭には欠かせないものとして存続した。これらの一部は「雅楽」として、現在に伝わる。

神社の神楽殿で笛や太鼓に合わせて舞うものだけではなく、稲作の一連の耕作を模して豊作を予祝《よしゅく》する田遊《たあそび》と呼ばれる芸能や、祖霊を迎えてなされる盆踊りなども、広義の神楽といえよう。神社本庁編『神社祭式同行事作法解説』には、奏楽にふさわしい雅楽の演目を挙げるとともに「なお、卑俗に亙るものは避くべきであるが、地方色豊かな端正な音楽歌舞は、努めてこれを摂取すべきである」と記される。神饌や幣帛と同様に、神楽の内容も、その土地ならではのものをカミは好まれるということであろう。

なお、神楽には、祝詞と同様に、カミに奉るものと、神懸かりしてカミの託宣を述べるものとがあった。後者の例は少ないが、今でも神楽の進行に伴って演者が昏睡状態に陥り、にわかに神意を口走る祭があるという。

二月初卯石清水八幡宮神楽の図『諸国図会年中行事大成』 庭燎が焚かれ、笛・篳篥・和琴の音に乗せて人長と神子が舞う。

『神代正語常磐草』（国立国会図書館蔵） 天岩屋に籠もる天照皇大神を招き出すべく、八百万神々が集って神楽をする日本神話の名場面。天宇受売命の採物は『古事記』には笹葉、『日本書紀』には矛とあり、桶を踏み鳴らして神懸りする。宮中の鎮魂祭には宇気槽を矛で突く儀式がある。

直会　カミに対する奉幣の儀式と祝詞の奏上を終えると、神事の張り詰めた緊張感は一気に和らぐ。続いて、カミとヒトとが酒食を共にする直会《なおらい》が営まれる〔直会〕。直会の語源は定かではないが、カミとヒトとが和合し、また、カミの霊力を得たと解される儀式である。近年では、便宜を考えて神事をすべて終えて後、カミ送りの後に直会（と呼ばれる）の席が設けられることが多いが、直会が神人共食《しんじんきょうしょく》を目的とするならば、本来はカミ送りの前に行なわれるべきであろう。後述するように、直会と、神事終了後に設けられるカミが不在の解斎の宴席とは、飲食を伴うという点では共通するが、その目的は異なる。生饌が主となる今日では、撤饌《てっせん》された御神酒《おみき》をもって「お下がり」の代表とすることも多いが、斎火《いみび》で調理された熟饌を神前に供え、それを直会の席でカミと共に食するという祭も存在する。

以上のように、「神饌・幣帛・神楽を奉る」「祝詞を奏上する」「カミとヒトとが共食する」といった行為が「カミ祀り」を成立させる重要な儀式となっている。

カミ送り

迎えたカミは、送らねばならない。カミ迎えの儀式と同様に、神主の警蹕《けいひつ》が参列者に静粛と低頭を促し、カミ送りがなされる〔昇神《しょうしん》〕。一般的な神社の祭では、御扉の閉扉がそれにあたる〔閉扉〕。カミ送りはカミ迎えと比べると概して簡略的であって、祭の終了をもって、カミが元の場所に帰られたと解釈される場合もある。

潔斎と解斎

祭という非日常の特別な儀式に臨むにあたっては、心身の穢《けがれ》れを除くための潔斎が求められた。神祇令では、祭の前後に、散斎（粗忌《あらいみ》）や致斎（真忌《まいみ》）といったモノイミ（物忌・物斎）が定められた。散斎の期間には、弔《ちょう》喪《そう》、慰問、肉食、死刑、裁判、奏楽、穢悪《えお》が禁じられ、祭の直前直後に設けられる致斎の期間には、神事に関わること以外の一切が禁じられた。これは国家的な祭の事例であるが、民間祭祀においても、宮座から選ばれた一年神主に厳しい潔斎が求められることがある。また、モノイミ自体が祭の中心となる斎籠祭《いごもりまつり》なるものも存在する。

祭が滞りなく納められると、場所を移して、緊張を解いた賑やかな宴会が催される。これは、祭に先立ってなされた潔斎を解くための解斎の儀式と解される。神祇官祭祀では、新嘗祭《にいなめさい》や大嘗祭《だいじょうさい》の最終日に催される豊明節《とよあかりのせち》会《え》が解斎の宴とされる。月次祭《つきなみのまつり》の夜に行なわれる神今食《じんこんじき》と呼ばれる神事の翌朝には、解斎御粥《げさいのおんかゆ》と呼ばれる天皇が召し上がる御粥《おかゆ》が供された。産土一般の祭でも、解斎の行事と解することができるものがある。例えば、摂河泉《せっかせん》域では、祭の片づけが終わって後に「落索《らくさく》」と呼ばれる宴会の席が設けられる。祇園祭では、同様の宴席は「足洗《あしあらい》」と呼ばれる。このような宴会は、祭の苦労を慰労する会には違いないが、同時に、祭の興奮から日常の精神状態へと戻るための、解斎の役割を果たしているといえよう。

以上、現行の神社祭式を参考にしながら、一般的な祭の流れを確認した。「カミ迎え」「カミ祀り」「カミ送り」の三部構成は、神社一般の祭に限らず、表に示したように、日本人が古くから親しんできたさまざまな風習にも見出すことができる、このような祭のあり方は、我々日本人がカミとの関わる際の根本原理であるといえよう。

	カミ迎え	カミ祀り	カミ送り
年神	門松	鏡餅 正月棚	トンド焼き （左義長）
祖霊	迎え火 迎え鐘	盆棚 盆踊り	送り火 送り鐘 精霊流し
悪霊	剣鉾 神輿	御霊会	神輿を遷却
田神	田 → 山 →	家 → 田 →	田 山

さまざまな行事に見られる祭の三部構成
例えば、年神を祀る正月にも、「カミ迎え」（門松）、「カミ祀り」（鏡餅・正月棚）、「カミ送り」（トンド焼き）といった祭の基本構造を見出すことができる。大晦日の晩の徹夜の風習は、祭前の斎籠であると解する考え方もある。祖霊祭であるお盆も、「カミ迎え」（迎え火・迎え鐘）、「カミ祀り」（盆棚・盆踊り）、「カミ送り」（送り火・送り鐘・精霊流し）といった三部構成となっている（盆踊りにはカミ迎えやカミ送りのものもある）。都市の夏祭の起源となる御霊会も、鉾や神輿などに悪霊を集め（「カミ迎え」）、神事や法要によって怨霊を鎮魂し（「カミ祀り」）、川や海へ流し去る（「カミ送り」）といった祭の基本に従っている。田神は春に山から降りて来て秋に山に帰るといった考え方が民俗学の分野ではなされている。奥能登のアエノコトでは、田に居る田神を稲の収穫の後に田主の家に迎えて年を越す。

第二節　神事と神賑行事

前節では、「カミ迎え」「カミ祀り」「カミ送り」という祭の基本構造を確認した。本章では、まったく視点を変えて、祭には「神事」と「神賑行事」という二つの局面が存在することを示したい。

「祭」は、「神」に関わる行事であるから、本来的には「祭」＝「神事」と捉えて差し支えはない。しかしながら、現在、我々が「祭」と聞いて思い浮かべる笛や太鼓の乱痴気騒ぎをもって、「これは神事であるか」と問われると、少し返答に躊躇してしまう。もちろん、「広義の神事」であることには違いないが、やはり、社殿の奥で厳《おごそ》かに執り行なわれている儀式と、老若男女総出で多くの見物人が集まる賑やかな祭の風景とを区別する概念が必要であろう。

祭の第一義はカミを奉る行為であるが、祭は、それに関わる人々同士の紐帯を強くする役割も担っている。「仲間」が集まると、おのずから、そこに酒食や歌舞音曲を伴った宴が発生する。それが、一定人数以上の共同体のものとなると、「娯楽」の規模も大きくなって、祭の準備や祭式の手順のさまざまにヒトの楽しみが巧みに織り込まれることとなる。このような、「神事に伴った」という但し書きの付く集団的放楽行事を「神賑《かみにぎわい》行事」と呼ぶ。

本書の話題の中心となるさまざまな練物《ねりもの》や芸能は、祭に集った人々による日常の算盤《そろばん》勘定を度外視した「楽しみのかたち」の発見と工夫の産物である。村や町などの共同体全体が関わるような一定規模以上の祭を理解する

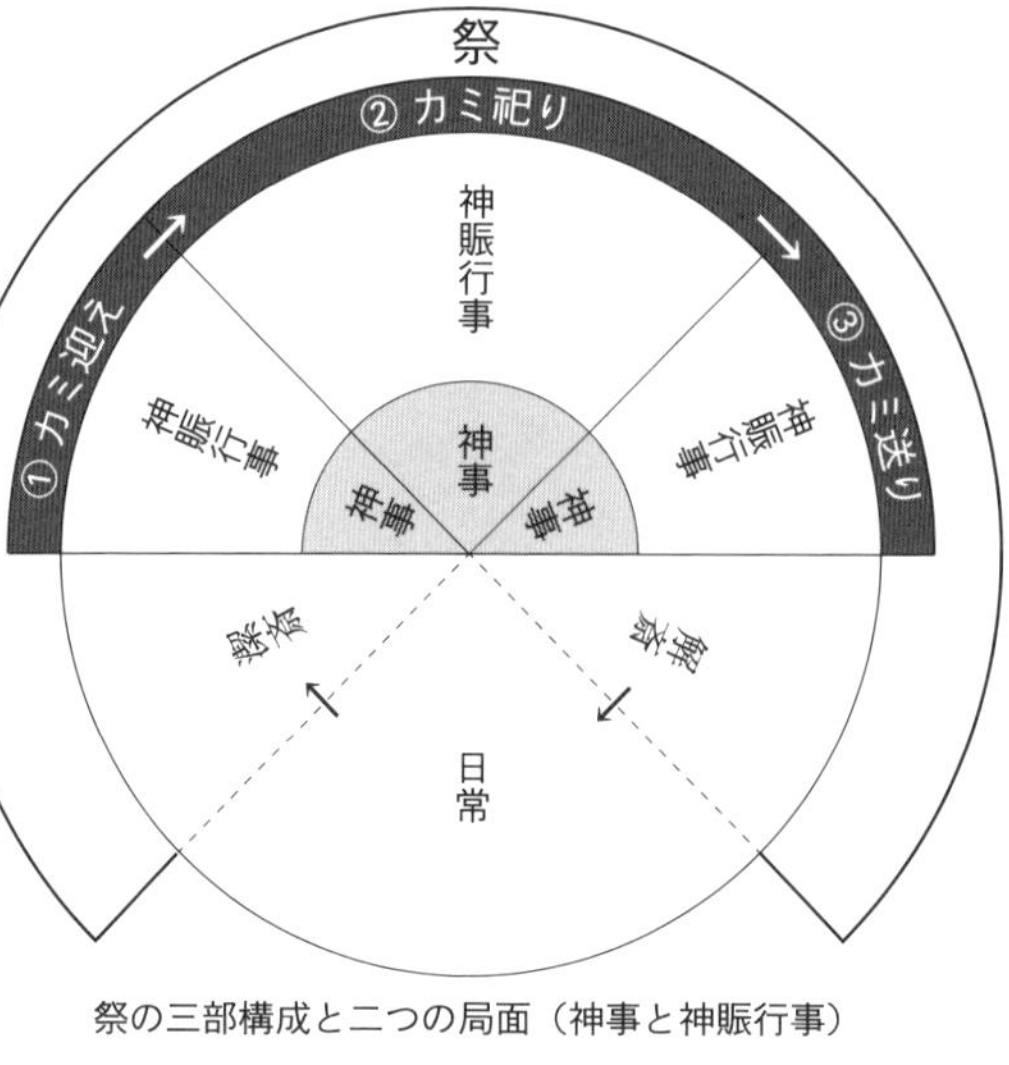

祭の三部構成と二つの局面（神事と神賑行事）

ためには、前項で述べた「カミ迎え」「カミ祀り」「カミ送り」といった祭の基本となる三部構成の把握だけでは不十分である。加えて、祭の中の、ある行事が、「神事なのか」それとも「神賑行事なのか」という視座が不可欠となってくる。

神事と神賑行事の位相

祭を一日、あるいは数日通して見ていると、静的な場面と動的な場面があることに気づく。およそ静的な部分が「神事」にあたり、我々見物人が一般的に「祭」と捉えている動的で賑やかな部分が「神賑行事」に相当する。「神事」には、宮座の座老や氏子総代といった限られた代表者のみが参列し、カミとヒトとの橋渡し役である神主を中心として祭が執り行なわれる。多くの場合、浄闇《じょうあん》・静寂がふさわしく、参列者には、最上の潔斎が必要とされ、祭によっては心身を清めるための斎籠《いごもり》が求められる。しきたりを変えることは許されず、古式を保持しながら伝統が受け継がれていく。

一方、老若男女氏子総出の大賑わいが「神賑行事」であり、摂河泉域の祭では、御迎《おむかえ》提灯や台舁《だいがく》、太鼓台、地車《だんじり》、唐獅子などが出る。「神賑行事」は、「神事」がカミを中心として執り行なわれるのとは対照的に、カミの存在を意識しつつも、ヒトが主人公となって、氏子同士の世代を越えた交歓の場という性格を持つ。神賑行事はシンシンギョウジと音読されることもある。ここでの「神」とは、広義の「神事」すなわち「祭」を意味する。「神賑行事」は「祭の賑わい」と言い換えれば理解しやすいだろう。

以上のように、祭には神事と神賑行事という異なる性格の二つの局面が存在する。祭に奉仕する人々は、時に意識的に、時に無意識的に、その区別を行なっている。しかしながら、祭の規模が大きくなるに従って、ある場面が神事なのか神賑行事なのか、その判断に迷うことがある。また、多くの祭を比較した時、ある祭で神事的に用いられる祭具が、他の祭では神賑行事の祭具として用いられる、といった事例にも出会うことが多い。例えば、太鼓台には「神事的な太鼓台」と「神賑行事的な太鼓台」とがある。神輿《みこし》の先触れ役として出される杭全《くまた》神社（大阪市平野区）の太鼓台と、近代に入って地車の代替として各町から出されるようになった開口《あぐち》神社（堺市堺区）の太鼓台とでは、姿形が同じであっても祭における両者の位置付けはまったく異なってくる。前者は、氏子域で一台のみ舁《か》き出される神事的な太鼓台であり、後者は氏子域から町ごとに何台も舁き出される神賑一般の太鼓台である。

神輿の扱いも難しい。神輿はカミの乗物《のりもの》であるから、神輿に関わる一切は神事である、と言いたいところではあるが、ひとたび神輿にカミの御霊《みたま》が遷《うつ》されると、祭によっては、神賑的な賑やかさをもって激しく神輿が揺り動かされるものもあって、神輿を舁く駕輿丁《かよちょう》とそれを取り巻く見物人の熱気と賑わいは、神賑行事のそれと変わらないようにも見える。このような雰囲気の神輿の渡御《とぎょ》は、神事なのか神賑行事なのか。

以上のように、祭に出る祭具の種類や、その場の雰囲気を基準として、神事と神賑行事とを感覚的に捉える方法には限界がある。そこで、本書では「人々の意識の方向」に注目して、神事と神賑行事とを区別してみたい。つまり「人々の意識がカミへと向けられている場面」を「神事」、「人々の意識の相当量が（カミの存在を感じながらも）ヒトとヒトとの交歓、あるいは見物人へと向けられている場面」を「神賑行事」とする方法である。この基準に照らし合わせると、先ほど判断に迷った神輿の神《しん》幸祭《こうさい》は、その雰囲気が如何なるものであれ、すべて神事に含められる。なお、明治以降、東京で盛んとなった町神輿（神社の宮神輿とは異なる）や、近年になって祭に華を添える目的で各地の祭で導入されたギャルミコシなどは、カミの乗る神事の神輿とは異なる「神賑の御輿」である。

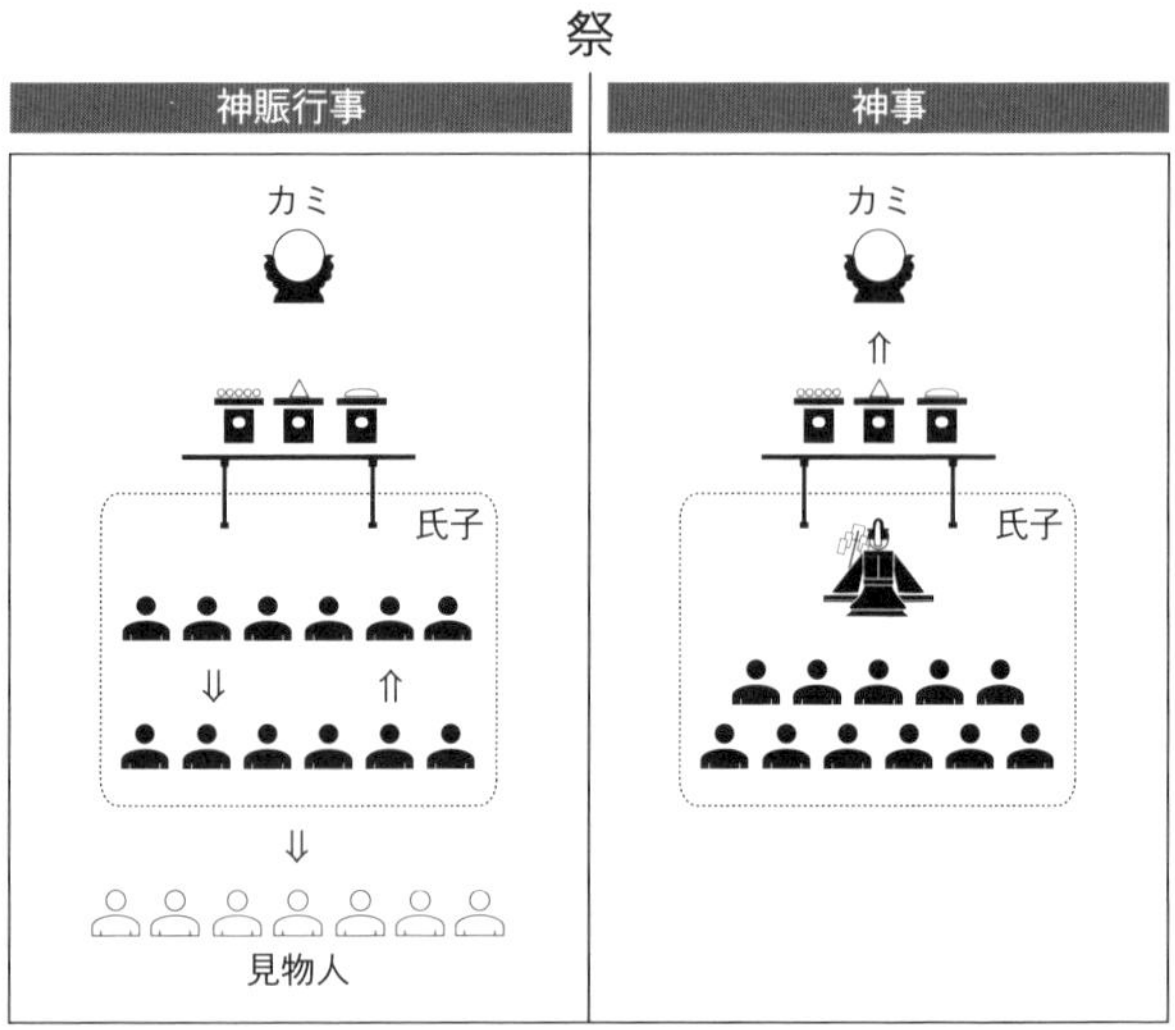

ヒトの意識の方向による神事と神賑行事の概念　ヒトの意識がカミに向いている場合は神事、ヒトの意識がカミを前提としながらもヒト（氏子・崇敬者同士や見物人）に向いている場合は神賑行事とする。

神賑行事の多様性

ここまで、祭は大きく「カミ迎え」「カミ祀り」「カミ送り」の三部で構成されていること、また、「神事」と「神賑行事」という二つの局面に分けることができることを確認した。次に、本書の大きな興味でもある神賑行事の多様性について考えていきたい。

前節では神事と神賑行事とを、ともすれば二項対立的に捉えてきたが、さまざまな祭の中には、「神賑行事的な神事」、あるいは「神事的な神賑行事」といった、仕分けに苦慮するものが多く存在することも事実である。これは、「神賑行事」と「神事」とが、歴史的に連続する不可分の関係にあることの傍証でもある。

民俗学者・折口信夫は、昭和二十四年（一九四九）発行の『明治神宮祭の栞』に記した「神賑ひ一般」（『折口信夫全集』第十七巻所収）の中で以下のように述べている。

「秋からさきは神事が多く、従つて神の心を賑はし申す行事が、社々で行はれる。（中略）祭りがあると、芸能めいた所謂神賑ひの行はれるのが普通である。今日の人は、之を余興のやうに思つてゐるが、其は違ふ。祭り自体にとつて、極めて重要な部分だつたのである。（中略）神事から出て芸能化したいろ〳〵の神賑ひを思ふと、信仰の根深さ、又形を変へて永続する強い意力を感じる」

（傍線筆者）

神賑行事の形態を吟味し、その根本的な役割を考察していくと、折口が述べたように、「芸能化したいろ〳〵の神賑ひ」は「神事から出た」ことに気づかされる。それでは「いろ〳〵の神賑ひ」すなわち、今日の神賑行事の多様性は、何によってもたらされたのであろうか。もちろん、地域ごとの風土の違いや文化の伝播の早晩にも関係するが、それ以前の大前提として、ある神賑行事が、神事の中の、どの儀式、どの祭具から発達したものなのかということが、生み出される神賑行事の性格を大きく決定づけるのではなかろうか。逆に、地理的・文化的に遠く離れた祭同士であっても、その出自である神事に共通性があれば、両者の神賑行事の内容に類似性を見出すことができるはずである。

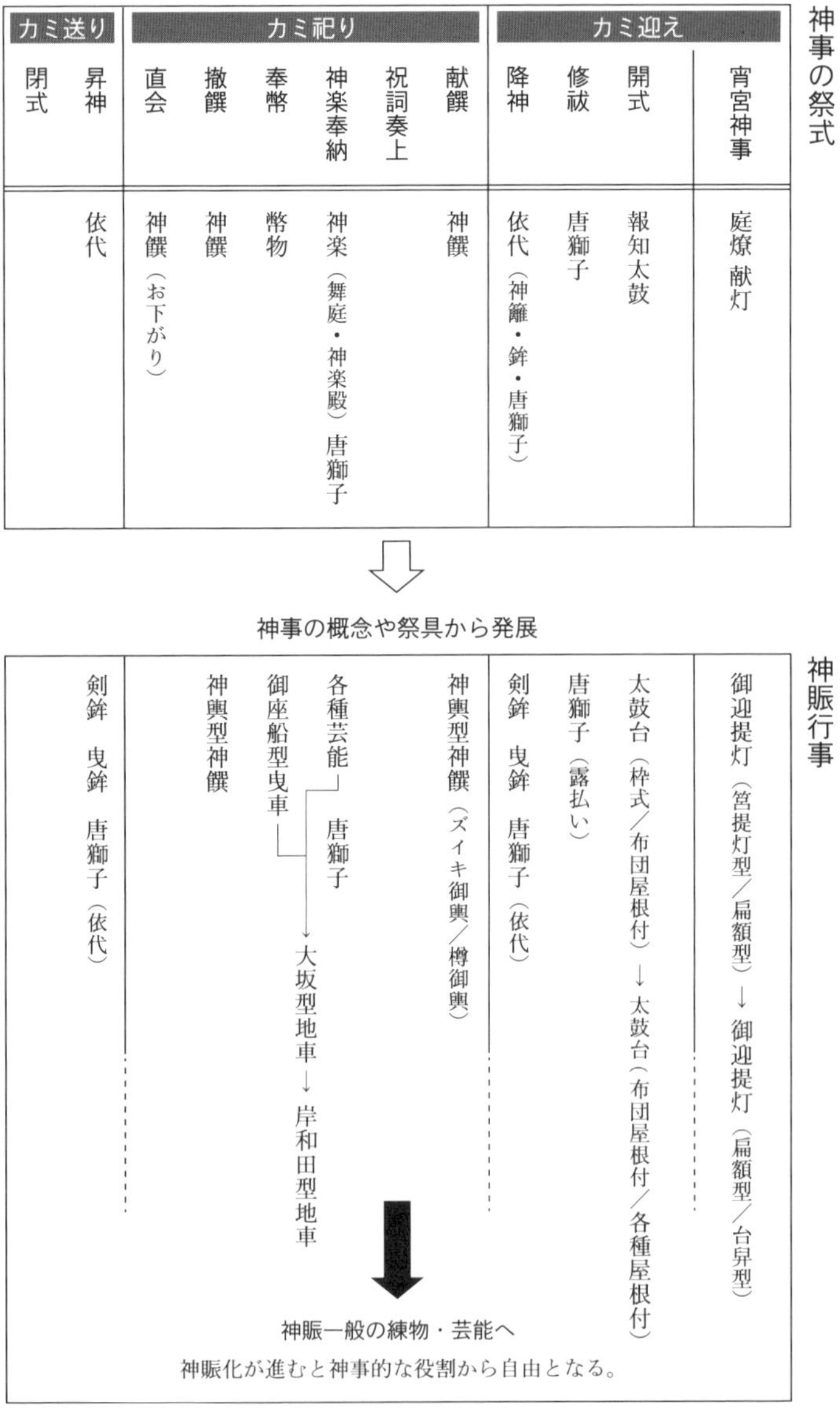

神事から神賑行事への変遷　神賑行事の多様性は、地域ごとの風土の違いや文化の伝播の早晩に関係するが、それ以前の前提として、祭の中の、どの儀式、どの祭具から発達したかによって、最終的な神賑の形態は大きく変わってくる。逆に、出自が同じであれば、遠く離れた地域の神賑行事同士にも類似性を見出すことができる。獅子は神賑行事の獅子舞として村々の若衆組（青年団）にとって大きな楽しみとなったが、同時に、神幸祭の露払いを務めたり、獅子自体がカミの依代となるなど、神事の中でも多様な役割を担っている。

第二章

神輿

カミの移動は神幸《しんこう》と呼ばれる。我々がよく目にする神幸祭は、触《ふれ》太鼓や猿田彦神（天狗）、唐獅子などに先導された鳳輦《ほうれん》型の神輿《みこし》が、太刀や楯、旗など多数の威儀を整えて本社《ほんしゃ》から御旅所《おたびしょ》までお渡りする型式のものであり、その一般的な意義は、産土神《うぶすながみ》が氏地を巡って氏子らにその神威を示し、また、カミと氏子一般とが親しく交わる貴重な機会である、と解されよう。しかしながら、各地のさまざまな祭をよく観察してみると、氏地を巡る、という以外の神幸祭も多く存在し、神輿の様式も天皇の輿《こし》を模した鳳輦型に限らない。

本章では、神幸祭を「ミアレ型」「ミソギ型」「オイデ型」の三種に大別するとともに、「鳳輦型神輿」や「宮型神輿」といった出自の異なる神輿の存在を明らかにし、その発生と発達の過程を詳述したい。神幸祭の目的と方法を考察することは、その地域、その時代の人々が、自分たちのカミの性格を、どのように捉えていたかを知ることに他ならない。

第一節　神幸の諸相

本章では、①山や海などカミが現れたミアレ（御生）の地から、カミを里の社に迎える形式の神幸を「ミアレ型神幸祭」、②怨霊、疫神など悪霊の類のカミをカミ送りするために、水辺の禊場《みそぎば》へと向かう形式の神幸を「ミソギ型神幸祭」、③産土神が氏子一般と交歓するために御旅所まで御出《おいで》になる形式の神幸を「オイデ型神幸祭」と呼ぶことにする。現在、神輿の渡御《とぎょ》といえば「オイデ型神幸祭」が多いように感じられるが、元々は「ミアレ型」あるいは「ミソギ型」の神幸祭を行なっていたという場合が少なくない。そこで、本来的な神幸の形式と現在の神幸の形式とに注目して、さまざまな神幸祭のあり方を表のように分類する。例えば、過去も現在もミアレ型である場合は「ミアレ系ミアレ型神幸祭」とし、かつてはミアレ型であったが、現在はオイデ型へと変化しているという場合には「ミアレ系オイデ型神幸祭」と呼ぶことにする。

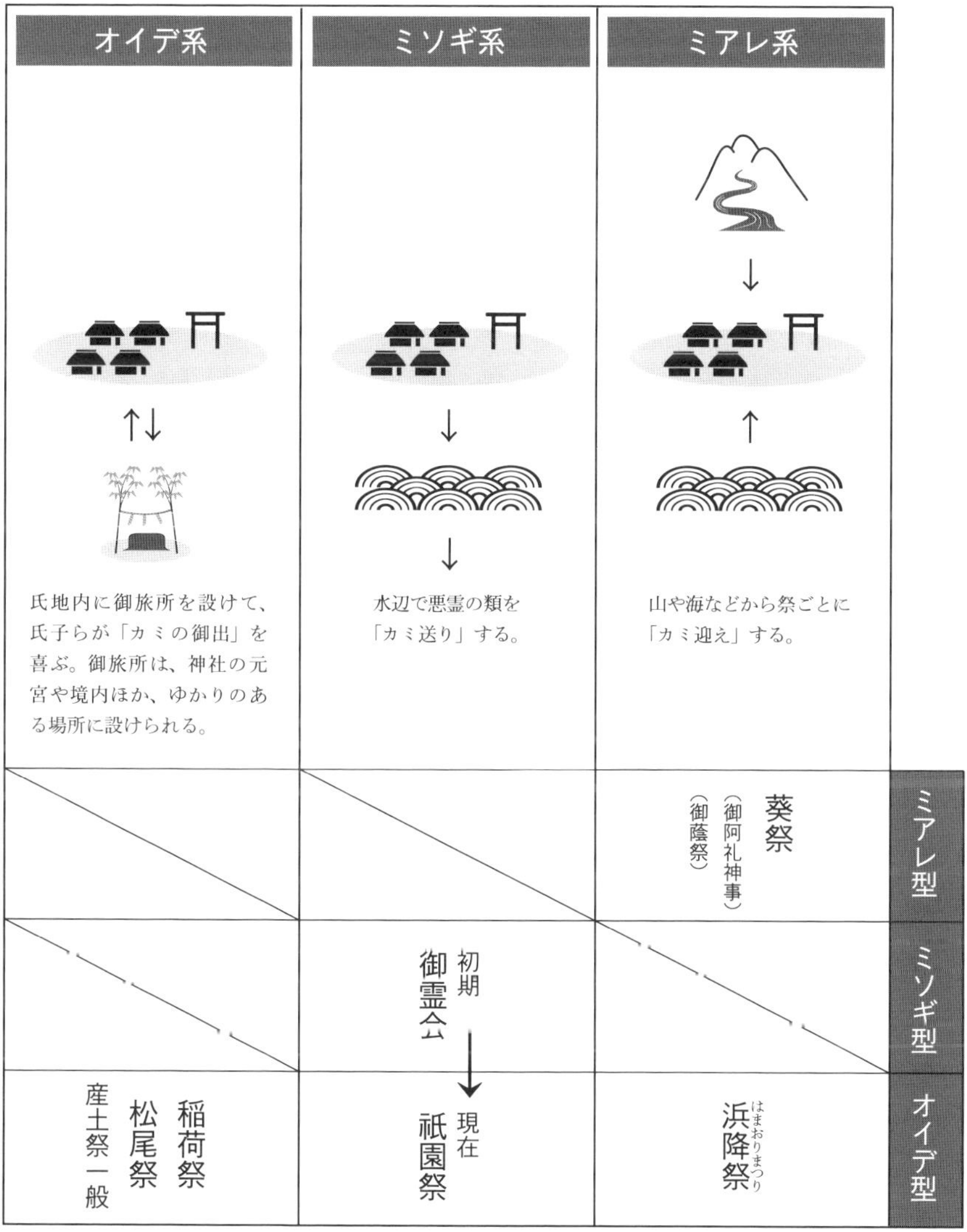
オイデ系
ミソギ系
ミアレ系
氏地内に御旅所を設けて、氏子らが「カミの御出」を喜ぶ。御旅所は、神社の元宮や境内ほか、ゆかりのある場所に設けられる。
水辺で悪霊の類を「カミ送り」する。
山や海などから祭ごとに「カミ迎え」する。
ミアレ型
葵祭
（御阿礼神事）
（御蔭祭）
ミソギ型
初期
御霊会
オイデ型
稲荷祭
松尾祭
産土祭一般
現在
祇園祭
浜降祭《はまおりまつり》

神幸祭の出自（系）と目的（型）

第二節　ミアレ型神幸祭

ミアレ型神幸祭

日本は山の国、森の国である。形の整った独立峰をはじめとして、四季折々の表情を見せて生活に必須の水源を涵養《かんよう》する山や森は、カミの坐《ま》す、あるいは、カミが天下る神奈備《かんなび》や御諸《みもろ》として崇められてきた。奥山は禁足地とされ、むやみに足を踏み入れることはできない。人々は、祭ごとに里の社にカミを迎えてカミ祀りを行なった。このような、カミの出現や新たな神威の再生を乞うて、カミをそのミアレ（御生）の地から里の社に迎える形式の神幸を「ミアレ型神幸祭」と呼ぶことにする。

ミアレ型神幸祭の典型は、京都の上賀茂・下鴨神社の賀茂祭（葵祭《あおいまつり》）に見ることができる。五月十二日の夜（古くは旧暦四月の中午《うま》の日）、上賀茂神社（賀茂別雷神《かもわけいかずち》社）では、神社の北方にある御阿礼所《みあれどころ》から、依代《よりしろ》に御神《ごしん》霊《れい》を遷《うつ》して本社に迎える。この祭儀は御阿礼神事と呼ばれ、上賀茂神社の年間神事の中でも最も重要な祭儀とされている。御阿礼所の先にそびえる神山《こうやま》の山中には磐座《いわくら》があるという。また、下鴨神社（賀茂御祖《かもみおや》神社）でも、同日、比叡山西麓の御蔭山《みかげやま》にある御蔭神社から神霊を遷した依代を神馬《しんめ》に乗せて本社に迎える。この神事は、現在は御蔭祭《みかげまつり》と呼ばれるが、古くは、上賀茂神社と同様に御生《みあれ》神事と称されていた。なお、我々が一般に葵祭と認識し、毎年五月十五日に繰り広げられる王朝絵巻は、朝廷の勅使が上賀茂・下鴨の両社に幣物《へいもつ》を献上し祭文《さいもん》を奉るための行列である。

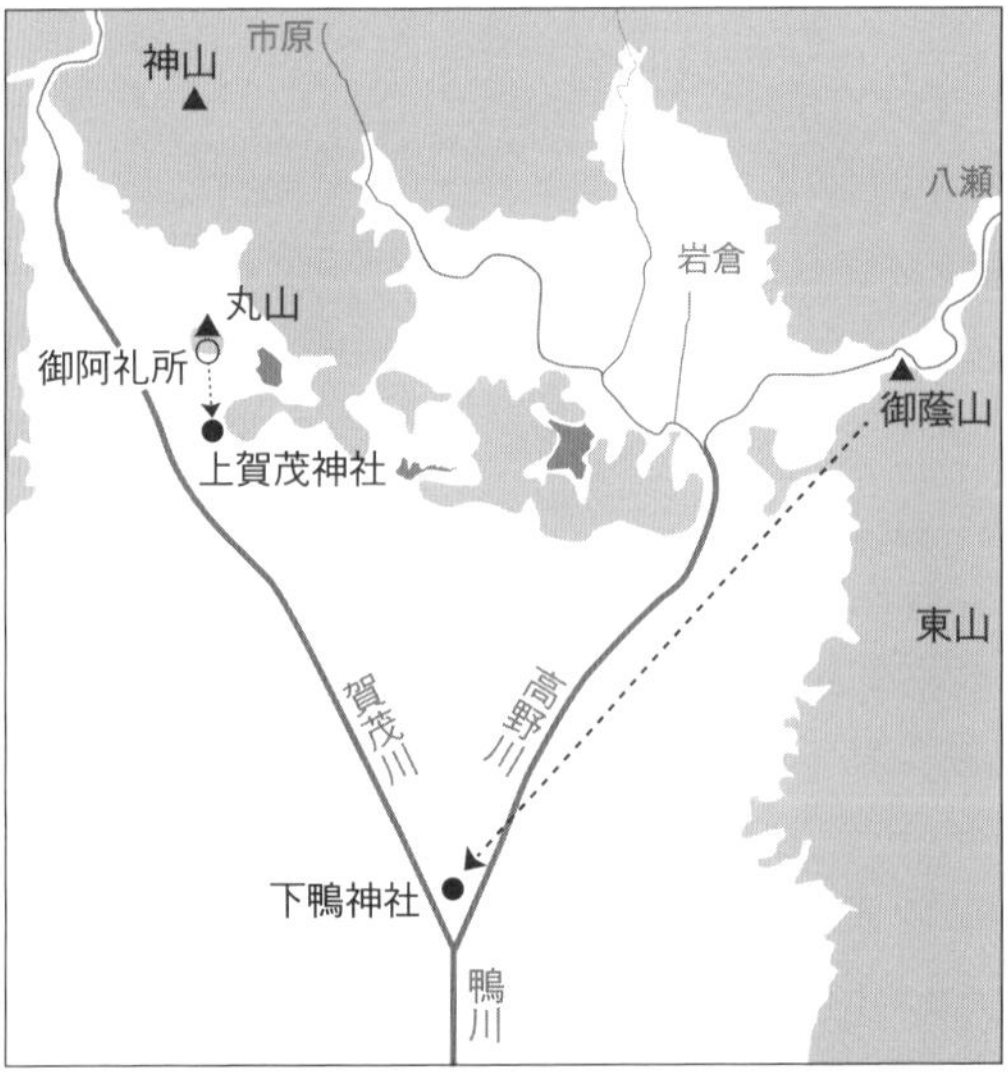

賀茂祭（葵祭）のカミ迎え

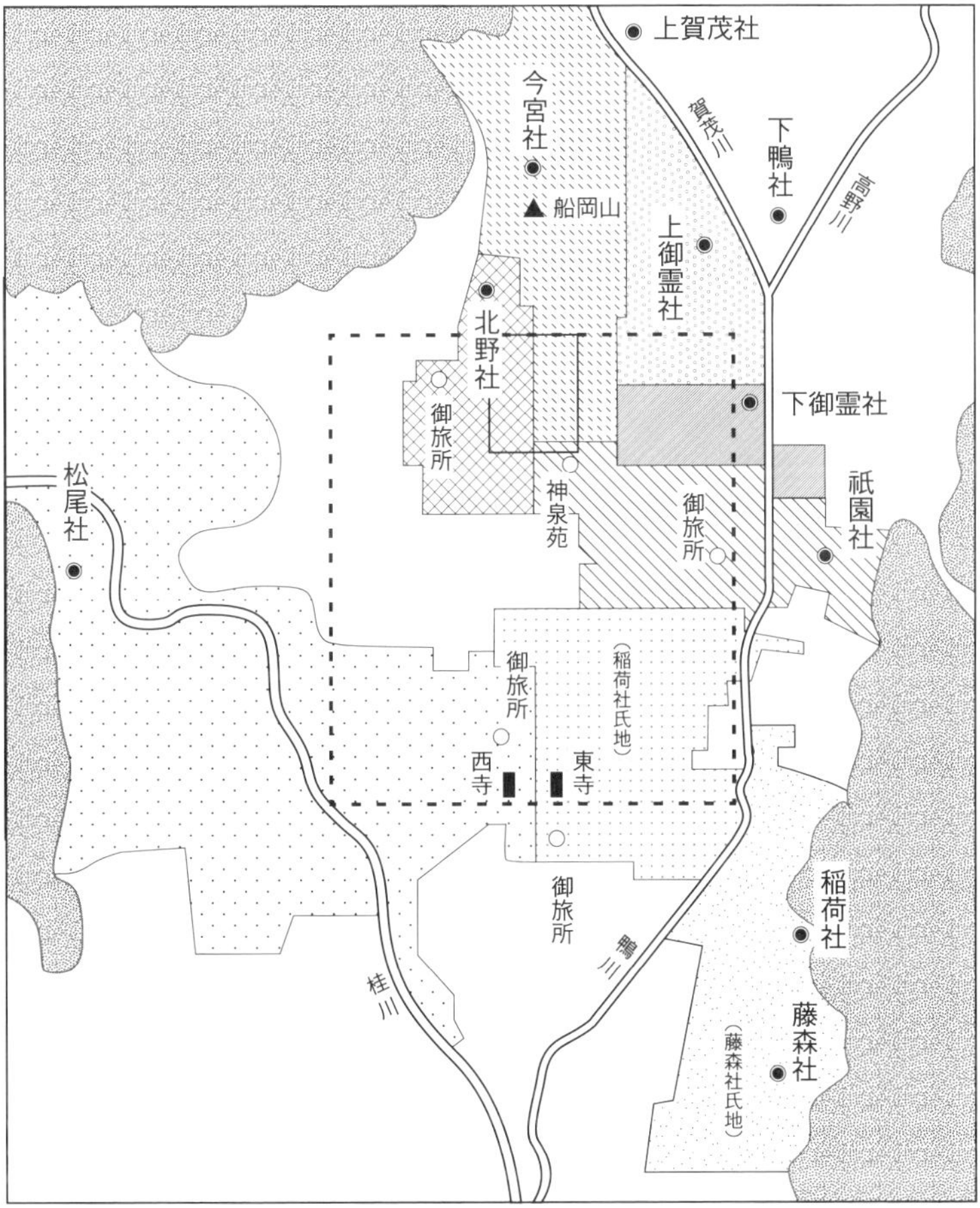

上賀茂社	ミアレ型	御阿礼所 → 上賀茂社
下鴨社	ミアレ型	御蔭山 → 下鴨社
稲荷社	オイデ型	稲荷社 → 御旅所
松尾社	オイデ型	松尾社 → 御旅所
祇園社（初期）	ミソギ型	祇園社 → 神泉苑 → 難波海
（現在）	ミソギ系オイデ型	祇園社 → 御旅所
上御霊社	ミソギ系オイデ型	上御霊社 → 氏地巡行（御旅所・中御霊社は明治初期に廃社）
下御霊社	ミソギ系オイデ型	下御霊社 → 氏地巡行（御旅所・中御霊社は明治初期に廃社）
北野社	オイデ型	北野社 → 御旅所
藤森社	オイデ型	藤森社 → 氏地巡行

洛中洛外の神社の氏地（『京都の歴史』2の掲載図を元に作図）

ミアレ系オイデ型神幸祭

日本は、海上の道を通ってヒトやものが行き交う海の国でもある。カミもまた、海の彼方からやって来た。琉球諸島で信じられてきたニライカナイ（常世国）のような海上他界観は、先史時代からの我が国における基本的な宗教観である。

　浜や浦には潮や風に乗ってさまざまな漂着物が流れ着いた。このような寄物《よりもの》は、鯨や魚のような生き物、難破船の破材や流木などさまざまで、時に村全体の共有財産となり、また、発見者の私有物ともなった。その中で、特異な形をした木片や、仏像の類は、寄神《よりがみ》として里の近くの森や丘、神聖視される山などに祀られることがある。このような場合、寄神の漂着地はカミの「ミアレの地」として認識され、祭の際にカミの再訪が行なわれることがしばしばある。

　茨城・福島・宮城県など関東から東北地方の太平洋岸には、神輿が海辺へと神幸するハマオリ（浜降り）が広く見られ、神幸の目的地が祭神の漂着伝承地であることが多い。摂河泉域では、波太《はた》神社（阪南市）、男《おの》神社（泉南市）、茅渟《ちぬ》神社（泉南市）などの神輿が、海浜部の元宮へ神幸したり神輿を海へと舁《か》き入れたりする。このような行為は、ミアレの地での祭神の神威の更新を願うもの、と解釈することができよう。

　以上のように、カミのハマオリは、ミアレ地への再訪を目的としたオイデ（御出）といえる。このような来歴を持つオイデ型神幸祭を「ミアレ系オイデ型神幸祭」と呼ぶことにする。

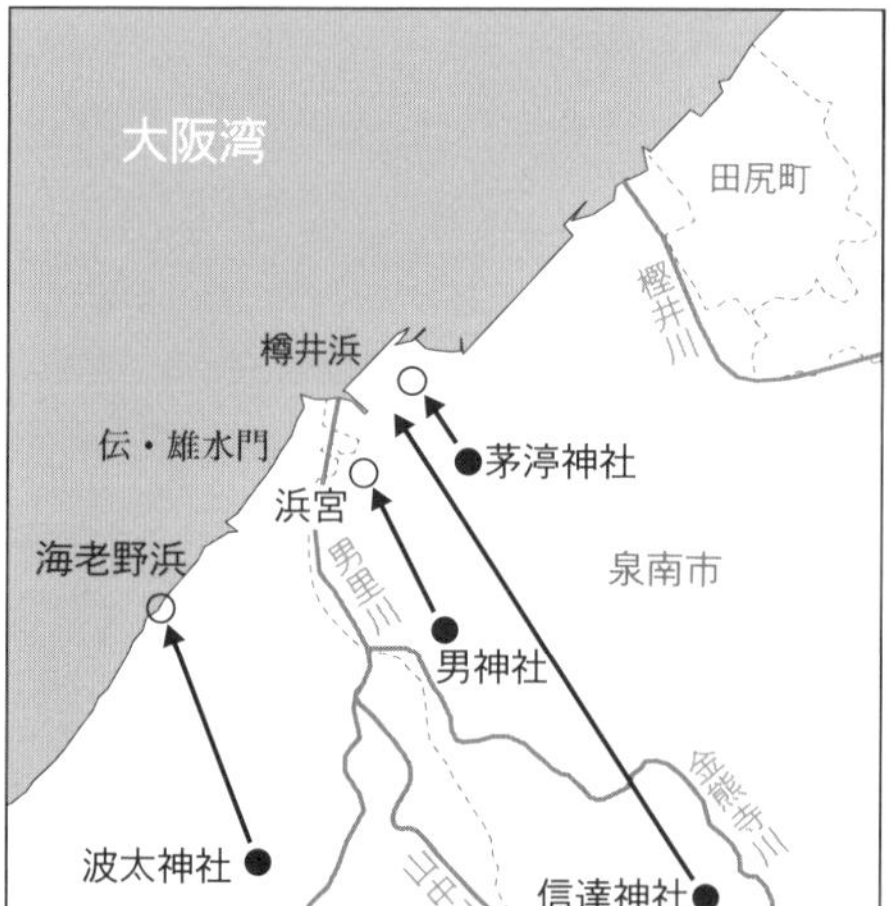

泉南地域の浜降り

第三節　ミソギ型神幸祭

ミソギ型神幸祭

カミが来訪する海の世界は、同時に、罪や穢れ、あるいは疫神や悪霊などの浄化装置でもあった。神事に先立って奏上される祓詞《はらえことば》は、黄泉国《よみのくに》で穢れを受けた伊邪那岐《いざなぎの》大神《おおかみ》が禊祓《みそぎはらえ》を行なった時に生まれた祓戸大神《はらえどのおおかみ》たちに、祭場や祭具、祭主や参列者の清祓《きよはらい》を願うものである。罪や穢れを除去する行為が祓《はらえ》であり、その中でも身体を水で濯《すす》いで行なうものが禊《みそぎ》である（身を濯《そそ》ぐの意）。夏越大《なごしのおお》祓《はらえ》や年越大祓《としこしのおおはらえ》ほか、より厳密な祓が求められる時には、長文の大祓詞《おおはらえことば》が奏上される。ここでは、水辺の神々によって罪穢《つみけがれ》が次々に受け渡されて、最終的には根の国、底の国で消滅する旨が述べられる。過去の一切を問わないことを「水に流す」と表現するのは、このような感覚に基づくものである。形代《かたしろ》や斎串《いぐし》（祓串《はらえぐし》）に罪穢を遷して川や海に流す儀式や流し雛の習俗も、同じ概念の上に成り立つ。神社境内に流れる御手洗川《みたらしがわ》は、禊を修するための斎場であり、手水舎《てみずや》での手洗いは禊の略式である。禊の効力は、真水よりも塩水のほうが強い。

一個人の清祓には、形代や斎串を用いれば事足りるが、町や村、社会全体に影響を及ぼすような、強力な怨霊や疫神か進入した場合は、これらを神輿などに封じ込めた上で遷却《せんきゃく》せねばならない。このような悪霊の類をカミ送りするための神幸を「ミソギ型神幸祭」と

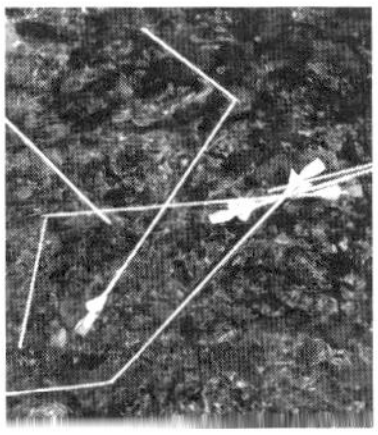

斎串　上賀茂神社の御手洗川に流された斎串。

形代『神職宝鑑』　大祓などの清祓に用いられる人形。身体を撫でて息を吹き掛け穢れを人形に遷す。

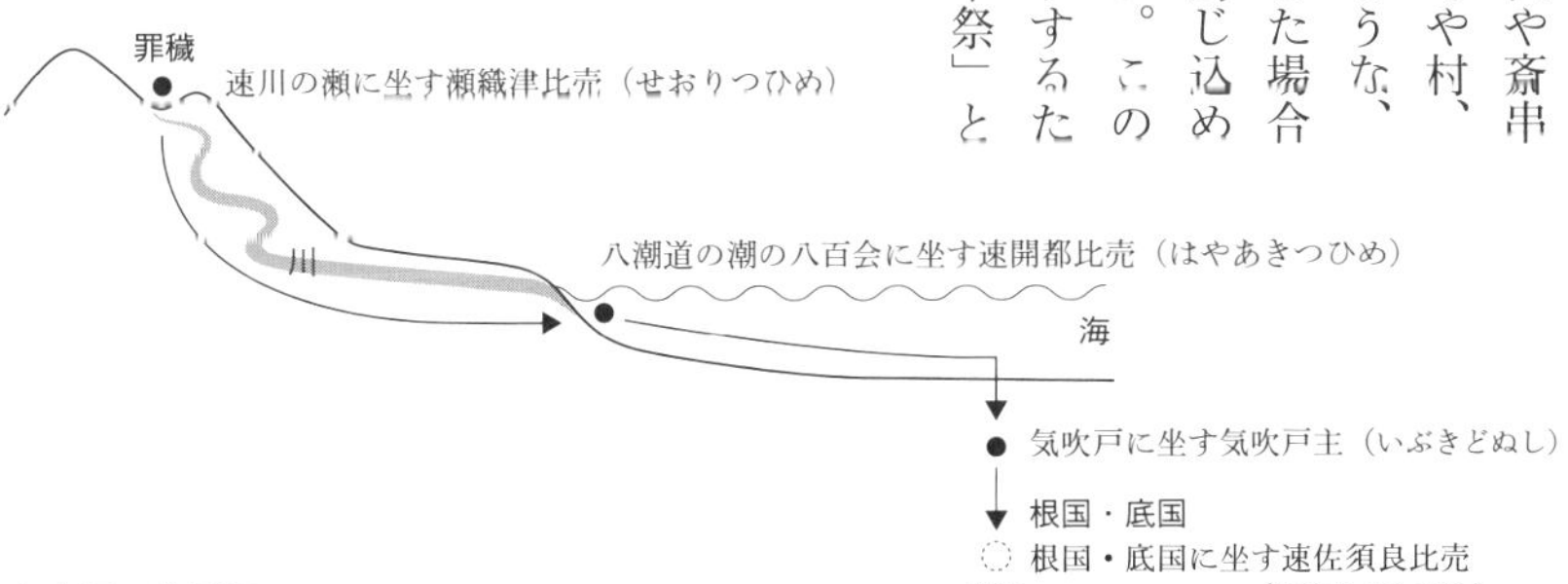

大祓詞の世界観

呼ぶことにする。

ミソギ型神幸祭の典型は、京都の洛中洛外で営まれた初期の御霊会《ごりょうえ》に見ることができる。祇園祭は優美な山鉾巡行で有名であるが、これは祭の中の神賑行事にあたる。祭の本義は、あくまでも疫病の原因となる疫神や怨霊など悪霊の類を鎮めて送る御霊会を営むことにあって、かつては祇園会、祇園御霊会と呼ばれた。初期の祇園祭の神輿は、現在のような祭神を乗せて氏地を巡るための乗《のり》物《もの》ではなく、悪霊をカミ送りするための封印装置であった。『二十二社註式』によると、祇園御霊会は天禄元年（九七〇）六月十四日に始まったとされるが、社伝『祇園社本縁録』（『八坂誌』所掲）では、貞観十一年（八六九）六月七日、疫病が全国で流行したので、二丈ほどの矛《ほこ》を六十六本立てて祀り、同月十四日に神輿を神泉苑《しんせんえん》に送ったことが祇園会の始まりとする。ここでは、悪霊の依代としての鉾（剣鉾《けんぼこ》や現在の曳鉾《ひきほこ》の原型）、鎮送《ちんそう》祭具としての神輿、神泉苑というカミ送りのための水辺の祭場の存在が確認できる。御霊会に関わる祭の起源譚には、天災や政争が頻発した貞観の元号（清和天皇の御代）がたびたび出てくる。正暦五年（九九四）六月二十七日に船岡《ふなおか》山《やま》で営まれた御霊会では、二基の神輿を難波海《なにわのうみ》へとカミ送りしている（『本朝世紀』『日本紀略』）。御霊会は、温湿度が高く川の氾濫などによって疫病が流行しやすい、旧暦五月から六月にかけての夏季に営まれることが多かった。このような悪霊を乗せた神輿は、祭ごとの使い切りであったと推測される。「あばれ祭」の名称で知られキリコ（奉灯）が出る能登半島、宇出津《うしつ》の八坂神社の祭では、「チョウサ」の掛け声で舁いた神輿を、海や川、さらには炎の中へと投げ入れる。これなどは、初期御霊会の神輿の扱いを彷彿とさせる。今日ではミソギ型神幸祭の事例は少ないが、例えば早馬《はやま》神社（宮城県気仙沼市唐桑町）の祭では、村内と沖合を巡った神輿を浜辺の禊台にて禊をする。

神泉苑　平安京の大内裏の南に営まれた禁苑で、善女竜王が祀られて祈雨や止雨の法会がたびたび営まれた。この地は官主導の御霊会が初めて行なわれた祭場でもある。『日本三代実録』には、貞観5年（863）5月20日に、崇道天皇はじめ六座の怨霊に花果を供え、金光明経及び般若心経を修し、さまざまな歌舞音曲を奉納して、大規模な御霊会が営まれたと記される。5月の神泉苑祭では剣鉾が立てられる。

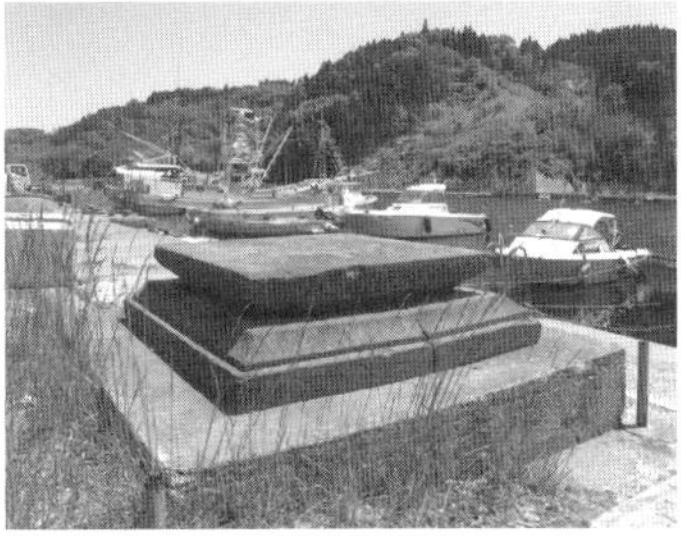

上：宇出津の神輿（能登町提供）
下：早馬神社の禊台

ミソギ系オイデ型神幸祭

怨霊や疫神などの悪霊も、何度も御霊会が重ねられると、地域を護る産土神として鎮まる。例えば、上御霊《かみごりょう》神社、下御霊《しもごりょう》神社、今宮神社、八坂神社などがこれにあたる。丁重に祀られ産土化した悪霊、すなわち御霊は、再び遷却されることはない。その結果、神幸祭はミソギ型から、カミと氏子一般との交流を目的としたオイデ型へと移行する。このような来歴を持つオイデ型神幸祭を「ミソギ系オイデ型神幸祭」と呼ぶことにする。

ミソギ系オイデ型神幸祭の典型は、現在の祇園祭である。祇園祭は、現在、四条通に面した御旅所まで神輿が渡御して、氏子一般の拝礼を受けるオイデ型神幸祭であるが、前述したように、初期の祇園御霊会は悪霊をカミ送りするためのミソギ型神幸祭であった。そのなごりが、現在の祇園祭に残る。

八坂神社の神輿は、中御座《なかござ》（素戔嗚尊《すさのおのみこと》）・東御座（櫛《くし》稲田姫命《いなだひめのみこと》）・西御座（八柱御子神《やはしらのみこがみ》）の三基である。七月十七日の神幸祭に先立つ七月十日には、鴨川の水で神輿を清祓する神輿洗式《みこしあらいしき》が執り行なわれる。ところが、神輿洗が行なわれるのは中御座の神輿のみであって、他の二基は鴨川までは移動しない。また、二十四日の還幸祭《かんこうさい》で御霊が神社に戻った後の二十八日にも、再び神輿洗が行なわれる。これは何を意味するのか。ここで、祇園祭が御霊会であることを思い起こすと、神輿洗は（特に後半の神輿洗は）、かつて悪霊の類を神輿に封じ込めて鎮送した頃の、ミソギ型神幸祭のなごりと見ることができよう。神輿洗が行なわれる中御座の神輿は、素戔嗚尊（牛頭天《ごずてん》王《のう》）の神輿である点にも注目したい。牛頭天王は、その強い神威で疫神を調伏《ちょうぶく》するが、同時に疫病を流行《はや》らせる疫病神にもなり得るという二重の性格を備えている。また、中御座の神輿のみが、還幸祭で初期の祇園御霊会の祭場であった神泉苑への渡御を行なうことも示唆的である。

第四節　オイデ型神幸祭

　神社本殿に鎮まっている御祭神の御霊が氏地を巡って御旅所まで渡御し、そこで一定期間を過ごして氏子一般の拝礼を受け、後に神社に還幸する形式の神幸祭を、氏子の前に御祭神が「御出《おいで》になる」という意味で「オイデ型神幸祭」と呼ぶことにする。

　オイデ型神幸祭の典型は、京都の伏見稲荷大社と松尾《まつのお》大社の祭に見ることができる。両社は平安京築造以前から秦《はた》氏が奉祀する古社であり、平安京成立後は都の人々による崇敬も篤かった。神輿は遠く洛中の御旅所まで神幸する。現在は、稲荷社の神幸祭は四月二十日直近の日曜日で、還幸祭が五月三日、また、松尾社の神幸祭（オイデと呼ばれる）は四月二十日以降の日曜日で、還幸祭（オカエリと呼ばれる）が神幸祭から二十一日目の日曜日となっていて、その間、神輿は御旅所に安置される。

　このような神輿のオイデに際して、それを出迎える都市域の氏子たちも色めき立った。稲荷祭では、かつては、神輿を迎えるための御迎提灯行列が華やかに繰り広げられた。また、室町時代の『東寺執行日記』には、嘉吉元年（一四四一）の稲荷祭には「ホク三十六本」「作山十」、翌年には「山鉾五十」が出たと記される。応仁・文明の乱以前には、祇園祭に勝るとも劣らない神賑行事が繰り広げられていたようだ。猿楽をはじめ、傀儡子《くぐつ》や曲芸、滑稽な物真似など、平安時代後期のさまざまな芸能を描写した『新猿楽記』に描かれる風景は、稲荷祭における

松尾祭のオカエリ（還幸祭）　すべての神輿が旭の社（西寺跡）に集まって神事が執り行なわれる。

御旅所のあった七条から八条堀川界隈の賑わいに仮託したものとされるが、松尾祭でも同じような賑やかな祭の風景が見られたであろう。同時代の『年中行事絵巻』にも、獅子や田楽を伴った稲荷祭の神幸祭が活き活きと描かれている。

また、春日大社の摂社、若宮神社の御祭《おんまつり》も、オイデ型神幸祭のわかりやすい事例である。

このようなカミのオイデは、カミの存在をわかりやすい形で人々に示すことができる。オイデ型神幸祭は、諸国の一之宮や有力な神社でも採り入れられ、現在では、全国津々浦々の産土の祭にまで広がっている。

第五節　神輿洗と潮掛

神幸祭に先立って、カミの乗物である神輿本体や舁夫《かきふ》の清祓のために、水辺で行なわれる禊の儀式が神輿洗である。海での禊は、潮掛《しおかけ》などと呼ばれる。神輿の物理的な道程のみに注目していると、海辺のミアレ地に再訪する「ミアレ系オイデ型神幸祭」(浜降り)や、悪霊遷却のための「ミソギ型神幸祭」と混同してしまうが、神輿洗における神輿の移動は、カミを神輿に遷す前に行なわれる儀式であって、神幸祭における神輿の移動とは概念が異なる。神輿洗は、鳳凰や瓔珞《ようらく》などの荘厳具《そうごんぐ》を施さない、いわゆる「裸《はだか》神輿」の状態で行なわれる。住吉大社の住吉祭では、八月一日(旧暦六月晦日)の神幸祭に先立って、七月中旬(旧暦六月十四日)に、かつては砂浜であった大社西方の潮掛道《しおかけみち》で、神輿洗神事が執り行なわれる。現在は汐汲船《しおくみふね》を沖まで出して潮を汲む。

平野郷の神輿の足洗神事　杭全神社の夏祭では、7月14日の神幸祭に先立つ7月11日に、平野川の水で神輿洗を行なう。

第六節　カミの移動手段

カミの御霊《みたま》や御分霊《わけみたま》が依《よ》り憑《つ》く依代（御霊代《みたましろ》）には、榊《さかき》などの常緑樹の枝葉、御幣《ごへい》や梵天《ぼんてん》、獅子頭《ししがしら》、神社伝来の御神体や神像などがあって、その移動には慎重かつ丁重な態度が求められる。伊勢神宮の式年遷宮における遷《せん》御儀《ぎょのぎ》や各地の神社の遷座祭《せんざさい》、神幸祭における本殿から神輿への御霊遷《みたまうつ》しでは、依代の周囲に白い絹垣《きぬがき》を巡らせて、カミが人目に触れることを防いでいる。春日若宮神社の御祭《おんまつり》では、榊を採って白張《はくちょう》をまとった多くの神職が、自らが人垣となってカミの依代を取り囲む（序章参照）。下鴨神社の御蔭祭では、御霊の依代を神馬に乗せて錦蓋《きんがい》で囲い、多くの列次を組んで神幸する。県《あがた》神社（京都府宇治市）の祭では、大きな梵天が依代の役割を果たしている。

「カミの乗物」の形態はさまざまであるが、現在では、神輿が用いられることが多い。今日、我々がよく目にする神輿は、方形の台の四隅に柱を立て、鳳凰や宝珠《ほうじゅ》（葱《そう》花《か》）を頂く宝形造《ほうぎょう》の屋蓋《おくがい》を設けた形態のもので、轅《ながえ》と呼ばれる二本の棒で舁き上げる。鳳凰や宝珠は、天皇の輿であった鳳輦や、皇后あるいは天皇の略式の行幸に用いられた葱花輦《そうかれん》（広義の鳳輦）の意匠を模したものである。このような神輿による神幸祭は、いつ頃、どの祭から始まったのであろうか。また、鳳輦型の神輿が全国的な広がりを見せる一方で、京都では神社の社殿を模したような宮型の神輿がよく見られる。さらに、神輿の中には六角形や八角形の寺院の円堂のごとき形態のものもある。これら違いは何なのか。次節より、神輿を「鳳輦型」「円堂型」「宮型」の三種に大別して、それぞれの出自と発達史とを考察する。

鳳輦型神輿

純鳳輦型神輿

宮型神輿

円堂型神輿

岸城神社の正遷宮　カミの依代は絹垣で囲われ仮殿から新築の本殿へと遷される。

下鴨神社の御蔭祭　人目をはばかるために掲げられた紫翳（むらさきのさしは）から、神馬がカミの乗物であることがわかる。

第七節　鳳輦型神輿

鳳輦型神輿の起源

カミの移動に輿が用いられたという文献上の初見は、奈良時代、東大寺大仏建立の頃である。『続日本紀』によると、大仏の鋳造がなった天平勝宝元年（七四九）十二月二十七日に、豊前国（大分県）の宇佐神宮に仕える禰《ね》宜《ぎ》尼《に》・大神朝臣杜女《おおみわのあそんもりめ》が「天皇が乗る輿と同様の紫色の輿（其輿紫色一同乗輿）」に乗って入京し、大仏に拝礼して

県神社の梵天神輿

いる。この時、孝謙天皇（阿倍内親王）、太上天皇（聖武天皇）、皇太后（光明皇后）も行幸し、百官《ひゃっかん》諸氏が参集、仏前では、僧五千人による読経《どきょう》がなされるとともに、国内外の歌舞音曲が奉納された。ここで、八幡大神《はちまんおおかみ》は一品《いっぽん》、比咩神《ひめかみ》は二品を賜っている。宇佐から迎えられた八幡神の御分霊《わけみたま》は、以後、東大寺の鎮守として奈良に留まった（現・手向山八幡宮《たむけやまはちまんぐう》）。

天平勝宝四年（七五二）四月九日に営まれた大仏開眼《かいげん》会《え》は、さらなる荘厳を極めた。『続日本紀』には、その素晴らしさは逐一書き尽くすことができないほどで、仏法が東方に伝わって以来、このような盛大な斎会《さいえ》はいまだかつてなかったと記される。開眼導師にはインド出身の僧、菩提僊那《ぼだいせんな》が選ばれ、皇族・官人・諸氏族に加えて一万人の僧が参集、開眼筆《かいげんふで》には二百メートルに及ぶ縹色《はなだいろ》の開眼縷《かいげんる》が結ばれ、点睛《てんせい》の喜びを一に結縁《けちえん》した。

宇佐の八幡神は、東大寺の大仏鋳造に対する神助《しんじょ》の託《たく》宣《せん》をはじめ、弓削道鏡や和気清麻呂への神託に代表されるように、政治的に重要な場面においてたびたび託宣する。このような宇佐の八幡神の性格を考えると、禰宜尼の大神杜女《おおみわのもりめ》は、神懸《かみがか》りしてカミの言葉を告げる巫女《みこ》のような存在であったと考えられよう。大神杜女が、カミが依り憑く尸童《よりまし》であったならば、「紫色の輿」は、まさに「神の輿」であり、この「紫色の輿」をもって鳳輦型神輿の起源としてよい。なお、八幡大神と比咩神は、臣下に与えられる「位《い》」ではなく、親王や内親王に与えられる「品《ほん》」という位階を賜っている。後に、八幡神系の神社の祭において、天皇の輿に酷似する鳳輦様の神輿が許されていくのは、八幡神に、この「品」という位階があったからではなかろうか。

東大寺八幡宮の神輿

鳳輦型神輿は、八幡神系の神社を中心に、神社の性格や時代の感覚を反映してさまざまな形態へと変化していく。宇佐から迎えられた八幡神が鎮座する東大寺の手向山八幡宮には、錦貼《にしきばり》の屋蓋《おくがい》を持つ「錦貼神輿」三基が伝わる。これらの神輿は、正長元年（一四二八）の修理銘などから鎌倉時代の作とされる。錦貼神輿は、八幡神を宇佐から迎えた時の神幸列を再現する転害会《てがいえ》と呼ばれる法要で用いられたもので、大小の襖を前面と後面に立てるなど、「本物の鳳輦」に準じた様式を伝える。過去の神幸列の再現を目的とする祭に用いられた神輿であることから、錦貼神輿は、大神杜女が乗った「紫色の輿」の姿と大きく違わないと推定したい。天皇の鳳輦と異なる点は、その仏教的な装飾にある。屋蓋には輪宝《りんぼう》が施され、その四隅から瓔珞を垂らした風鐸《ふうたく》を吊るしている。御簾《みす》の輿に貴人が乗っているかのような佇まいの神輿である（序章参照）。

鳳輦『故実叢書　輿車図考』（筆者蔵）　鳳輦型神輿は、鳳輦を元に装飾を華美にする方向で発達した。再び本来の鳳輦の様式が採用されるのは、桓武天皇の御霊を祀った平安神宮の神輿など明治に入ってから。本書では天皇の鳳輦に近い姿の神輿を「純鳳輦型神輿」と呼ぶ。

宇佐神宮の神輿

八幡神の総本宮である宇佐神宮には、八幡大神（応神天皇）・比売《ひめ》大神《おおかみ》・神功《じんぐう》皇后の三柱が祀られ、黒漆塗の屋蓋を持つ鳳輦型神輿が三基ある。襖絵《ふすまえ》に描かれた仏画が大きな特徴で、そこには釈迦如来が説法をする姿など法華経を題材とした物語が描かれている。宇佐神宮が宮寺、弥勒寺（明治初期に廃寺）と一体となって存在した神仏習合時代の様式で、欄干を巡らせた基台を須弥壇《しゅみだん》と見れば、神輿全体を一種の厨子《ずし》に見立てることができる。

一之御殿（八幡大神）の神輿　応永27年（1420）頃の作とされる鳳輦型神輿（宝物館にて展示保存）を復元したもの。

石清水八幡宮の神輿

神輿は、仏教的な荘厳を著しくしてきらびやかな装飾を施すようになっていく。石清水八幡宮《いわしみずはちまんぐう》には、応神天皇・比咩大神・神功皇后の三柱が祀られる。石清水八幡宮が鎮座する男山《おとこやま》には八幡神の勧請《かんじょう》以前から石清水寺があって、貞観元年（八五九）に宇佐から八幡神を勧請したのも、奈良の大安寺の僧、行教であった。明治以前には山中にいくつもの僧坊が立ち並んでいたことからもわかるように、仏教色の強い神社である。そもそも、東大寺に伝わる僧形《そうぎょう》八幡神坐像に代表されるように、八幡神は八幡大菩薩の仏号を持つ極めて仏教色の強いカミである。

鞆淵八幡《ともぶちはちまん》神社（和歌山県紀の川市）には「沃懸地螺鈿《いかけじらでん》金銅装神輿《こんどうそうしんよ》」（国宝）と呼ばれる荘厳を極めた神輿が伝わる。この神輿は、石清水八幡宮の神輿の新調にあたって、安貞二年（一二二八）に古い神輿が寄進されたもの。屋蓋は金銅装で、木部には金粉をちりばめた漆塗の沃懸地と螺鈿細工が施され、鏡をはめ込んだ金銅透彫《すかしぼり》の帽額《もこう》や華鬘《けまん》、幡《ばん》といった仏教的な荘厳具できらびやかに彩られる。石清水八幡宮は伊勢神宮とともに皇室の二所宗廟《にしょそうびょう》とされ、また、武士である源氏の崇敬も篤く、荘園の拡大とともに各地に八幡信仰が広がった。八幡神系の神社は、全国で最も多く存在する。今日一般の「カミの神輿に仏教的な荘厳具」という様式は、石清水八幡宮に始まるといってよいだろう。

鞆淵八幡神社の沃懸地螺鈿金銅装神輿（鞆淵八幡神社提供）　現在は鳳凰を頂くが元々は宝珠であった（国宝）。鳥飼八幡宮（淡路島）にも同時期の寄進神輿がある。

誉田八幡宮の塵地螺鈿金銅装神輿　建久7年（1196）源頼朝寄進と伝わる（国宝）。写真は複製の神輿。

日吉社の神輿

　比叡山延暦寺の鎮守として、山門と一体となって存在した日吉大社（滋賀県）では、より仏教的な荘厳を強調した鳳輦型神輿が用いられた。日吉社の祭神は、東本宮の大山咋神《おおやまくいのかみ》と西本宮の大己貴神《おおなむちのかみ》を核として、東本宮系の四社、西本宮系の三社を合わせて山王七社の名称で知られた。東本宮の大山咋神は、比叡山の東にある牛尾山（八王子山）の山中にある金大巖《こがねのおおいわ》と呼ばれる磐座《いわくら》にミアレした産土神である。また、西本宮の大己貴神は、天智天皇による大津遷都を期に、大和の三輪山から勧請されたものである。日吉社の神々は本地垂迹思想によって、西本宮・大己貴神は釈迦如来、東本宮・大山咋神は薬師如来、といったように本地仏が定められていた。

　大山咋神が祀られる東本宮と、その荒魂《あらみたま》が祀られる牛《うし》尾宮《おぐう》とは、里宮《さとみや》と奥宮《おくみや》の関係にあろう。牛尾宮と、その姫神《ひめかみ》である鴨玉依姫神《かもたまよりひめのかみ》の荒魂が祀られる三宮《さんのみや》は、カミがミアレした磐座に接するように建てられている。収蔵庫に安置されている山王七社の「日吉山王金銅装神輿」七基のうち、牛尾宮の神輿のみが八角形の円堂型神輿で、その他の六基は四角形の鳳輦型神輿である。これまで見てきたように、鳳輦型神輿は八幡神専用の神輿という印象が強かったが、日吉社では山王七社の一つである宇佐宮の神輿以外でも鳳輦型神輿が用いられている。

　日吉社の神輿は、石清水八幡宮の神輿以上に堅牢かつ荘厳なつくりとなっている。ここでは、基台に巡らされた欄干に注目したい。宇佐神宮では、神輿自体が厨子に見立てられた可能性を指摘したが、日吉社の神輿もそのように見える。欄干を巡らせた土台部分を須弥壇とすると、金銅装の本体と荘厳具の装飾とが相まって、神輿全体が宮殿《くうでん》型の厨子のごとくである。

日吉社の神輿は、その神威をより積極的に外部に示している印象を受ける。これは、日吉社の神輿が、山門、すなわち比叡山の延暦寺による「強訴」に用いられたことと関係があろう。延暦寺は、朝廷や幕府に対して自らの要求を通すために、しばしば日吉社の神輿を奉じて入京した。このような神輿動座《どうざ》は、南都興福寺が春日社の神木を奉じて入京する神木《しんぼく》動座とともに有名で、山法師（山門の強訴）は、白河院をして、茂川の水（氾濫）、双六の賽（賭博の横行）とともに「わが心にかなわぬもの（天下三不如意）」と言わしめた。強訴の神輿には、人々に神罰・仏罰を恐れさせるほどの、過剰なまでの表現が求められたのである。

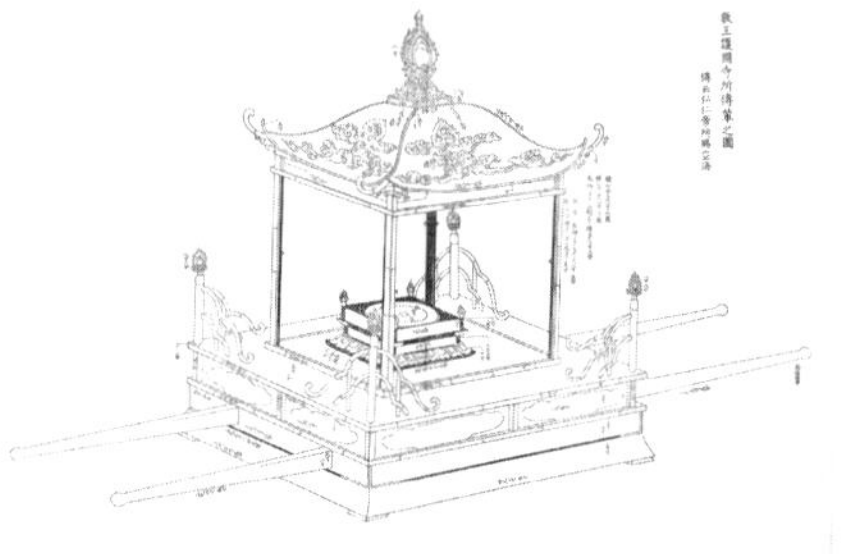

教王護国寺所伝輦之図『輿車図考』（筆者蔵）　東寺には舎利塔を乗せるための紫檀塗螺鈿金銅装舎利輦（平安～鎌倉時代）がある（国宝）。四天王寺の聖霊会では現在でも鳳輦型神輿2基に聖徳太子像と仏舎利が遷される。

大雲院涅槃会の図『諸国図会年中行事大成』　輦輿（れんよ）に涅槃像が見える。

日吉大社・東本宮の神輿　織田信長による比叡山焼き討ちの後に新造されたものであるが、焼失以前の形態を踏襲していると思われる。

祇園社の神輿

八坂神社の祭神は、素戔嗚尊（牛頭天王）・櫛稲田姫命・八柱御子神の三柱であり、祇園祭では、それぞれ六角形、四角形、八角形の金銅装神輿が用いられる。祇園《ぎおん》感神院《かんしんいん》あるいは祇園社と呼ばれた八坂神社は、その名の通り仏教色の強い社であって、主祭神は祇園精舎《ぎおんしょうじゃ》の守護神であり薬師如来とも同一視される牛頭天王。平安時代後期の祭の様子を描いた『年中行事絵巻』では、三基ともが四角形の鳳輦型神輿となっているが、初期の祇園御霊会では、後述する宮型神輿が用いられていた可能性が高い。現行の六角形や八角形の円堂型神輿の採用は、祭神の違いを視覚化するために、ある時代になされたものであろう。

祇園社は、長く延暦寺の末寺（日吉社の末社）であった。祇園社の神輿を考える際には、日吉社の存在を無視できない。前項で、山門による日吉社の神輿を奉じての強訴について触れた。強訴の神輿は、琵琶湖側から比叡山を越えて修学院村の雲母坂《きららざか》を下って入京したと考えられるが、巨大な神輿を舁いての山越えは、相当の困難を伴ったはずである。そこで利用されたのが、比叡山の支

飾り付け前の八坂神社の神輿

祇園社の神輿『年中行事絵巻』（京都大学文学研究科蔵）　平安時代後期の時点では3基とも方形の神輿として描かれる。

配下にあった祇園社や北野社の神輿であった。これならば人の移動だけで事足りる。ただし、山門の強訴に用いる神輿となると神輿の様式は日吉社に準じる必要があろう。

また、祇園御霊会は、怨霊を祀って御霊とし遷却するという当初の方法から、いつしか牛頭天王という渡来系のカミの強い神威をもって悪霊の類を調伏する方法へと舵を切った。つまり、神輿に乗るのは、悪霊ではなく仏教系のカミ、牛頭天王である。日吉社との関係に加え、このような祇園御霊会の性格の変化によって、祇園社は金銅装の鳳輦型神輿を採用するに至ったと考えられる。

ただし、祇園社の神輿には日吉社の神輿にはない大きな特徴がある。『年中行事絵巻』に描かれた祇園社の神輿をよく観察すると、基台の周囲には玉垣と鳥居があることがわかる。「鳥居」の効力は絶大で、神輿がどのような形態であれ、それが神社に関係するものであることを保証する。人々は、この鳥居を通して、その奥に神社の社殿を連想する。このような「鳥居付鳳輦型神輿」の出現によって、鳳輦型神輿は八幡神系の神社の祭だけではなく、広く産土の祭一般で用いることが可能となった。そこでは、神輿の本体が必ずしも金銅装ではなく、漆塗のものや、素木造《しらきづくり》のものも生み出されていく。

鶴岡八幡宮の神輿

鎌倉の鶴岡八幡宮《つるがおかはちまんぐう》は、康平六年（一〇六三）、源頼義が石清水八幡宮の分霊を鎌倉の由比浜《ゆいがはま》に祀って、治承四年（一一八〇）に、源頼朝が現在の社地に遷座したことに始まる。鎌倉の八幡宮でも、やはり鳳輦型神輿が用いられる。

鶴岡八幡宮の本宮神輿三基と若宮神輿四基は、寛永初期（一六二四頃）につくられたとされる。これらの神輿の斬新さは、御帳《みちょう》を垂らさずに神輿を積極的に社殿に見立てたところにある。黒漆塗の屋蓋は社寺建築のように数段の枡組で支えられ、柱間の三面には蒔絵《まきえ》が施された羽目板がはめ込まれる。前部には御扉《みとびら》が設けられており、基台には鳥居を据えて玉垣を巡らせる。さらに、三基の本宮神輿には、御扉が設けられた前部の軒に唐破風《からはふ》が施されており、その姿は、神社の社殿そのものである。ここに至って、鳳輦型神輿も「神社の社殿の小型版」という後述の宮型神輿と同じ設計思想にたどりついた。屋蓋の縁に数多く並べられる葉形様の装飾は、天皇の玉座《ぎょくざ》、

鶴岡八幡宮の本宮神輿（鶴岡八幡宮提供）　平成25年に修復され往時の美しさが蘇った。

高御座《たかみくら》の屋蓋に並ぶ八花形《やつはながた》や唐草形と呼ばれる装飾を模したものであろう。鶴岡八幡宮の鳳輦型神輿は、近代に入って多くつくられる江戸型神輿の意匠に、少なからず影響を与えていると思われる。

第八節　円堂型神輿

　前節で述べたように、山王七社の神輿のうち、六基は方形であるが、産土神である大山咋神の荒魂を祀る牛尾宮の神輿のみが八角形となっている。稲荷社の神輿も、五基のうち、その核となる宇迦之御魂大神《うかのみたまのおおかみ》が祀られる下社の神輿のみが六角形の神輿で、その他四基は後述する宮型神輿である。祇園社の神輿は『年中行事絵巻』が描かれた平安時代後期の時点では三基とも四角形の鳳輦型神輿であるが、いつの頃からか、六角、四角、八角の神輿となっている。このような角数の違いは、他の祭神との差別化を図ってなされたものと考えられる。

　四角形の鳳輦型神輿は鳳輦を模したものであるが、八角形（あるいは六角形）の神輿は何を手本としたのであろうか。八角形の構造物といえば、まず思いつくのが天皇の玉座である高御座《たかみくら》である。鳳輦型神輿の屋蓋の装飾には高御座の影響が見られるので、その可能性もなくはない。ただし、この世に唯一無二の高御座の形式を模すことに問題はなかったのであろうか。例えば『本朝世紀』には、長保元年（九九九）六月十四日の祇園会にて無骨という雑芸者《ぞうげいしゃ》が大嘗会《だいじょうえ》で曳《ひ》かれる標山《ひょうのやま》に類似する柱を曳き渡し、検非違使が追捕《ついぶ》に走るという出来事が記される。

　高御座以外に八角形の造形物は存在するだろうか。宇佐神宮や日吉社の神輿が、仏像を納める厨子に見立てられた可能性は先に述べた。このような観点で考えてみると、法隆寺の夢殿《ゆめどの》や興福寺の北円堂《きたえんどう》、あるいは経典を納める輪蔵《りんぞう》など、六角形や八角形の円堂と呼ばれる構造物が、仏教寺院に多く見られることがわかる。八角形や六角形の神輿は、このような仏像が安置される円堂の構造を模したものではなかろうか。円堂に仏像が安置される姿と、八角形、あるいは六角形の神輿に神像や仏像が納められる姿が重なる。本書では、このような六角形や八角形の神輿を「円堂型神輿」と呼ぶことにする。

日吉大社・牛尾宮（八王子宮）の神輿

伏見稲荷大社・下社の神輿『年中行事絵巻』（京都大学文学研究科蔵）

第九節　宮型神輿

京都には、ひときわ大きく弧を描いた部材を頂く神輿がある。祭当日は神輿全体に幕が掛けられ、詳しい構造を把握するのが難しいが、よく観察してみると、屋根は入母屋造《いりもやづくり》で軒には唐破風が施されており、突き出た部材は社殿を象徴する千木《ちぎ》を大きく反り返らせた表現であることがわかる。このような神社の社殿を模した型式の神輿を「宮型神輿」と呼ぶことにする。おそらく「鳳輦型神輿」よりも歴史は古い。

松尾大社・大宮社の神輿

稲荷社・松尾社の宮型神輿

第二節で、京都の主な神社の氏地の範囲を示した。この中で古くから宮型神輿が出るのは、伏見稲荷大社と松尾大社、そして藤森《ふじのもり》神社である。上御霊神社にも宮型神輿が一基あるが、これは明治期の導入のようだ。下御霊神社では、神幸列を先導する猿田彦神の神輿は宮型であるが、本社の神輿は鳳輦型である。賀茂祭では神輿が用いられないことは先に述べた。

宮型神輿が用いられる稲荷社、松尾社、藤森社の三社は、平安京築造以前から存在する古社である。稲荷社と松尾社は、渡来系の秦氏によって奉祀されてきた。両社の御旅所が七条や九条といった洛中にあることから、平安京の成立後は都市域の人々にも支えられてきたことがわかる。藤森社は稲荷社が成立する以前からの産土社であるから、稲荷社の周辺域は藤森社の氏地となっている。

第四節で述べたように、稲荷社と松尾社の神幸祭はオイデ型神幸祭の典型で、広範囲な氏地を神幸し一定期間を御旅所で過ごすという共通点を持つ。稲荷祭では、秦《はたの》伊呂具《いろぐ》が伊奈利山《いなりやま》に祀ったとされる宇迦之御魂大神《うかのみたまのおおかみ》をはじめとする下・中・上社の三柱と、後に祀られた二柱の、合わせて五基の神輿が神幸する。宇迦之御魂大神の神輿のみは六角の円堂型神輿で、他の四基は宮型神輿である。平安時代後期の『年中行事絵巻』にも、六角形の円堂型神輿一基と切妻造の宮型神輿四基が描かれる。稲荷社は東寺の鎮守とされ（境内の鎮守としては八幡社が祀られる）、還幸祭では東寺への神輿の神幸がある。神仏分離以前は、稲荷社と東寺とは今以上に親密な関係にあって、天明七年（一七八七）刊の『拾遺都名所図会』には「千木を頂く宮型神輿に仏式の神饌をお供えし、稲荷大明神と号して僧侶が御幣を奉る」という、現在では想像も付かない祭の風景が描かれている。平安時代後期には切妻造の神輿であったが、この時点では、入母屋造軒唐破風という現在と同じ様式の神輿となっている。

伏見稲荷大社の神輿の一つ『年中行事絵巻』
（京都大学文学研究科蔵）

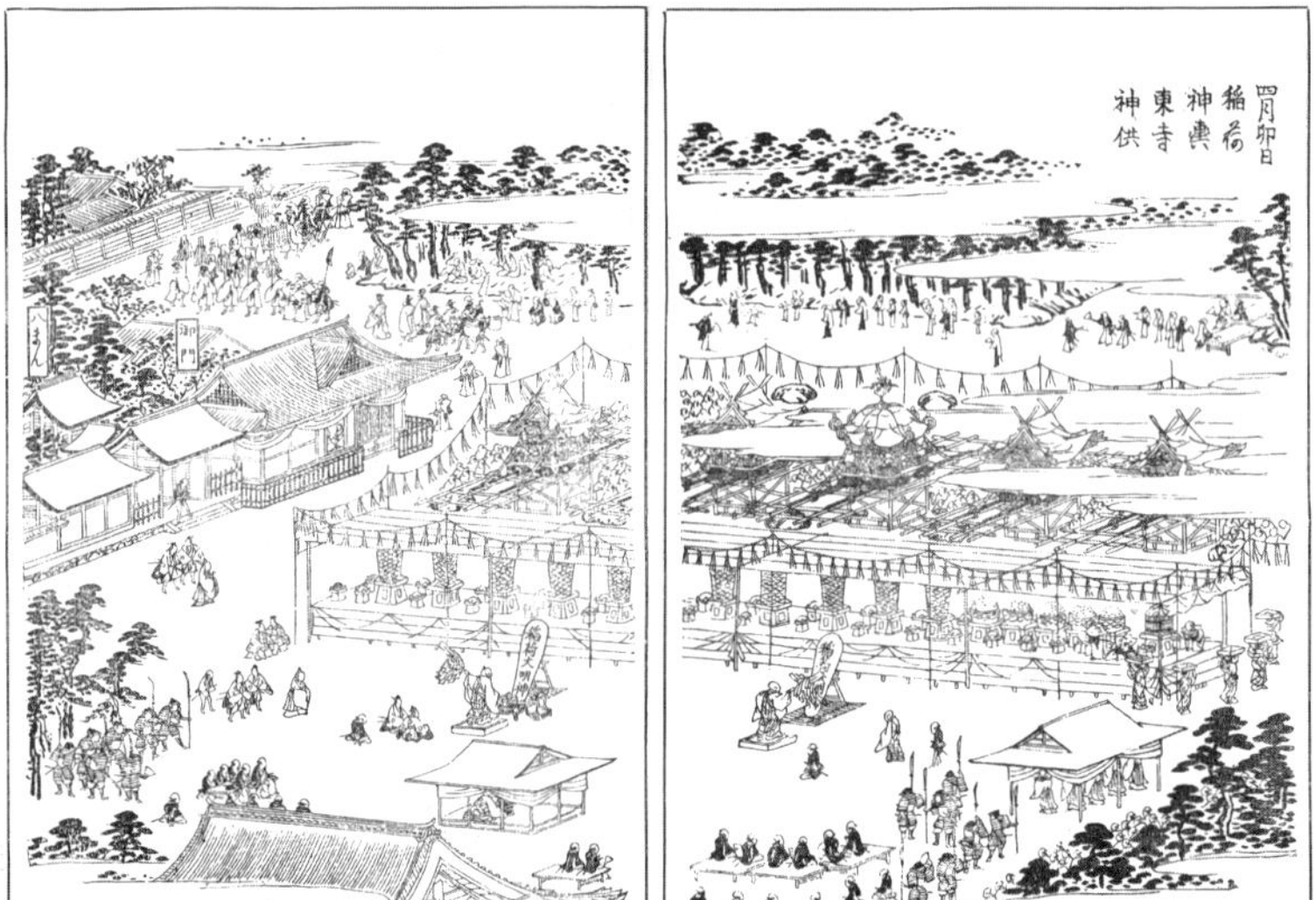

四月卯日稲荷神輿東寺神供『拾遺都名所図会』

松尾祭では七社の祭神の神幸があって、月読社《つきよみしゃ》は唐櫃《からひつ》、宗像社《むなかたしゃ》が八角の円堂型神輿、本社を含めた五社は宮型神輿を用いる。

初期の御霊会の宮型神輿

平安京が成立して人口が増加すると、疫病が蔓延することがしばしばで、人々は、このような天災の原因を、疫神や、政争で非業の死を遂げた貴人の怨霊に求めた。御霊系の主な神社といえば、上御霊社・下御霊社・今宮社・祇園社・北野社といったところであろうか。上御霊社と下御霊社は、非業の死を遂げた貴人の怨霊、すなわち八所御霊《はっしょごりょう》を祀る神社である。今宮社の成立には、船岡山や山麓の紫野《むらさきの》で営まれた御霊会が深く関係する。祇園社は、疫病神《えやみのかみ》でもあった牛頭天王を祀って、強力な神威を用いて疫神の類を調伏した。北野社は、太宰府に左遷され非業の死を遂げて祟神《たたりがみ》となった菅原道真公を祀っている。これらの神々は、今でこそ氏子を有する産土神として鎮座するが、それは御霊会による鎮魂が成功した結果に他ならない。これら平安京築造後に氏地を確立した御霊系の神社では、現在、宮型神輿が用いられないが（上御霊神社の一基は明治期の導入）、当初は、やはり宮型神輿が用いられたのではないだろうか。

正暦五年（九九四）六月二十七日に北野の船岡山で営まれた疫神を祀る御霊会では、神輿が祭具として用いられた。『本朝世紀』や『日本紀略』には、木工寮・修理職に命じ神輿二基をつくって安置したうえで、仁王経《にんのうきょう》を修し、伶人《れいじん》が音楽を奉納して、最終的には神輿を難波海《なにわのうみ》に送ったとある。また、この法要は朝議ではなく民意よる発願であり、幣帛を奉じて集まった男女は幾千人かわからないほどであったと記される。第二節で述べたように、祇園御霊会でも神輿は悪霊を鎮送するための重要な祭具であった。これらの記録には、その神輿についての具体的な描写はないが、最終的にカミ送りがなされる御霊会という祭の性格上、皇族の輿を模した鳳輦型神輿を用いることは難しいように思える。初期の御霊会には社殿を模した宮型の神輿が準備されたと考えたい。なお、御霊会で用いた神輿は、形代や斎串《いぐし》を水辺に流し去るごとく、祭ごとの使い切りであったと考えられる。

このような、かつて御霊会が行なわれた神社でも、現在では鳳輦型神輿や円堂型神輿が一般的である。これはなぜか。おそらく、御霊が産土神化する過程で、かつて御霊の鎮送に用いられたものと同形式の神輿の使用がはばかられたからではないだろうか。その代替が皇族の輿を模した鳳輦型神輿であった。悪霊には疫神の類もあるが、皇族や貴人の怨霊を出自とする御霊も存在する。延暦寺の支配にあった祇園社や北野社の神輿に関しては、日吉社の影響も大きかったであろう。

　平安時代の宮型神輿の姿は、『年中行事絵巻』に描かれた稲荷祭の神輿以外に知るすべはないが、それを補完し得る記録がある。天慶八年（九四五）、志多良神《しだらがみ》が入京するとの噂が流れ、実際に、大群衆の歌舞音曲を伴って摂津国の山間部諸郡を経て石清水八幡宮まで神輿が送り渡されるという出来事があった。『本朝世紀』には、この時に用いられた神輿について「一輿は檜皮葺で鳥居を造る。他の二輿は檜葉を葺く」と記される。また、同じ神輿について『吏部王記《りほうおうき》』には、三基の神輿は檜皮葺で、扁額には「自在天神（右大臣菅公霊）」、「宇佐春王三子」あるいは「住吉神」と記されていたとある。この三基の神輿は『年中行事絵巻』に描かれたような宮型神輿であった可能性が高い。「檜葉を葺く」という描写は、春日若宮神社の御祭《おんまつり》で造営される松葉葺の御假殿《おかりでん》を彷彿とさせる。

　以上のように、神社の社殿を模すという極めて自然な発想でつくられた宮型神輿は、鳳輦型神輿のように八幡神という限定されたカミではなく、産土神一般の乗物として用いられてきた。当初は小型の切妻造の神輿であったが、次第に仏教的な荘厳を備えるようになり、また、入母屋造軒唐破という複雑な建築構造を採用するようにもなった。このような変化には、鳳輦型神輿の発達の影響が少なからずあると考えられる。鳳輦と高御座、カミとホトケの習合という現行の神輿の形態は、千数百年の時の中で育まれた、極めて日本的な柔軟な発想の産物といえよう。

若宮假御殿『春日大宮若宮御祭礼図』 松葉葺の御假殿。

第三章

御迎提灯

祭といえば提灯である。祭が近づくと、神社の境内や家々の軒先に「御神燈」と墨書された提灯が掲げられる。このような祭の灯の源流を探っていくと、カミ迎えのために祭場で焚かれる庭燎《にわび》にたどりつく。京・摂河泉域では、宵宮の晩に御迎《おむかえ》提灯が出る祭が多い。迎える対象は、もちろん産土《うぶすな》のカミである。

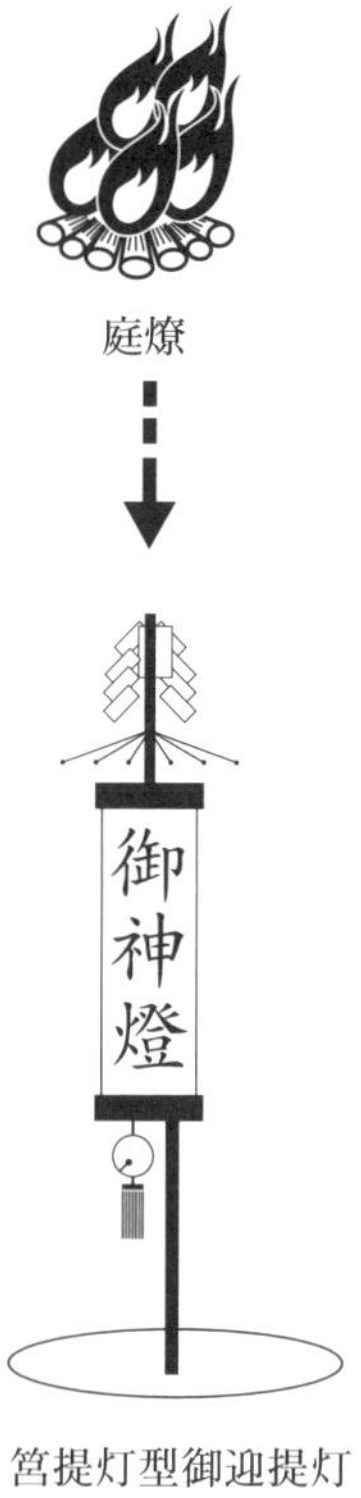

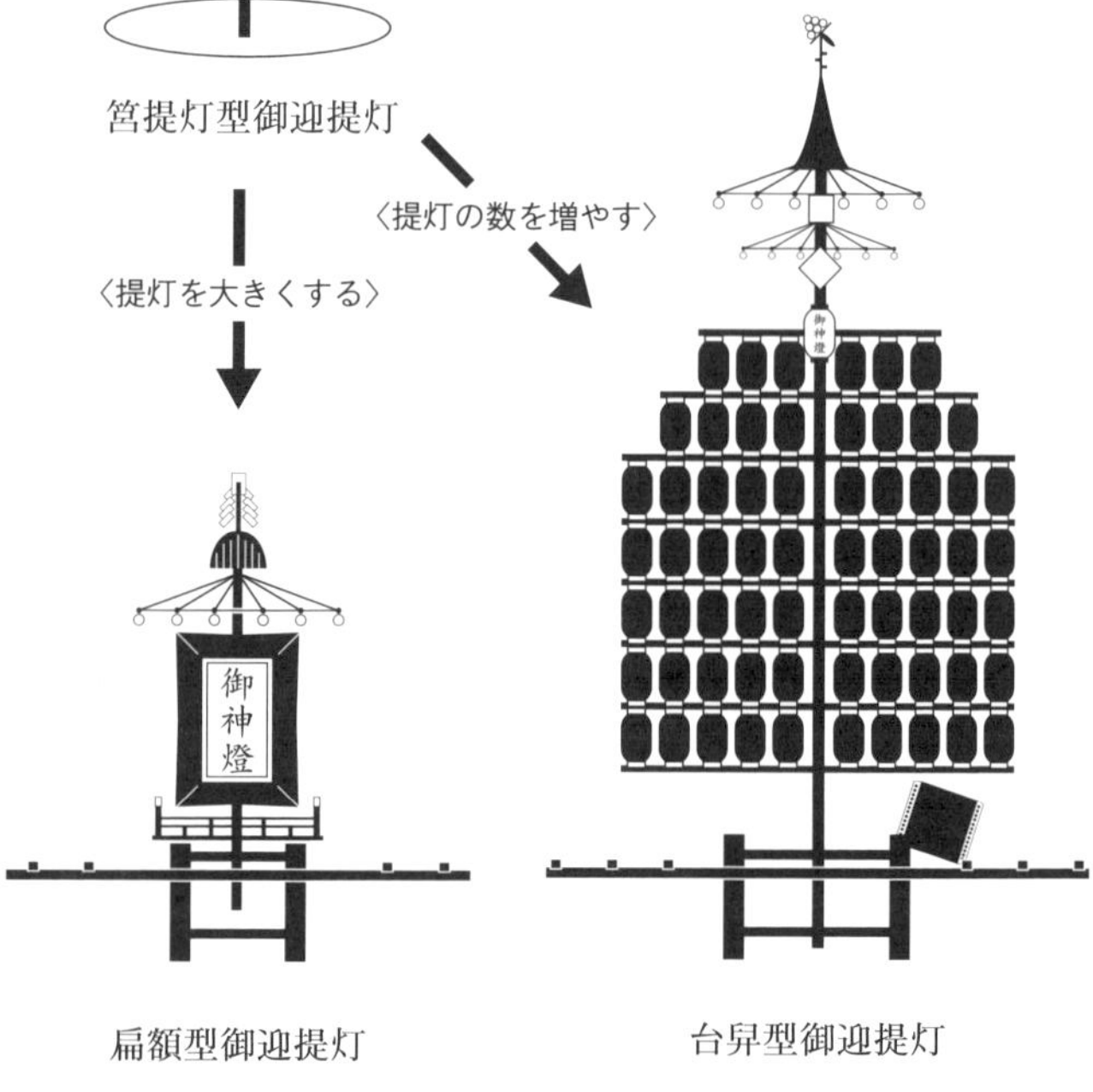

第一節　筥提灯型御迎提灯

御迎提灯といえば、円筒形の筥《はこ》提灯が一般的である。多くは提灯の上部に御幣《ごへい》や飾金具《かざりかなぐ》が掲げられ、放射状に広がる傘骨《かさぼね》のような細工（ヒゲコなどと呼ばれる）が付いて、下部には鈴と飾房《かざりふさ》が吊るされる。

和泉山脈山麓の稲葉（岸和田市）では、宵宮の晩、子供たちがホオズキ提灯を手に採って産土の菅原神社へと行列する。青年団は高張《たかはり》提灯を掲げて笛と太鼓を奏しながら伊勢音頭を唱和して行列を先導。一行は、神社に到着すると本殿を三周することがならわしで、当地では、これを「夜宮参り」と呼んでいる。河内の壹須何《いちすか》神社（河南町）でも、宵宮の晩に各村の御迎提灯が宮入りする。ここでは、筥提灯型の提灯とともに木製の行灯《あんどん》が用いられる。平野郷《ひらのごう》の杭全《くまた》神社でも、かつては、平野を開発した坂上田村麻呂の末裔とされる七名家《しちみょうけ》が、宵宮に献灯提灯を奉納したという。生駒山麓の東高野街道沿いにある北條神社（大東市）では、境内に大きな御迎提灯を立てる。ここでは大きさを競う方向での神賑化が進んだ結果、他地域と比べて格段に大きな御迎提灯となっている。

以上の祭では、翌日には神賑行事として地車《だんじり》が出されるが、祭に地車が導入されるはるか以前から、カミ迎えの儀式として御迎提灯が出ていたと考えられる。これらの御迎提灯は、後述する神賑一般の練物《ねりもの》と認識される御迎提灯とは異なって、カミ迎えという神事的な意味合いを保っている。これは、翌朝から始まる神賑行事が人々の楽しみの受け皿となって、御迎提灯の神賑化がある程度の段階で止まった結果であろう。

壹須何神社の御迎提灯　筥提灯型とともに木製の行灯が用いられる。

御迎提灯は都市の祭でも見られ、大坂三郷《おおさかさんごう》の夏祭の風物詩となっていた。町の住人も元をたどれば農山漁村域の人々であるから、そこに華やかな神賑行事が展開されたとしても、やはりカミ迎えの行事を行なわずにはいられなかった。

江戸の生まれの大田南畝が、享和元年（一八〇一）の三月十一日から一年ほど大阪に滞在した際に記した日記『芦の若葉』には、大阪の夏祭の様子が克明に描かれている。御迎提灯もたびたび登場し、大阪ではどの神社の夏祭でも、子供たちが細長い御神灯（上部に榊を頂き下部には鈴を吊るす）を掲げて産土の社へ参る、と記される。現在の大阪の夏祭では見ることができない風景であるが、少なくとも戦前までは、そこに住まう人々にとって欠かせない風俗であった。昭和八年（一九三三）刊の藤里好古著『大阪夏祭提灯考』には、「男児のある家庭では御祭礼提灯とて、小型の飾り提灯を店頭に飾りて、その児童の将来を慶祝する特異の習慣がある。是等の提灯の灯火は産土神の聖火をもってする定めで、小なる提灯をもって参詣し、またはその御祭礼提灯を捧げて参詣して、聖火を拝受し帰り、祭礼二日間（宵宮と本祭）朝夕に点灯して神への供儀とした」とある。

祇園祭でも、七月十日の神輿洗式の日に御迎提灯が出る。こちらの御迎提灯は二連式で、赤熊踊りや小町踊り、鷺《さぎ》踊りなど、多くの芸能の列が付き従って見物人の目を楽しませる。この御迎提灯行列は、現在では神輿洗の神輿を迎えるため、と解されているようであるが、本来的には、祭全体の中でのカミ迎えの意味があったと考えられる。都市の御迎提灯は、その形状こそ農山村域の御迎提灯と同じであるが、カミ迎えの意識は、農山村域のそれと比べて少し薄まった感がある。

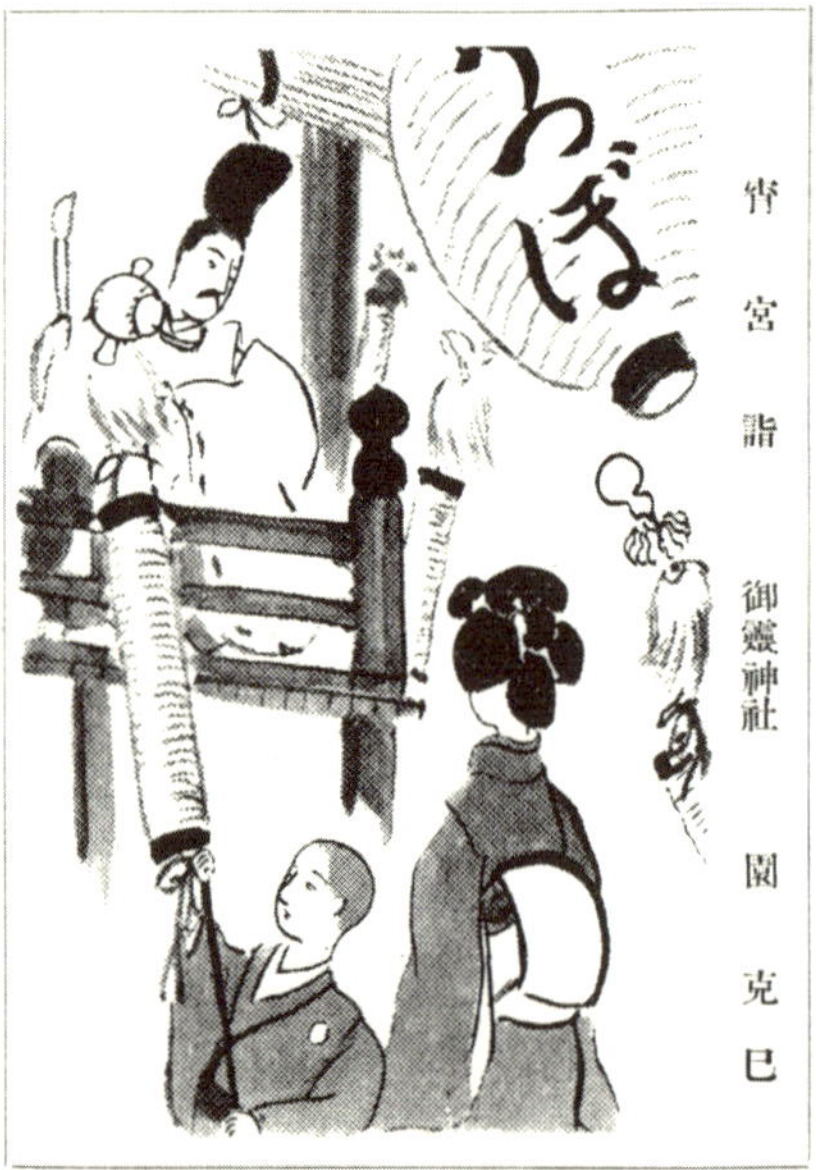

宵宮詣 御霊神社（大阪市）『郷土研究上方』第31号

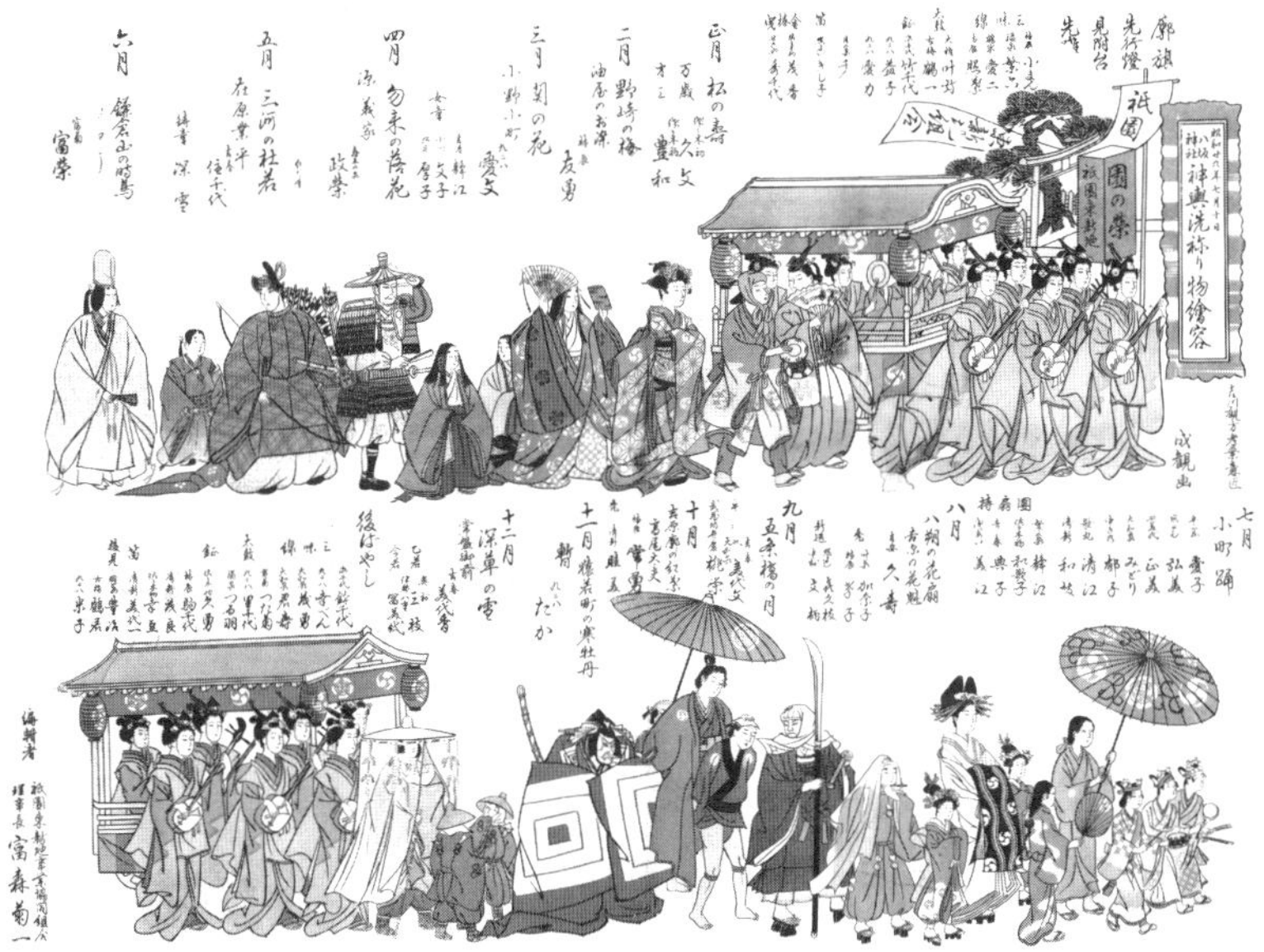

昭和廿九年七月十日 八坂神社神輿洗祢り物絵容（筆者蔵）

祇園祭の御迎提灯

第二節　台昇型御迎提灯

前節で大型化した御迎提灯を紹介したが、大きさではなく、提灯の数を増やす方向で神賑化したダイガクと呼ばれる御迎提灯がある。現在は、玉出の生根《いくね》神社（大阪市西成区）のものが祭に出る唯一であるが（簡易的な構造のものは天神祭の船渡御《ふなとぎょ》にも出る）、かつては大坂三郷の南方域を中心に、多くの神社の夏祭で舁《か》かれた。人形浄瑠璃や歌舞伎の演目の一つ「夏祭浪花鑑」では、夏祭を象徴する練物として台舁《だいがく》が登場する。台舁の表記はさまざまであるが、本書では、台舁（台を舁くの意）の文字を採用した。御迎提灯は、台舁という形態に至ると、カミ迎えのための御迎提灯という意識は薄くなって、神賑一般の練物となる。

台舁の中で気になる点といえば、圧倒的な大きさもさることながら、その上部の構造であろう。ホコと名称される緋色《ひいろ》の幕を中心とした意匠は、明らかに祇園祭の曳《ひき》鉾《ほこ》や曳山《ひきやま》を模したものである。

台舁には、さまざまな祭具が凝縮されているが、まず、山型に配列された提灯群の最も高い位置にある「一人持ち提灯」に注目したい。台舁の核心は、「御神燈」と記された、この一張の提灯にある。その名称から、台舁は、元々は一人で持つことができる大きさの御迎提灯から発達したものであることがわかる。提灯の数を増やしつつ、十日戎《とおかえびす》の福笹に吉兆（縁起物）を付けていくかのごとくさまざまな祭具が加わって、現在の形態へと変化してきたと推測される。延宝三年（一六七五）刊の『芦分船』に描かれた天神祭の御旅所《おたびしょ》に向かう提灯行列に、その発達過程を見ることができる。先頭は松明《たいまつ》、続いて扇を掲げた二張の提灯、その次は御幣を掲げた一張の提灯、その次は軍配扇であろうか、提灯が二張となっている。ここまでが一人持ち提灯で、それに続く提灯は三人で舁かれる二段五張となっている。これなどは、初期の台舁とみなしてよかろう。

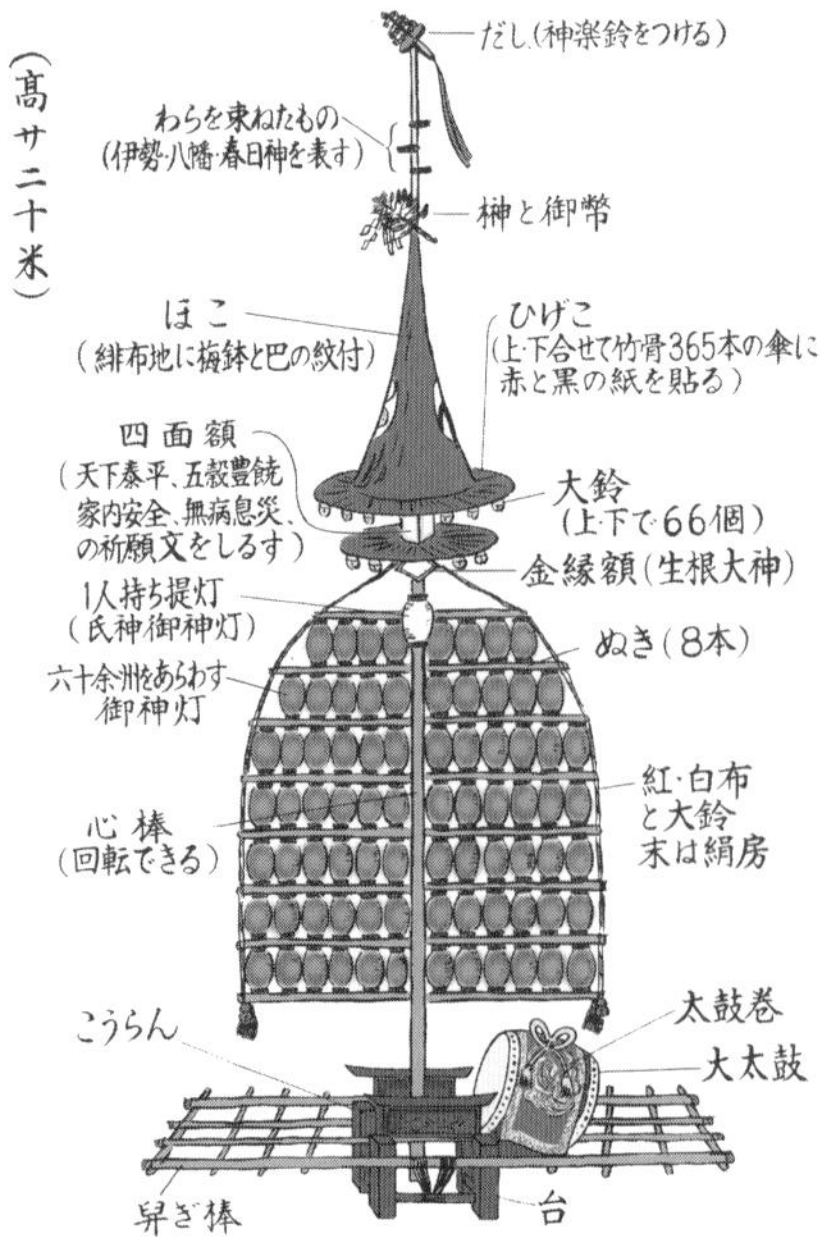

台舁の構造　「だいがくの由来」（生根神社）の挿絵に着色。ここには描かれないが、台舁を起こす際に用いられるチョウサと呼ばれる細綱が掛けられる。折口信夫『だいがくの研究』に描かれた木津の台舁には、扁額の下あたりに「筒守（つつまもり）」が吊るされるとある。「筒守」は、地車の後部や布団太鼓の天井にも吊るされ、祇園祭に出る鉾や山の稚児や人形にも掛けられた。「宝（たから）」とも呼ばれる。

天神御旅所『芦分船』

台舁の起源

次に、木津の敷津松之宮《しきつまつのみや》（大阪市浪速区）と玉出の生根神社に伝わる台舁の起源譚から、台舁の出自について考察したい。

敷津松之宮の社伝では、台舁の始まりを京都の御霊会でカミ送りされて漂着した神輿に求めており、祭は祇園

坂田藤十郎襲名記念奉納絵馬（高津宮提供）　遠景（左上）に台舁が見える。

祭の前祭《さきのまつり》と同じ日取りであった。疫神を封じ込めた神輿が京都から難波海《なにわのうみ》へと放たれた事実は、第二章で述べた通りである。清和天皇の御代に六十六本の矛《ほこ》を立てて降雨の祈願を行なったという生根神社の伝承は、貞観十一年（八六九）（清和天皇の御代）に、六十六本の矛を立てて神輿を祇園社から神泉苑《しんせんえん》に送ったという祇園御霊会の起源譚を連想させる。神泉苑は御霊会だけではなく祈雨《きう》修法《しゅほう》の祭場でもあった。

　敷津松之宮の祭には、隣村の今宮村からも台舁が出た。今宮村は、かつて宮中に魚介類を献上した今宮供御人《くごにん》の在地であって、今宮の神人が祇園祭の神輿の駕輿丁《かよちょう》を務めた時期もある。今宮と京都との関係は深い。今宮には今宮戎神社があるが、当地の人々は、寄物《よりもの》（エビス）の出自を遠く海の彼方にではなく、淀川上流の京都に求めたかもしれない。京都の粟田《あわた》神社や下御霊神社の宵宮に出る「十二灯《じゅうにん》」と呼ばれる練物と台舁との形態の一致は、偶然とは言いがたい。このように、京都と淀川河口域とは「カミ送りの地」と「カミ迎えの地」（ミアレ地）という関係にある。これは、台舁が祇園祭の曳鉾や曳山の意匠を採り入れた理由を考える上で重要な観点である。

　粟田神社の御祭神は御霊系の素盞嗚尊（牛頭天王）であって、祇園の八坂神社ともゆかりが深い。また、下御霊神社は御霊信仰に関わる神社である。そして、かつて台舁が出た大坂三郷南方域の神社の御祭神の多くは、素盞嗚尊（牛頭天王）である。玉出の生根神社の御祭神は御霊系ではないが、その産土は蛭児命《ひるこのみこと》、すなわちエビスである。このエビスは、前述したように、京都から流れ着いた寄物《よりもの》（神輿）であったかもしれない。

　現在の台舁の形態が、いつ頃成立したのかはわからないが、その起源には、京都で営まれた御霊会が少なからず関係している。歴史的には、大阪の城下町が形成される以前まで遡るかもしれない。

敷津松之宮の祭に出された今宮村の台舁
（『今宮町志』より）

かつての台舁の分布　牛頭天王（素盞嗚尊）を祀る神社が多い。

粟田神社の十二灯　山型に配された提灯、大きな扁額、鈴が吊るされたヒゲコと同じ放射状の細工など、台舁の形態に酷似する。

第三節　扁額型御迎提灯

社殿や鳥居に掲げられる扁額《へんがく》を四枚合わせて箱形の行灯とした「額灯」、あるいは「台額（扁額を台に乗せて舁《か》くの意）」などと呼ばれる扁額型の御迎提灯がある。本書では「台舁」との混乱を避けるために「額灯」と呼ぶことにする。

南河内域では、筥提灯とともに小型の額灯が御迎提灯の列に加わる祭がある。また、北摂域には、極度に大型化した額灯が多く分布する。これらが、筥型の御迎提灯や台舁と同系統の練物であることは、額灯の上部に台舁と同様の飾金具や放射状の細工（ヒゲコ）が掲げられていることからも明らかである。

原田神社（豊中市）の祭には、大勢で舁かれる「神額」と呼ばれる巨大な額灯が出る。この祭では、祭神である素盞嗚尊の御霊が、オテンサンと呼ばれる獅子を依代として氏地を巡る。額灯は、この獅子を迎えるための御迎提灯であろう。ただし、現在では額灯を出すのは神賑の練物を出す九村のうちの一村のみで、他村は布団太鼓や地車を出す。このような練物の変更は、額灯のカミ迎えという本来的な役割が薄れて、神賑一般の練物となったからであろう。近隣の八坂神社（豊中市）の祭でも、同様の形態の獅子とともに東西南北四台の額灯が出る。こちらの額灯は「台額」と呼ばれる。西の台額は天保十四年（一八四三）、北の台額は弘化二年（一八四五）の製作で、重量は五百キロにも及ぶという。

　八坂神社（池田市）の神田祭《こうだまつり》では、宵宮の晩に「額灯」が宮入りする。各村に据えられた額灯は、日が暮れて後、伊勢音頭を唱和しながら宮入りし、本殿を一周した後に境内に据えられる。四面の扁額には村名の他、「素盞鳴尊」「今月今日」「献燈」などと記される。こちらの額灯は、力持ちであればなんとか一人で支えることができる大きさである。

神田祭（八坂神社）の額灯

　最後に、サカンボと通称される、榊や御幣を立てた箱形の行灯について記しておきたい。江戸期の絵画史料には、地車を先導するサカンボの姿がよく描かれる。一万《いちまん》度《どの》御祓大麻《おはらいたいま》の祓箱《はらいばこ》に類似する形状で、五雲亭貞秀が描いた安政六年（一八五九）の「浪速天満祭」には「榊万度」と記される（序章参照）。サカンボは、サカキマンドの転訛であろう。『摂津名所図会』巻之四には「今月今日」「坐摩宮」と記されたサカンボが、地車に先行して描かれている。サカンボの形態や記される文字、そして、地車は、宵宮の晩に宮入りした事実を考えると、サカンボも御迎提灯から派生した祭具の一つと考えられる。

天神祭の地車講のサカンボ　「林鐘廿五日」「天満宮」「地車講」「いちば」と記される。林鐘は旧暦6月の異称。

第四節　曳車型御迎提灯

御迎提灯の神賑化が極度に進んで、曳車《ひきぐるま》化した事例がある。京都の稲荷祭では、かつて神輿を御旅所に迎えるための御迎提灯が出た。『拾遺都名所図会』巻之一には「稲荷御迎桃灯」と題して、祇園祭の曳山のごとく胴掛幕や見送幕《みおくりまく》で飾られた曳車が描かれる。祇園祭では、剣鉾《けんぼこ》から曳鉾へと神賑の練物が発達したが、稲荷祭では、御迎提灯から曳提灯なる練物が発達した。

粉河寺《こかわでら》（和歌山県紀の川市）の鎮守であった粉河産土神社の祭に出るダンジリも、御迎提灯が曳車化した事例である（粉河のダンジリは、後述する大坂の地車とは出自や形態が異なる。ここではダンジリ＝曳車という意味で捉えておく）。粉河のダンジリは、民俗学者の折口信夫が、御迎提灯の上部に付く放射状の細工「ヒゲコ」について考えを巡らせるきっかけとなった練物である。その構造の中心が灯籠であること、そして宵宮の晩に宮入りすることから、粉河のダンジリは御迎提灯が神賑化したものであるといえる。本宮の神幸祭では、神幸列の最後尾に付き従った。

稲荷御迎桃灯『拾遺都名所図会』　胴掛幕を巡らせた曳車に「御神燈」と記した筥型提灯や雪洞を掲げる。提灯の上には稲荷大明神の扁額と三ツ又の榊と御幣が配される。

東海道の要所で七里渡があった桑名（三重県桑名市）。その桑名城下総鎮守の桑名宗社《くわなそうじゃ》の石取祭《いしどりまつり》にも、御迎提灯が神賑化したとおぼしき祭車《さいしゃ》と呼ばれる曳車が出る。石取祭の名称は、伊勢神宮の遷宮における御白石持《おしらいしもち》行事のごとく、河原で集めた白石を神社に寄進する行為から出た名称である。江戸期にはさまざまな形態の曳車が出たが、現在では彫刻・蒔絵・飾金具・飾幕などで装飾された三輪の曳車に、十二個の提灯を山型に立てる形態が一般的となっている。台昇の形態に類するこの曳車も、御迎提灯が神賑化したものであろう。

以上のように、御迎提灯の中には、極度に大型化や装飾化が進んで神賑一般の練物となったものもあるが、「お迎え」という名称を残し、カミ迎えを意識した御迎提灯も少なくない。そこでは今なお、カミ迎えの庭燎が、祭の中の灯の源泉であることをうかがい知ることができるのである。

石取祭の祭車（石取会館蔵）「石取御神事」（展示のものは石取御祭事）と記された箱形行灯に三ツ又の御幣を頂く。

車楽の図『紀伊国名所図会』「たしという物を竹を細かくさきて花などを付けたり」と描写される「たし（だし）」が、折口が述べるヒゲコにあたる。

第四章

太鼓台

太鼓は、音を伝えるための祭具である。カミに対して降神を乞い、ヒトに対しては祭の始まりを合図する。

摂河泉・瀬戸内域を中心に山城・大和地方にまで広く分布する太鼓台は、その名の通り、太鼓という祭具が大前提となって存在する神賑行事の練物である。太鼓台の直接的な源流は、神輿の触《ふれ》太鼓にある（序章参照）。初期の形態は鋲打《びょううち》太鼓を木枠に吊るしただけの単純な枠式太鼓台であったが、伝播した先々で、一見しただけでは同じ出自を持つ構造物であることが判別できないほどに、多様な形態の太鼓台が生み出された（巻末「太鼓台伝播概念図」参照）。太鼓台の名称は地域や時代によってまちまちで、同じ形態の太鼓台であっても「太鼓台」「布団太鼓」「御輿太鼓」「布団だんじり」「ちょうさ」「よいまか」、あるいは、単に「太鼓」と呼ばれる。太鼓台を、その名称だけで分類することは難しい。

本章では、さまざまな形態の太鼓台を、その構造から「枠式太鼓台」と「屋根付太鼓台」の大きく二つに分類する。「屋根付太鼓台」の代表は、茵《しとね》や座布団のようなものを数段重ねて屋根とした「布団屋根付太鼓台」（布団太鼓）である。また、鳳輦《ほうれん》型神輿の屋蓋《おくがい》や神社の社殿の屋根を模した太鼓台もある。このようなさまざまな太鼓台の中には、神事的な役割、すなわち、祭の始まりやカミのオイデ（御出）を知らしめる報知太鼓としての意味を残しつつ神賑化した太鼓台がある一方で、装飾性を増して神賑一般の練物《ねりもの》となった太鼓台も多く存在する。

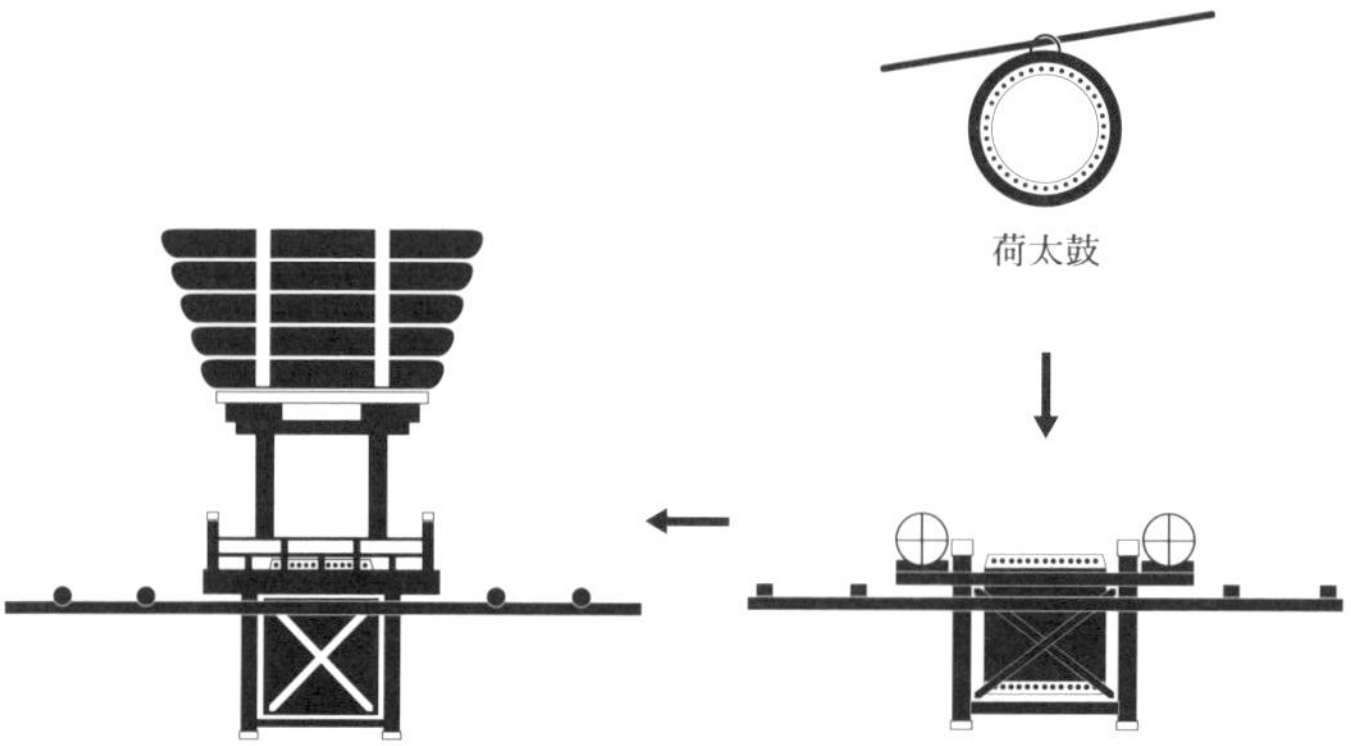

布団屋根付太鼓台　　枠式太鼓台

第一節　枠式太鼓台

どのような形態の太鼓台であっても、元をたどれば、太鼓という一つの祭具を、どのように運搬するかという工夫から始まったことに変わりはない。

石清水《いわしみず》八幡宮《はちまんぐう》寄進の古い鳳輦型神輿が伝わる鳥飼《とりかい》八幡《はちまん》宮《ぐう》（淡路島）の祭では、宵宮の晩に、各村から荷棒に吊るした太鼓を舁《か》いて「チェーサジャ」の掛け声で賑やかに宮入りする。この太鼓の宮入りはカミ迎えの意味を持つといえよう。これなどは、太鼓という祭具自体ではなく、その振る舞いが神賑化した事例である。

太鼓の運搬に楽しみを見出す祭は各地にある。その中で、木枠を組んで太鼓を水平に吊るして舁き上げるという方法を考案した地域があった。このような原・太鼓台ともいえる枠式太鼓台の発明が、神賑行事としての太鼓台の、そもそもの発端である。

枠式太鼓台とは、木枠を頑丈に組んで太鼓を吊るし担《にない》棒《ぼう》を渡して大勢で舁き上げる練物で、大坂三郷域の夏祭で発達した。緋色《ひいろ》の投頭巾《なげずきん》をかぶった乗子《のりこ》数名が前後に乗り込んで太鼓を打つ。乗子の背もたれとなる筒状の緩

天神祭の催太鼓

鳥飼八幡宮の太鼓

衝を捉えて、枕太鼓と呼ぶことも多い。乗子の投頭巾は太鼓台の象徴となっており、『守貞謾稿』にも描かれた。

現在、枠式太鼓台といえば、天神祭の催《もよおし》太鼓や生玉祭《いくたままつり》の枕太鼓が有名である。これらの太鼓台では、願人《がんじ》と呼ばれる青年が、緋色の投頭巾をかぶって前後に三人ずつ計六人が向かい合って「チェーサージャ」の掛け声で太鼓を打つ。催太鼓の「催」には「知らせる」という意味がある。また、生玉祭の枕太鼓は、かつて枕部分に「報知」の文字が記され「報知太鼓」と呼ばれていた。これらの名称が示すように、双方の太鼓台とも神幸祭《しんこうさい》では神輿に先行して氏地を巡り、人々にカミのオイデを知らしめる触太鼓の役割を担っている。

枠式太鼓台は、時に、激しい動きを伴って見物人の度肝を抜く。催太鼓では采配を採る采頭《ざいがしら》の指示の下、唐臼《からうす》を搗《つ》く杵《きね》のごとく前後に上下するカラウスと呼ばれる激しい動作が伴う。生玉祭の枕太鼓では、太鼓台自体を荒々しく横倒しさせる。このような激しい動きが、太鼓台の権威を保つ役割を果たしている。現在、天神祭や生玉祭の太鼓台の乗子は青年が務めるが、後述するように、かつては稚児《ちご》が乗子を務めたと思われる。

天神祭や生玉祭以外の祭でも、大坂三郷域では枠式太鼓台がよく出た。『摂州大坂御霊宮祭礼渡御図』には、御霊神社の神幸祭で列次の前部を務める太鼓台の姿が描かれ（序章参照）、『芦の若葉』には、坐摩《いかすり》神社の神幸祭で、神輿の先を行く東浜の太鼓台の姿が詳しく記されている。茨住吉《いばらすみよし》神社の太鼓台は、枕部分の意匠が亀甲模様であることから亀甲太鼓と通称され、その激しい舁きっぷりで有名であった。

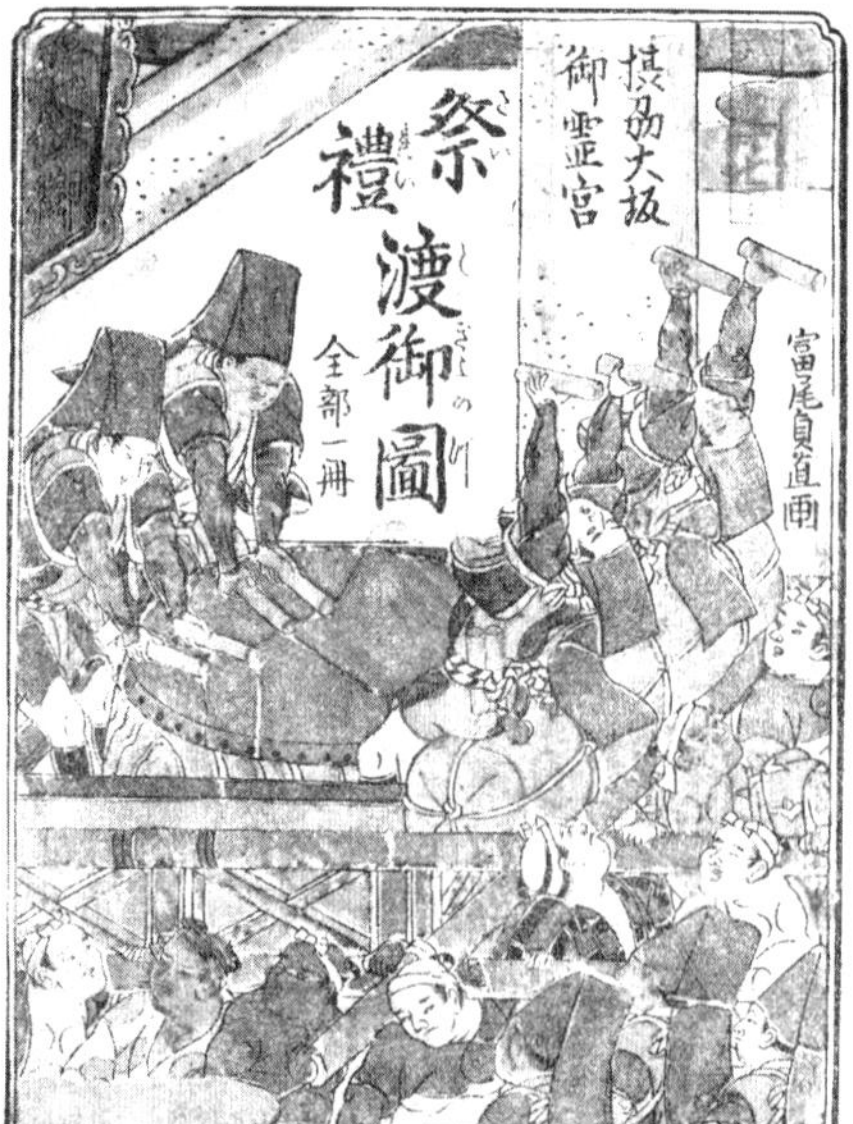

摂州大坂御霊宮祭礼渡御図（『府社現行特殊慣行神事』より）

第二節　布団屋根付太鼓台

枠式太鼓台に四本の柱を立てて、緋色の茵《しとね》、あるいは布団様のものを数段重ねて屋根とした練物が「布団屋根付太鼓台」（布団太鼓）である。彫刻や刺繡幕など装飾が著しい大型の布団太鼓は、ヒト・モノ・カネが集積する大坂三郷の夏祭で生み出されたと考えられる。布団太鼓が枠式太鼓台から発達したものであることは、太鼓の吊るし方、投頭巾に象徴される乗子の装束、神幸祭における役割などの類似点から疑う余地はない。明治以降の近代化、そして戦災による壊滅的な打撃によって江戸期の大阪の祭の姿を想像することは難しいが、歴史史料に頼りながら、大阪の夏祭の呼び物の一つであった布団太鼓の在りし日の姿を追ってみたい。

江戸時代、布団太鼓といえば、博労《ばくろう》稲荷の名で知られた上難波《かみなんば》仁徳天皇宮（現・難波《なんば》神社）のものが広く知られていた。『芦の若葉』には、享和元年（一八〇一）六月二十一日の祭に、檜皮葺の上に茵を重ねたダンジリのごとき曳車型布団太鼓が出たと記される。現在、摂河泉域の祭に出る多くの布団太鼓では、太鼓台を舁きながら尻《しり》

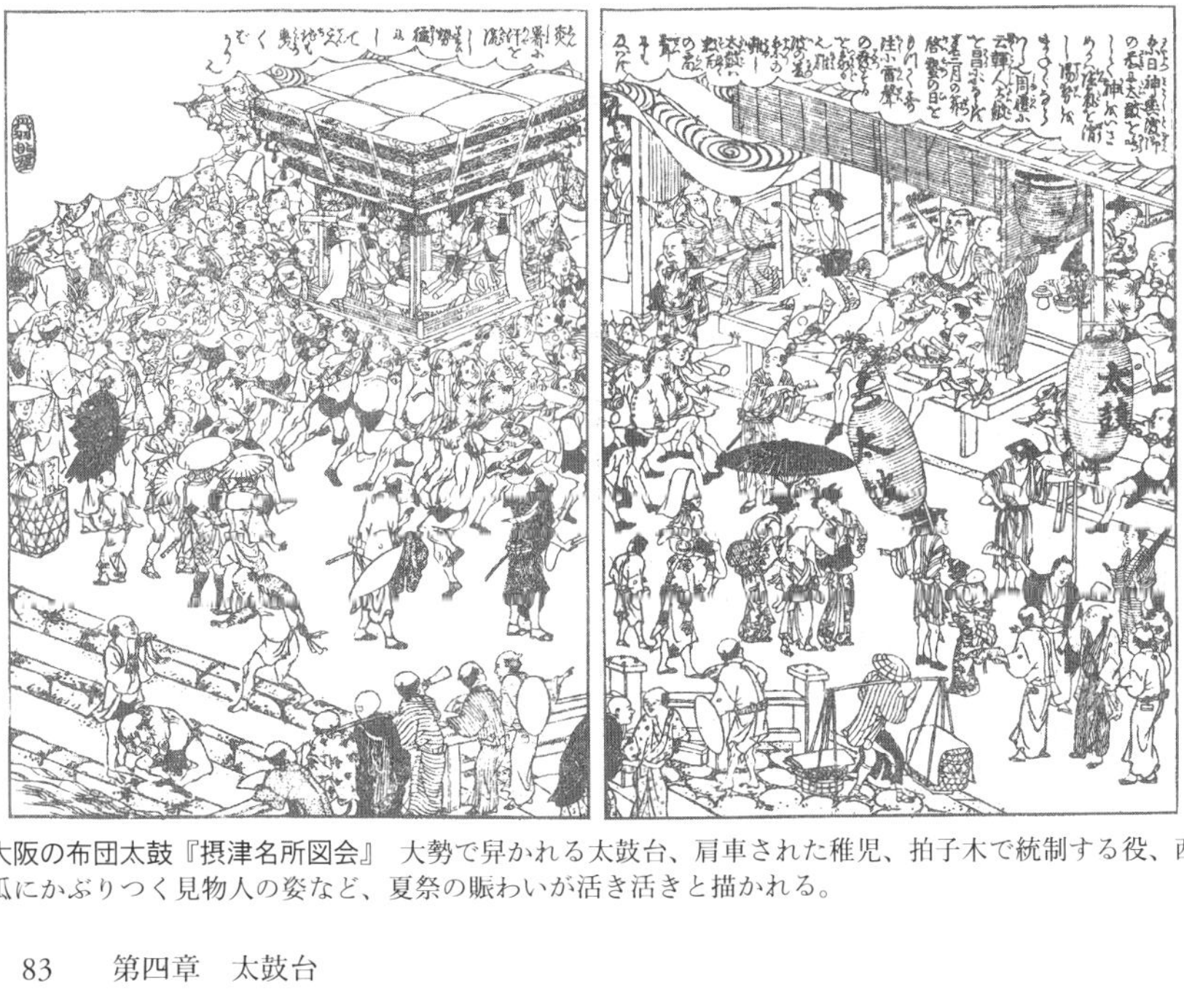

大阪の布団太鼓『摂津名所図会』　大勢で舁かれる太鼓台、肩車された稚児、拍子木で統制する役、西瓜にかぶりつく見物人の姿など、夏祭の賑わいが活き活きと描かれる。

取歌《とりうた》を唱和して「ベーラベーラ　ベラショッショ」と囃し立てる。尻取歌（後付）は江戸期から歌われていた。嘉永三年（一八五〇）刊の『皇都午睡《みやこのひるね》』初編には「今浪花稲荷祭礼に御輿太鼓を舁掛声となるは、近江に石山秋の月、月に村雲花に風、風の便りを田舎から、唐をかくせし淡路島……」とある。ここに記される歌詞は、現在、摂河泉域に広く伝わる尻取歌に類似する。寛政十年（一七九八）刊の『摂津名所図会』巻之四には、大型の布団太鼓が大人数で舁かれる様子が描かれており「難波《なにわ》の夏祭の囃し太鼓は数百の雷声にも及ばず、炎暑に汗を流し勢《いきおい》猛にして天地も轟くばかりなり」と記される。この布団太鼓は、おそらく上難波仁徳天皇宮のものであろう。昭和十二年（一九三七）刊の『大阪の夏祭』には、大阪各社の神幸列が詳細に記されている。ここでは、難波神社の布団太鼓は、神幸列の先頭に位置している。各種史料に記された賑やかな様子から推察すると、この布団太鼓は神輿の先触れを行ないつつも、比較的自由に氏地を舁いていた可能性もある。坐摩神社の祭には、前述の東浜の枠式太鼓台とは別に、西浜からは「龍虎」と「飛龍」と通称される二台の大きな布団太鼓が戦前までは出た。この二台の布団太鼓は、枠式太鼓台とは異なって神賑一般の練物として振る舞ったと思われる。

平野郷《ひらのごう》の杭全《くまた》神社の夏祭にも、古くから布団太鼓が出ている。この太鼓台は、現在でも神輿洗《みこしあらい》や神幸祭において、そのオイデを告げるべく神輿に先行して氏地を巡る。乗子は敲児《たたきこ》と呼ばれ、化粧を施し緋色の投頭巾をかぶって地面に足をつけないよう強力《ごうりき》と呼ばれる大人に肩車をされて移動する。嘉永六年（一八五三）に描かれた「平野郷牛頭天王祭礼図」には、現在と同じ形態の布団太鼓が描かれている（序章参照）。

第三節　太鼓台の出自

これまで見てきた枠式太鼓台や布団屋根付太鼓台の役割から、その出自は明らかになりつつあるが、より細かい議論によって、それを確かなものとしたい。

乗子の装束と作法に見る太鼓台の神聖性

太鼓台は大人よって舁かれるが、多くの場合、太鼓台に乗り込んで太鼓を打つ乗子《のりこ》は子供が務める。各地の乗子の装束や振る舞いには共通した習俗が見られる。「化粧を施し投頭巾をかぶって艶やかな装束をまとう」「地面に足をつけずに大人に肩車されて移動する」といった乗子のあり方は、神賑行事の囃子方《はやしかた》というよりも、神事に向き合う神役《かみやく》のように感じられる。乗子は、無邪気な子供でなければならない。化粧と装束による変身はカミに仕えるため、あるいは神聖な祭具に触れる資格を得るためであろう。地面に足をつけずに移動するのは、穢れを嫌うからに他ならない。このような乗子の姿や立ち居振る舞いは、祇園祭の長刀鉾《なぎなたぼこ》の稚児や、各地の祭に見られる一物《ひとつもの》と呼ばれるカミの尸童《よりまし》、カミに仕える御杖代《みつえしろ》などの姿を連想させる。

　大阪の枠式太鼓台の乗子の装束は少し洗練された感があるが、『守貞謾稿』に詳しく描写されるように、布団太鼓の装束は艶やかであった。現在でも、化粧を施し投頭巾をかぶって（地域によっては鉢巻きを締めて）、幾重にも重ねた五色のシゴキを襷《たすき》にし、艶やかな帯を背中に結ぶといった乗子の姿を各地の太鼓台で見ることができる。肩車の慣行も根強い。天神祭の催太鼓の願人《がんじ》（乗子）に「地下足袋《じかたび》のまま昇殿が許される」といった話が聞かれるのも、かつて願人は子供が務めて（現在は大人）、地面に足をつけない時代があったからであろう。

佐野の太鼓台（春日神社）

平野郷の太鼓台（杭全神社）

太鼓の奏法に見る太鼓台の役割

太鼓台の太鼓は、激しく打ち鳴らす地車囃子《だんじりばやし》とは異なって、遠音《とおね》がさすように一音一音が丁寧に打ち込まれる。また、体を大きく反らせた状態や桴《ばち》を構えた状態で静止するなど、打ち姿にも様式美を求めている。江戸期の太鼓台も、このような雰囲気であったのだろうか。文献から「音」を再現するのは難しいが、幸いにも『芦の若葉』には、享和元年（一八〇一）の天神祭における催太鼓の「音」が記録されている。そこには、催太鼓の太鼓は現在と同じように「まどをに（間遠に）」、すなわち、一音一音の間隔をあけて打たれていたと記される。太鼓台の役割は、人々を囃し立てることではなく、人々にカミの到来を知らせるために遠くへと音を伝えることであった。太鼓の奏法が神賑化しなかった、すなわち囃子化しなかったのは、このような太鼓台の役割を、担い手自身が十分に理解していたからに他ならない。

以上のような太鼓台の特性を考えると、太鼓台はカミとヒトに対して祭の始まりを告げ、またヒトに対して神輿の到来を知らせるための触太鼓が神賑化して成立した練物であるといえよう。『守貞謾稿』に「これには借用の物これなし」と記されるように、太鼓台は、地車のように賃貸される性格のものではなく、神輿と一体となって神社で所有され、その数は氏地に一台というのが本来のあり方であった。

第四節 神賑一般の布団太鼓

枠式太鼓台や布団屋根付太鼓台は、その性格上、一社に一台というのが本来の姿であった。ところが、現在では、一社に複数台の太鼓台が出る祭も少なくない。このような現象は、太鼓台が、その神事的な役割から自由となって、神賑一般の練物として認識された結果である。

貝塚・佐野の布団太鼓

大坂三郷以外の摂河泉域で近代以前から複数の太鼓台が出た可能性があるのは、貝塚寺内町《じないまち》の感田《かんだ》神社（貝塚市）、港町として栄えた佐野浦の春日神社（泉佐野市）の祭である。貝塚や佐野も周辺の農山漁村域と比べると町場といえ、それゆえであろう夏季に祭が行なわれる。

堺の布団太鼓

古くは南蛮貿易を盛んにし、近世に入っても幕府の直轄地として栄えた堺の町は、その祭も華やかであった。堺には、宮寺、念仏寺を指して大寺《おおてら》と通称された三村宮《みつむらぐう》（開口《あぐち》神社）と天神社《てんじんしゃ》（菅原《すがわら》神社）という南北二社の産土《うぶすな》神社、そして住吉大社の御旅所《おたびしょ》である宿院頓宮《しゅくいんとんぐう》が鎮座した。かつて堺の人々は、年に二度、産土の祭と住吉祭において神賑行事を行なった。

旧暦六月晦日の住吉祭では、神輿が大和川を越えて堺の宿院頓宮まで神幸し、境内の飯匙堀《いいがいぼり》にて荒和大祓《あらにごのおおはらえ》の神事を執り行なった。住吉祭でも、堺の人々は住吉《すみよ》っさんのオイデを祝ってさまざまな神賑行事を行なっている。寛政六年（一七九四）刊の『住吉名勝図会』には、大阪や堺から地車、祇園囃子、飾提灯、旗、幟《のぼり》が出たと記される。

明治に入っては地車が多く出た。明治十四年（一八八一）七月三十日付の「大阪朝日新聞」には、堺の市中の町端には農家も多く、今年は雨が少ないため水稼ぎに忙しく、「尋常なら廿五六も出る地車が三分一に減するやも」と記される。堺に生まれた与謝野晶子は「風呂に入

三村宮祭礼絵馬（『堺市史』第3巻より）　江戸期の開口神社の八朔祭の様子を描く。鉾を立てた曳車が四台、真榊の曳車、鳳輦型神輿が見える。宝珠を頂き唐破風を持つ方形の練物は、宮寺から出た輿か。

りますと、浴槽の湯が温泉でも下に沸き出して居るやうに、地車の響で波立ちます」（「夏祭」『私の生ひ立ち』）、「牡丹に唐獅子竹に虎虎追ふて走しるは和藤内。こんな歌も聞こえて来た」（「住吉祭」『精神修養』第二巻第八号）と記している。住吉の大佐《だいさ》や堺の彫又《ほりまた》といった地車大工や彫刻師も在住し、堺の町は多くの地車で溢れていた。

ところが、このような地車中心の神賑行事は、明治二十九年（一八九六）を最後に廃されることとなった。この年の住吉祭の本宮（大鳥大社の堺渡御祭）にあたる七月三十一日に、堺回《さかいまわり》四ヶ村の一つである湊村（船待《ふなまち》神社氏子）の地車と庖丁鍛冶組（菅原神社氏子）の地車との間で大乱闘が起こった（『堺大観』一には八月一日と記される）。家々の屋根が裸になるまで瓦が飛び交ったという。八月四日付の「朝日新聞」（東京版）には「堺の大喧嘩」と題して、死者まで出した事件の顛末が詳しく報じられた。堺では、この騒動以降、一切の地車曳行が禁止となった。その後、地車の代替として布団太鼓の導入を選択したことが、今日の祭の姿の始まりである。それにしても「尋常なら廿五六も出る」と記された地車が、こうも忽然と歴史から姿を消すものであろうか。明治十四年（一八八一）九月二十一日付の「大阪朝日新聞」における岸和田祭での殺傷事件の記事では「野蛮の二字を新聞に書くことは早く断絶《たち》たいものなれど時々此二時《ママ》を書ねばならぬ事のありて誠に開明社会に対して恥入り升慈《ますここ》に又野蛮咄しあれど委《くわ》しく書くは何となく忌々しく思へば疎《ざっ》とあら書きに書きたてんとすれば（後略）」という散々な前置きが付く。地車同士が街道にて対峙し、地車の屋根から町家の屋根に飛び移って瓦を投げつけ大喧嘩となるという流れは、地車が起こす騒動の常套であって、この類の話は、地車が盛んな地域でよく耳にする。新聞記事の論調からも読み取れるように、祭における地車という練物の存在は、当時の地域社会全体において少なからず問題となっていた。堺における地車との決別の背景には、このような地車に対する世間の厳しい目もあったのではなかろうか。

枚岡の布団太鼓

河内国一之宮の枚岡《ひらおか》神社の神賑行事においても、大正時代に地車から布団太鼓への交替があった。枚岡神社の祭の練物の中で最も古い記録は、豊浦の地車に残る文久二年（一八六二）の墨書である。太鼓台の初見は『社務日誌』における明治十二年（一八七九）の記述で、六日の宵宮に四台の地車が、七日の神幸祭には、神輿の先導役であろう、一台の太鼓台が出たと記される。これ以降の記録を追っていくと、次第に太鼓台の数が増えていく。

枚岡神社氏子圏内における大きな環境の変化としては、大正三年（一九一四）の近鉄奈良線（当時の大阪電気軌道）の敷設がある。これによって、氏地のほとんどが線路の下手《しもて》に位置することとなった。生駒山西麓の東高野街道沿いにある地車は、他地域と比べて特に大きい。架線に当たる、線路を傷めるといった理由で、曳行路が限定された地車も多かったであろう。そこで導入が検討されたのが、この時期、堺で舁き始められた布団太鼓であったようだ。その後の当地での布団太鼓の定着率を見ると、人々は布団太鼓という新しい形態の練物にも強い魅力を感じていたといえよう。

第五節　伝播する太鼓台

太鼓台のゆくえ

各地に伝播した太鼓台は、神賑一般の練物としてさまざまな形態へと姿を変えた。

瀬戸内の祭では、布団太鼓は神賑一般の練物として認識される。淡路では「布団だんじり」と呼ぶことが多い。讃岐の観音寺や豊浜（香川県観音寺市）では、布団太鼓は「チョウサ」と呼ばれる。これは、太鼓台を舁く際の掛け声「チョウサ」が練物の名称となった事例である。これらの地域で見られる太鼓台の二方、あるいは四方に張り出した大きな布団は、乗子の背もたれとなった布団が神賑化して大きくなったものであろう。淡路から讃岐、伊予へと向かうに従って、太鼓台の装飾は、彫刻よりも刺繍を豪華にする傾向がある。金糸銀糸で縫い込まれた刺繍は、彫刻のごとく立体的に仕上げられる。別子《べっし》銅山で栄えた伊予の新居浜（愛媛県）まで行くと、布団を締め上げていた布団締《ふとんじめ》の刺繡表現が、緋色の布団部分を完全に覆うほどにまでに巨大化する。

「長崎くんち」として知られる諏訪神社（長崎県長崎市）の祭では、社前でさまざまな奉納踊り（神賑行事）が披露される。その一つにコッコデショと呼ばれる布団屋根付太鼓台がある。この布団太鼓は、堺で製作、あるいは堺の港から運ばれたという意味であろう、「堺檀尻」と通称され、文政六年（一八二三）から同十二年（一八二九）

まで日本に滞在したドイツ人医師で博物学者のシーボルトが記した『NIPPON（日本）』の図録にも描かれている。現在のコッコデショは五色の布団が重ねられており、緋色の投頭巾をかぶった子供が乗り込む。コッコデショの掛け声で布団太鼓が天高く放り上げられる場面は圧巻である。太鼓台の名称は、この掛け声による。

布団太鼓は、紀ノ川（吉野川）流域にも分布する。上流部に位置する吉野山内（奈良県）では、秋祭に上町・中町・下町の布団太鼓が舁き出される。また、山内にある金峯山寺《きんぷせんじ》（奈良県）では、蓮華会が営まれる七月七日に蔵王堂の前で「蛙飛び行事」が行なわれ、ここでは布団太鼓を輿《こし》として大青蛙が登場する。

金峯山寺の太鼓台（金峯山寺提供）

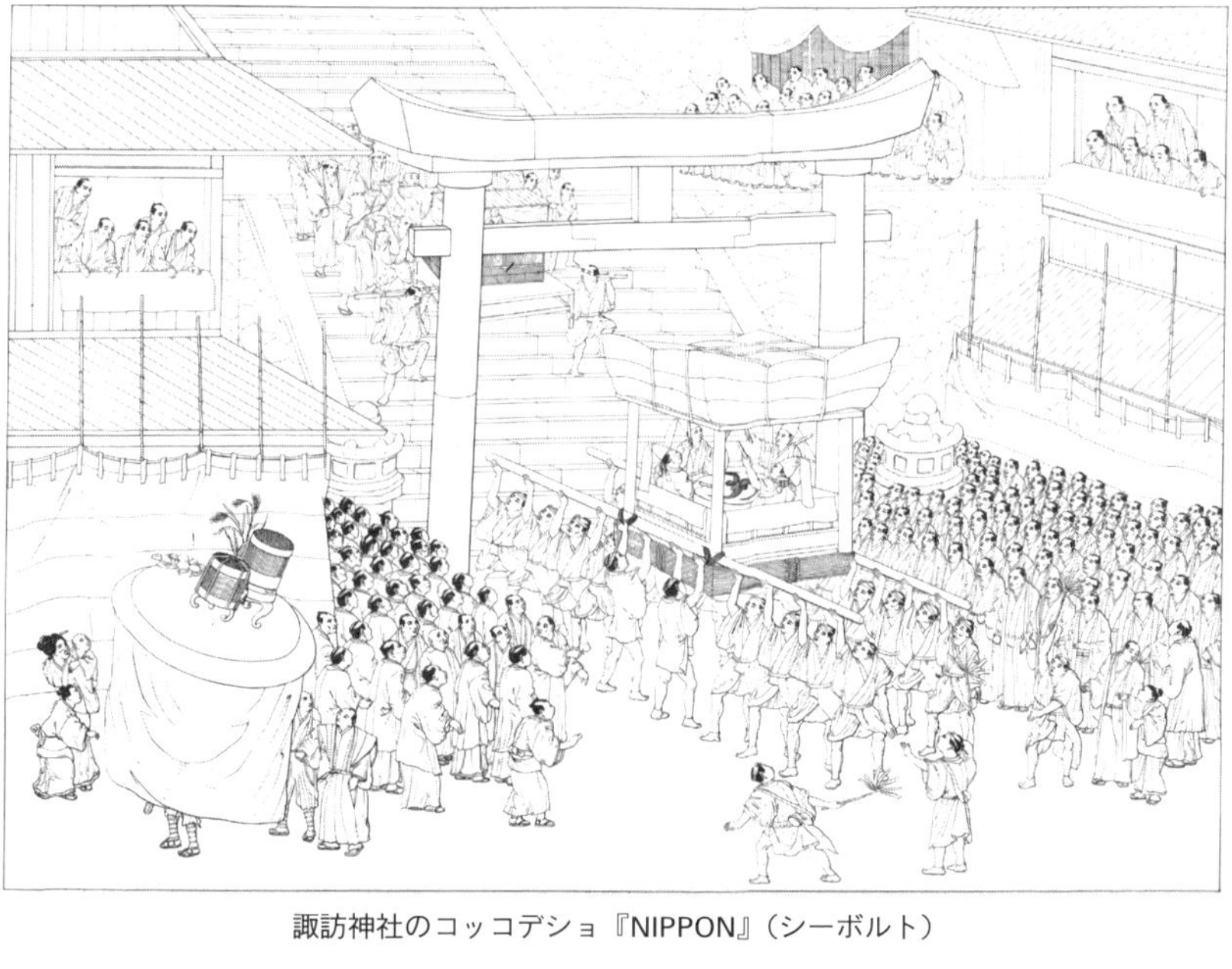

諏訪神社のコッコデショ『NIPPON』（シーボルト）

内宮神社（愛媛県新居浜市）の太鼓台

豊浜ちょうさ会館（香川県観音寺市）の太鼓台

五社神社（大阪市西淀川区）の太鼓台　尼崎や隣接する豊中市内の祭には、梵天を四隅に立てた、いわゆる梵天太鼓が多い。欄干を巡らせ彫刻を施し幕を張って飾り付けるものもある。

伊曽乃（いその）神社（愛媛県西条市）の太鼓台　御輿太鼓と呼ばれる二輪の太鼓台。江戸期の絵図にも見える古い形式。曳車型の布団太鼓は大阪の夏祭にも出た（『芦の若葉』）。

石清水八幡宮摂社・高良神社（京都府八幡市）の太鼓台　一見地車に見えるが（台車は長距離移動用の仮設）、チョーサの掛け声で舁かれる太鼓台。

八坂神社（池田市）の太鼓台　切妻造で起破風の屋根を持つ。天井からは筒守が吊るされる。

松原八幡神社（兵庫県姫路市）の太鼓台　屋台（やっさ）と呼ばれる。鳳輦を模した屋蓋を持ち、随所にきらびやかな飾金具と極彩色が施される。幕末の絵図の時点で、簡素ではあるがすでに鳳輦型の屋蓋となっている。

宇太水分神社（奈良県宇陀市）の太鼓台　入母屋造で軒に唐破風が施された素木造の太鼓台。吉野川の上流域に鎮座する丹生川上神社（奈良県東吉野村）の祭でも同様の太鼓台が出る。

第五章
地車

地車は、摂河泉域の神賑行事を代表する練物《ねりもの》である。大坂三郷域の夏祭を出自として周囲に伝播した地車は、伝わった先々で独自の発展を遂げた（巻末「地車伝播概念図」参照）。大阪ではダンジリに「壇（檀）尻」「楽車（車楽）」あるいは「地車」などの文字をあてている。「楽」は「あそび」とも訓じて「神楽をはじめとした諸々の歌舞音曲」を指す。したがって「楽車」と記した場合、ダンジリは「さまざまな芸能を行なうための移動舞台」という意味を持つ。「地車」という表記についてはどうか。徳島や大津、桑名といった城下町祭礼の古文書にも「地車」の文字が見えることから、「地車」は「地面を曳く屋台」程度の意味であろう。「地車（じぐるま）」は大阪に限らない一般的な語句であるが、大阪で地車と記せば、現在ではおおよそ、唐破風の大屋根小屋根二段で彫刻が施された素木造《しらきづくり》の「地車（だんじり）」を指す。「楽車」と「地車」の文字は、双方とも大阪のダンジリの特徴をよく捉えている。本章ではダンジリの起源を「川御座船《かわござぶね》」に求めるとともに、地車の舞台上で芸能を披露することを主たる目的とする「芸能目的型地車」（楽車）と、芸能を行なわず地車の曳行を主目的とする「曳行目的型地車」（地車）の大きく二つに分類して考察を進めたい。

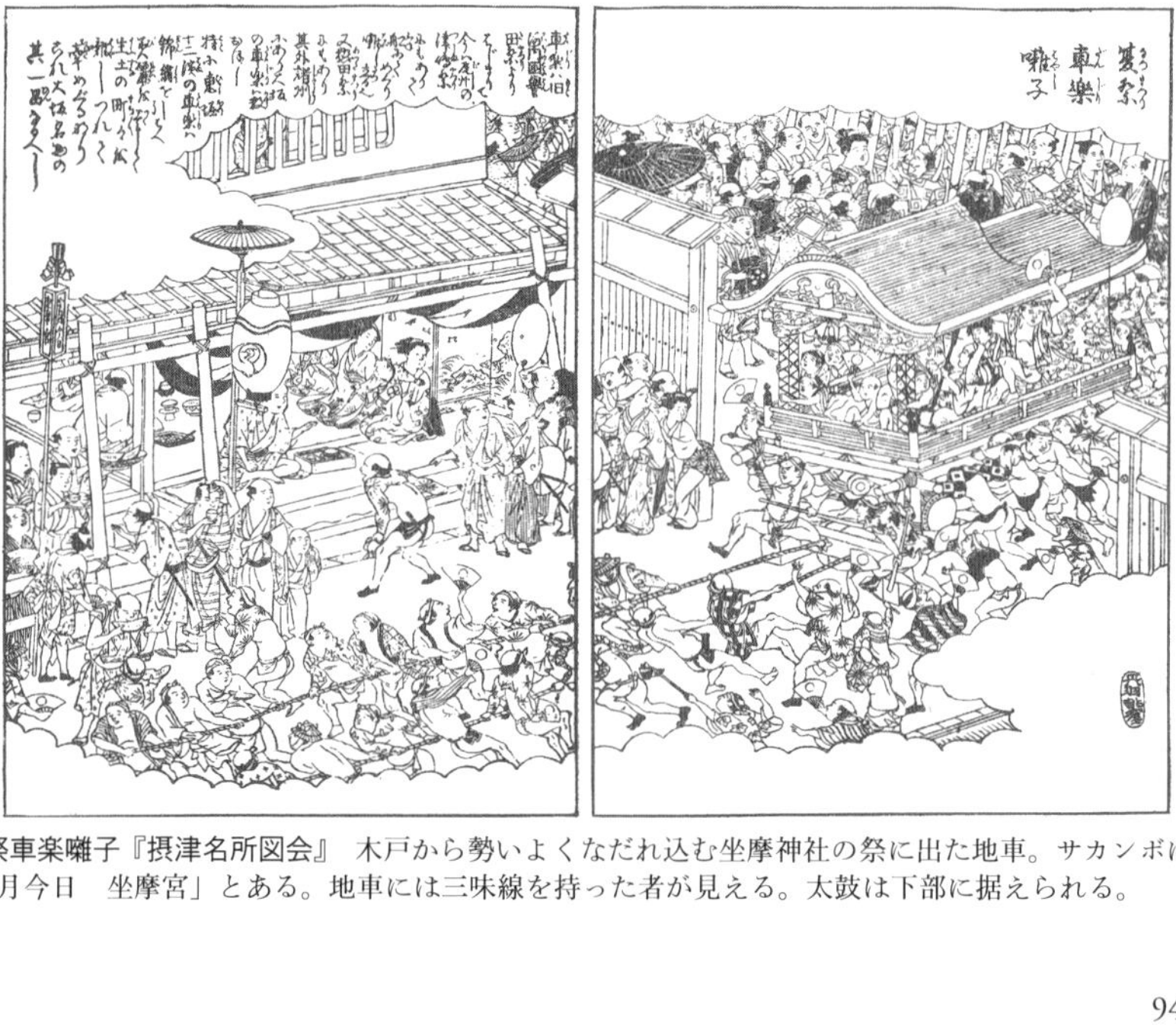

夏祭車楽囃子『摂津名所図会』 木戸から勢いよくなだれ込む坐摩神社の祭に出た地車。サカンボには「今月今日　坐摩宮」とある。地車には三味線を持った者が見える。太鼓は下部に据えられる。

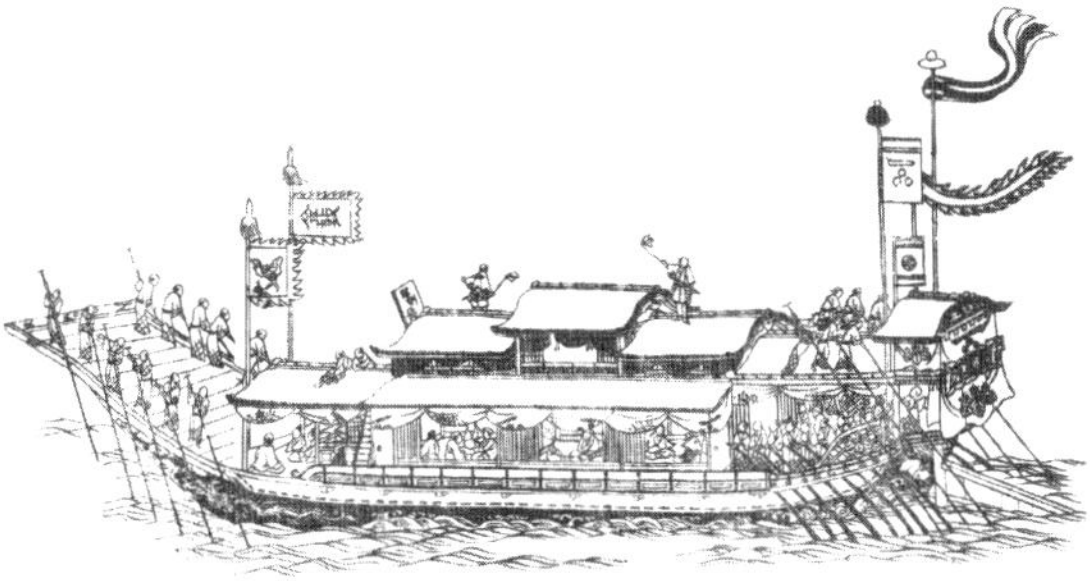

川御座船

九州や四国、瀬戸内の諸大名は、参勤交代や、朝鮮通信使、琉球使節の送迎のために、豪華絢爛の屋形を設けた御座船を所有した。海路は海御座船、大阪から京都の玄関口である淀・伏見までは川御座船が用いられた。

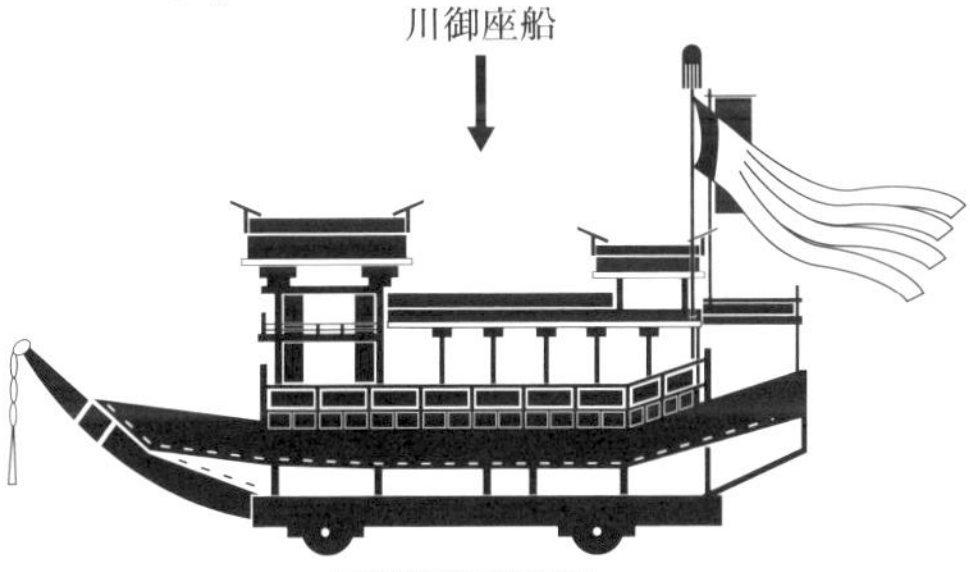

川御座船型曳車

天神祭では、御迎人形を乗せる御迎船が御座船の構造を模し、さらに御座船型の曳車も考案した。

大坂型地車

御座船の船体部分を除いたものが地車。地車の舞台ではさまざまな歌舞音曲がなされた。

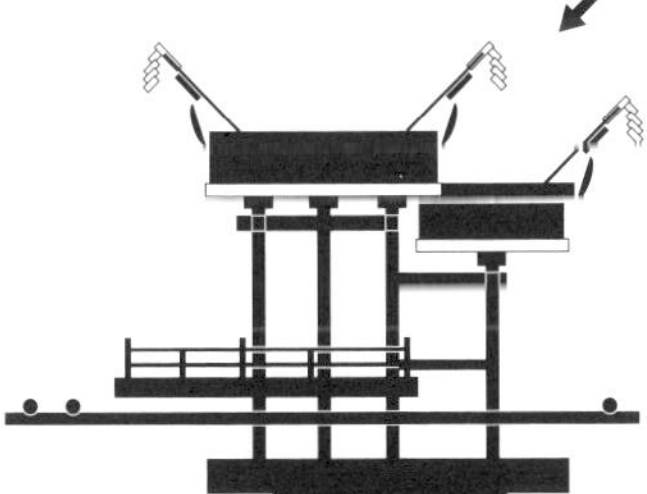

石川型地車

南河内では、芸能の舞台を前方に大きく張り出した地車が考案された。

岸和田型地車

岸和田では、御座船の操舵法を模して、もっぱら曳行に楽しみを見出した。

第一節　芸能目的型地車

地車に関する記述で最も古いと思われるものは、慶安二年（一六四九）「六月天神祭礼之義氏地へ御触」（『摂陽奇観』巻之十三）にある「天神祭礼惣町中より出候ねり物」という記述であるが、ここから「ねり物」の具体的な姿を特定することは難しい。次に古い記録は、元禄二年（一六八九）に井上通女が記した『帰家日記』にある「やかた車」という記述である。「大人と子供が大勢で曳いて拍子の速い太鼓に合わせて踊り狂う」という描写から、「やかた車」は、現行の地車に類する練物であった可能性は高い。後述する地車の源流と考えられる川御座船型曳車《ひきぐるま》「天神丸」は、元禄年間（一六八八～一七〇四）の作とされる。地車は、およそ元禄文化の産物といえようか。『日本唐土二千年袖鑑拾遺』には、地車は享保年間（一七一六～三六）に始まって安永年間（一七七二～八一）に盛んとなると記される。現在の地車と同じ構造を持つ地車の存在を示す確実な記録は、大田南畝が記した大阪滞在日記『芦の若葉』にある。ここでは「前一段高く後ろ一段低い檜皮葺《ひわだぶき》の屋根を持つ」「四方に欄干があって舞子が居る」「太鼓の音がかしがましい」「地車の後部には多くの男が乗り込み団扇《うちわ》を振る」「前方に長い綱を付けて若者が多数で曳く」と描写される。また、地車の宮入り台数は年によって異なるが、この年、享和元年（一八〇一）は籤《くじ》を取った正式な地車が二十七台、宿無《やどなし》地車が四十五番出たとある。地車は宵宮に宮入りして社殿の後ろに並べ据え、翌日に難波橋《なにわばし》の際《きわ》にある神輿の乗船場まで曳いた後、それぞれの町に帰ったようだ。宿無地車とは、町や講といった定まった出自を持たずに有志によって曳き出された非公式の地車をいう。ここでは「かのだんじりといへる舞車」「その上に舞子あり」という記述に注目したい。江戸の出身者から見て、地車は「移動式の芸能舞台」であると認識されたのである。

大阪生まれの喜田川守貞が天保八年（一八三七）に起稿した『守貞謾稿』からも、地車が芸能舞台であったことがわかる。ここでは、ダンジリは「楽車」と記され、「また近年やうやく悪風のみ長じ、この上にて俳優声色を真似興ずこととなりぬ」と描写される。「声色《こわいろ》」とは流行の歌舞伎役者の真似事などを指す。「近年ようやく悪風のみ長じ」とあることから、かつては、神楽に準じる芸能がなされていたのかもしれない。幕末から明治にかけて大阪で活躍した松川半山の絵を模写したと思われる昭和二年（一九二七）発行の「浪花浮世画壇松川半山翁遺稿」には、地車の舞台で天岩戸神話を連想させる巫女舞が描かれており、大屋根に立てられた御幣《ごへい》には、そこが俄《にわか》芝居の舞台であることを示す文字（○＝輪が二つ＋「カ」で「ニワカ」）が見える。

　このように、その全盛期において大坂型地車の目的の第一は、舞台上で歌舞音曲をなすことであった。現在では、随所に質の高い彫刻が施される立派な地車が多いが、当初の地車は簡素なものも多かったようだ。『守貞謾稿』には「惣欅《そうけやき》造り、彫造等あれども、美と云ふに及ばず。道修町および堂島等の楽車中にも、精製と云ふに近きのみ。あるひは道具屋に所蔵するものありて、神祭中、損料と号して費を出して借用する等は、特に粗製なり」と記される。薬種問屋が栄えた道修町や米市場のあった堂島の地車でさえ極上とはいえず、賃貸用の地車は特に粗製であるという。地車本体の出来映えよりも、そこでなされる芸能にもっぱら重点が置かれていたようだ。

浪花浮世画壇松川半山翁遺稿（NPO法人摂河泉地域資源研究所蔵）

誉田八幡宮《こんだはちまんぐう》（羽曳野市）の「車楽」（宝物殿に保存）は「ダンジリの始まり」として語られることが多いが、これは「移動式芸能屋台の始まり」という意味である。享和元年（一八〇一）刊の『河内名所図会』巻之三には、三輪の曳車に細男《せいのお》の舞人《まいびと》や伶人《れいじん》とおぼしき人々が乗り込んでいる姿が描かれる。誉田の車楽が江戸期に大坂の地車と関連して語られることが多かったのは、地車が芸能の舞台であったことの傍証となり得る。

誉田例祭車楽『河内名所図会』

『郷土和泉』第15号より

本住吉神社（神戸市東灘区）の地車　大坂の地車の中には、俄など歌舞音曲を行なうための舞台が前方に引き出されるものがあった。海老江八坂神社（大阪市福島区）の地車にもなごりがある。灘地域の地車には、この構造を継承したものが多く、欄干部分に部材の分かれ目が見える。灘の地車は『守貞謾稿』の挿絵のごとくコマは台木の外側に付く。民俗学者の小谷方明が蒐集した版木に彫られた地車（『郷土和泉』第十五号に掲載）にも、同様の引き出しの工夫が見える。

第二節　地車の宮入り

祭の中で地車が最も盛り上がるのは、宵宮の宮入りにおいてであった。文久二年（一八六二）発行の「摂州大阪天満宮渡御之図」には「六月中旬から地車を曳き始めて、二十四日に太鼓台に続いて宮入りし、終夜にわたって鉦太鼓を囃して踊る」と記される。これは前述の『芦の若葉』の描写と違わない。『天神祭十二時』にも、地車は境内で「宿直する」とある。

このような宮入りの形態は、地車が伝播した先々の祭でも受け継がれた。杭全《くまた》神社の祭では宵宮の晩に地車が宮入りし、現在は夜中に神社から曳き出されるが、かつては、やはり朝まで境内に地車を据えていた。昭和六年（一九三一）刊の『平野郷町誌』には「さて右の地車はおはらひ筋（神輿渡御の道筋）を挽き回り社前の馬場に並列して夜を明かす。是を宮入といふ。楽を奏して神霊を慰むるの義であらう。翌暁順をもって挽き出して各自の宿に帰る。此を挽出《ひきだし》といふ。（近年宮入りは時間を早め午後八九時に終わる）」とある。近頃、岸和田では午前六時に各町が一斉に地車を曳き始める行為をもって「曳き出し」と呼び、その用法が他地域でも一般化しているが、本来は、ここに記されるように、本宮の早朝に地車を神社境内から曳き出す行為をもって「曳き出し」と呼ぶ。堺の開口《あぐち》神社の祭では、宵宮の晩に布団太鼓が宮入りして境内に設けた仮蔵の中で一晩を明かす。第四章で述べたように、堺の布団太鼓は、明治後期から大正期に地車の代替として始められたものである。太鼓台の宿直は、地車の宮入りのなごりである。

続いて、天神祭における地車の宮入り台数の変遷を見ておきたい。大阪天満宮には、享保九年（一七二四）以降の、地車の宮入り順を記した帳面が残っている（これ以前は享保九年の大火で焼失）。最も数が多い記録は、安永九年（一七八〇）の「七十一番」もしくは「八十四番」という数字である。藤里好古は『天神祭之諸相』（『郷土研究　上方』第七号）において、『天満宮地車出番帳』を根拠として、安永九年（一七八〇）には、宮入り順の籤を引く正規の地車が七十一台、籤決めの後に宮入りする「追附地車」が十三台、計八十四台の地車が確認できると記している（藤里好古が「天神祭之諸相」で「家蔵の」と記している『天満宮地車出番帳』は現在所在不明）。

次々頁の図は、年ごとの地車の宮入り台数を示したものである。これには「追附地車」と「宿無地車」は含まれない。正式な籤取地車に、追附地車と宿無地車を加えると、市中で曳き回された地車の数は相当数にのぼる。ただし、これらの地車すべてが現在のような立派な地車ではなかった。宿無地車の多くは、地車貸物屋なるものから賃貸され、その中には粗製のものが多かった。安永六年（一七七七）刊の『安永版 難波丸綱目』には「貸地車祭礼貸物や」の文字が見える。また、寛政二年（一七九〇）六月十六日には、地車貸物屋に対して、町年寄の奥印のある書状を持たない者に地車を貸すことを禁止する旨の達しが出ている（『大阪編年史』第十三巻）。

天満天神地車宮入『浪花百景』

天満祭地車宮入の図『保古帖』（大阪府立中之島図書館蔵） さまざまな形式の屋根を持つ地車。

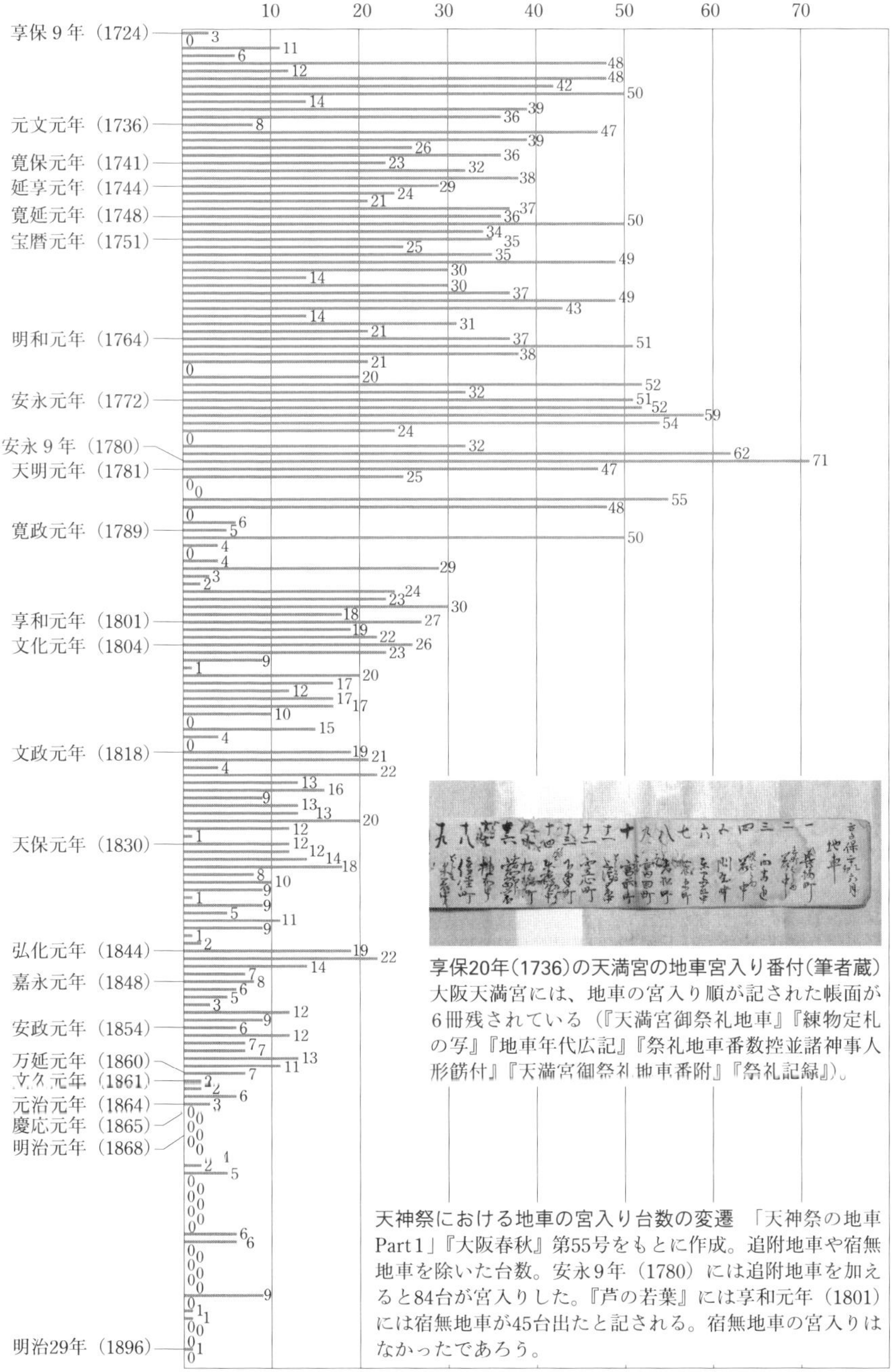

享保20年(1736)の天満宮の地車宮入り番付(筆者蔵)　大阪天満宮には、地車の宮入り順が記された帳面が６冊残されている（『天満宮御祭礼地車』『練物定札の写』『地車年代広記』『祭礼地車番数控並諸神事人形餝付』『天満宮御祭礼地車番附』『祭礼記録』）。

天神祭における地車の宮入り台数の変遷　「天神祭の地車Part 1」『大阪春秋』第55号をもとに作成。追附地車や宿無地車を除いた台数。安永９年（1780）には追附地車を加えると84台が宮入りした。『芦の若葉』には享和元年（1801）には宿無地車が45台出たと記される。宿無地車の宮入りはなかったであろう。

天神祭以外にも地車は出た。『近来年代記』には、各社の夏祭に出た練物の種類と番数が記される。大阪の夏祭の風物詩であった地車であるが、年を追うごとに数が減っていく。天神祭では、最も台数の多かった安永九年（一七八〇）を境に、幕末にかけて次第にその数を減らし、慶応元年（一八六五）から明治三年（一八七〇）までの天神祭中断期以降は、散発的に数台の地車が宮入りするのみとなった。そして明治二十九年（一八九六）に、天満青物市場の三ッ屋根の地車が天満宮に奉納されると、以降、平成元年（一九八九）の三ッ屋根地車の復活まで、天神祭での地車曳行が途絶えることとなる。他社の夏祭でも地車の数は減っていったと考えられる。

往時は市中を縦横無尽に行き交った地車であるが、あっけなく祭から姿を消した。その理由は何か。享保九年（一七二四）の妙知焼け、天保八年（一八三七）の大塩焼けなどの度重なる大火によって、地車を所有あるいは賃借する余裕がなくなったのであろうか。天神祭の地車については、明治三十五年（一九〇二）頃の上水道普請に伴って、重量のある地車の曳行は差し止められたという話もあるが（「食味随筆　贅六百話（二）」『郷土研究　上方』第七号）、宮入りの台数は幕末の時点で激減しているので、その真偽については判断が保留される。単純に「流行が去った」と考えることもできよう。

地車はなくなっても、地車囃子は受け継がれた。明治以降も天満宮境内に据えられた地車や、大川に繰り出す船渡御《ふなとぎょ》の船上では地車囃子が囃し続けられてきた。現在でも、各社の例祭や十日戎などの縁日に地車囃子が奉納

六月祭り大賑　弘化二年（一八四五）

八幡祭（御津宮）　地車 三番
難波祭（難波八阪神社）　太鼓 一番　地車 三番
高津祭（高津宮）　地車 十五番
御霊祭（御霊神社）　地車 八番
稲荷祭（難波神社）　太鼓 四番　地車 五番
座摩祭（坐摩神社）　地車 八番
天神祭（大阪天満宮）　地車 二十五番
生玉祭（生國魂神社）　地車 十五番
玉造祭（玉造稲荷神社）　地車 五番

中々近来まれなる御祭賑なり。住吉祭りの浜々ちゃうちんハ火元あしきゆへ、町々持あるき無用御ふれ有、是ゆへさむしく也。

『近来年代記』　住吉祭では堺の宿院への神幸と住吉への還幸の際に多くの御迎提灯や松明が出た。

されることは多い。祈願が成就すると、その夜、狸が囃す地車囃子が聞こえてくるという「地車吉兵衛稲荷」（現・堀川戎神社境内末社「榎木神社」）の話も有名である。大坂三郷周辺域においては、今なお、多くの大坂型地車が曳行されている。これらの近郊農村地域の多くの産土《うぶすな》の例祭は秋季であるが、夏季にも地車を曳き出すことが多い。夏季の地車曳行は、大坂三郷域の夏祭の賑わいに触発された「貰い祭」であろう。

天神祭に出る三ツ屋根地車

第三節　芸能目的型地車の現在

大坂の地車

大坂三郷周辺域では、現在も大坂型地車が多数曳き出されるが、江戸期のように舞台上でさまざまな歌舞音曲がなされるということはない。しかしながら、地車が停止して後に行なわれる「奉納囃子」と「龍踊り」に、そのなごりを見ることができる。

大坂型地車で囃される地車囃子は、曳行時に用いられる「道中囃子」と、地車が停止してからなされる「奉納囃子」の大きく二つに分けられる。前者については「チキチンチキチンチキチン　コンコン」の旋律でなじみがあろう。「道中囃子」は、地車の速度の緩急に合わせて囃子の速度が変化する単純な旋律の繰り返しである。一方、地車が停止すると囃される「奉納囃子」は、俊速の桴《ばち》さばきで、見る者、聴く者を圧倒する。鉦《かね》と小太鼓、大太鼓のすべてが連動して奏される複雑な旋律部は「カヤク」と呼ばれ、高度な個人技に裏打ちされた囃子方《はやしかた》全員の一糸乱れぬ意気の投合は圧巻である。

現在、太鼓や鉦は地車の舞台上に配されるが、かつては舞台板の下部、すなわち地車の内部に据えられた。これは、地車の舞台が各種芸能を行なうための空間であったことによる。『守貞謾稿』の楽車図には、胴体部分を指して「この内部で太鼓を二つ打つ」とあり、「地車が進みすぎた時は、テコ前と呼ばれる力持ち二人が梃子を入れて地車を止める」「囃子方、梃子方とも雇夫である」と記される。古い形式の地車には、胴体部の前部、あるいは前部と後部に、囃子方が出入するための観音扉が設けられている。このような古い太鼓の配置に照らし合わせると、現在、舞台板の上に配される太鼓や鉦は、「道中囃子」のためのものではなく、舞台上でなされた各種芸能のなごりである、と捉えなければならない。現行の「奉納囃子」は、その名称が示すように、見せる、聴かせる事を十分に意識した表現となっている。「奉納囃子」は、かつて地車の舞台上で披露された種々の歌舞音曲の系譜上にあるといえよう。

龍踊り（伸栄龍神会）

また、大坂の地車には、奉納囃子とともに踊られる龍踊りが欠かせない。龍踊りとは、指先で天を突くようにして体全体で表現する独特の踊りで、地車が停止すると、地車の屋根や担棒《にないぼう》の上、地車の周囲に老若男女が群衆して踊り狂う。地車が停止して後に踊られることや、舞台のすぐ傍らに位置する梃子間《てこま》と呼ばれる担棒の角が晴れ舞台であることなどを考えると、龍踊りも、奉納囃子と同様に地車の舞台で行なわれた芸能の系譜上にあるといってよいであろう。昭和六年（一九三一）の「天神祭之

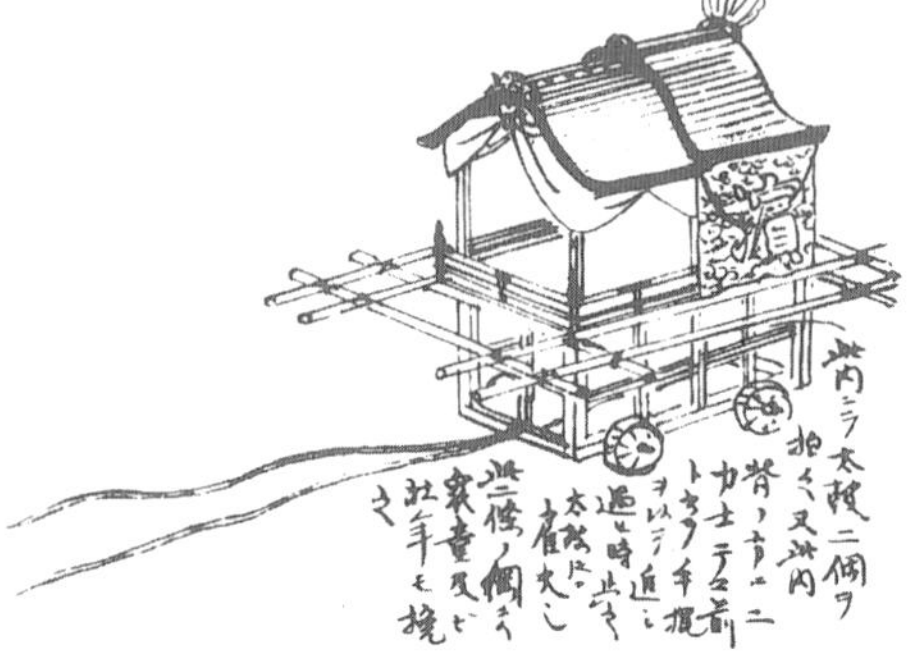

楽車図『守貞謾稿』 布団太鼓と同じく、八本の杉丸太を縄で結び、雇夫が肩を掛けると記される。

諸相」（『郷土研究　上方』第七号）には「その囃子も漸次野卑となり、果てはエログロな地車踊なるものを生じ、紅褌一つとなりて屋上に乱舞するに至り、祭礼のムードをいやが上にも高調せしむる」と記される。

神輿の触太鼓 → 太鼓台 → 地車

〔譜①〕
ヂキヂン　ヂキヂン　ヂキヂン　コン　コン（ア）

〔譜②〕
ヂキヂン　ヂキヂン　ヂキヂン　ヂキヂン

地車囃子の源流　地車と太鼓台の太鼓の基本の地打ちは同じ旋律（譜①）。太鼓台のほうが地車よりも歴史が古いため、地車は太鼓台の旋律を採り入れたと思われる。太鼓台の源流は神輿の触太鼓であるから、譜①の旋律は太鼓台の成立以前から用いられた可能性がある。地車が高速で走るようになると囃子の速度も自然と上がり、鉦の中打ち（ア）を抜いた旋律が生まれたのであろう（譜②）。地車はヒトを囃すから「囃子」と呼ぶが、太鼓台の太鼓は「囃子」ではなく「報知（お知らせ）」である。

地車講（天神祭）のカヤク札 9×4.5cmの木札の文字 （『天神祭――なにわの響き』より）	伸栄龍神会で頻繁に用いられるカヤク （聞き取り）
長柄うらてんま　長柄おいてんま　長柄かめのぼり 長柄やけたおろし 蒲生かめ　蒲生うめ　蒲生竹　蒲生あぶら 今福かめ　今福さくら　今福こま　綱敷ひがし てんま　いたち　みかさ　じきじん さくら　かめかめ　三匹のかめ	てんま　いたち　三笠　今福の亀 桜　蒲生の亀　ぢきぢん 竹　梅　おい天満　裏天満　今福の桜 亀亀　亀のぼり　東　駒　やはたおろし

カヤクの名称の一例

今福北之町の地車囃子（今福皇大神宮氏子）　本節の内容は、蒲生・今福（大阪市城東区）を拠点とし天神祭の地車講にも奉仕する人々の聞き取りを中心としている。この他、長柄八幡宮（大阪市北区）を拠点に天神祭に奉仕してきた人々もいる。

河内の地車

各地に伝播した地車の中には、芸能舞台としての地車の構造を、より拡張させる形で発展させたものがある。その中でも、南河内域の俄に対する熱の入れようは凄まじく、地車の舞台を前方と左右に大きく広げて欄干を巡らせ、地車の構造自体を「俄仕様」に改造した。このような形態の地車は、南河内の石川流域に多く分布するため、俗に石川型地車と通称される。

地車俄（壹須何神社）　南河内域では今なお俄が盛ん。ボテ鬘（かづら）は必須。地車の欄干部分が前方に大きく張り出している。

淡路の地車

洲本城の城下町に鎮座する洲本八幡神社（淡路島）の祭に出た地車は、大屋根を地車の前方とする大坂型の地車とは異なって、小屋根側を前方として舞台とする。嘉永四年（一八五一）刊の『淡路名所図会』にはその風景が克明に描かれている。明石海峡大橋の南詰に鎮座する岩屋神社（淡路島）の祭は、着物姿の女性が歌って踊る独特の盛り上がりを見せる。

播磨の地車

播磨国の魚吹《うすき》八幡《はちまん》神社（兵庫県姫路市）の祭に出る地車は「檀（壇）尻」と記され、地車自体が変形して芸能の舞台が広げられる。神社の楼門前や御旅所《おたびしょ》などの要所では、地車の大屋根前方の二本の柱と地車を囲っていた欄干が外され、舞台が大きく拡張される。南河内の地車と同じ発想ではあるが、組立式の舞台であるから、より大きな舞台の展開が可能となっている。

魚吹八幡神社の檀尻芸　舞台上では着物姿の女性を中心にさまざまな歌舞音曲が披露される。

洲本八幡宮祭礼での地車芸『淡路名所図会』　正月25日の祭には、氏地18町より地車が出て、俄狂言・歌舞妓芸など珍しい新趣味も採り入れ、淡路国一の賑わいであったと記される。

第四節　曳行目的型地車

前節では芸能目的型地車について詳しく考察した。本節では、逆に、芸能舞台としての地車の機能を失わせて、「地車を曳く」という行為に特化させた「曳行目的型地車」について考察したい。

曳行に特化した曳行目的型地車の登場は、大坂三郷域で芸能目的型地車が盛んであった時代から、すでに約束されていた感がある。『摂津名所図会』巻之四には、地車が木戸を抜けて町中になだれ込む様子が活き活きと描かれている。嘉永五年（一八五二）刊の『日本唐土二千年袖鑑拾遺』には、地車の長大な綱を曳く人々が描かれており、天保九年（一八三八）の天神祭には、堂島浜の地車に一万三百人もの人数が群衆したと記され、その人数の根拠として呉服屋への注文数を挙げている。『守貞謾稿』には「衣裳その他とも皆必ず、その度々新調にて古きは用ひず」とあるから、この数字に間違いはなさそうである。浴衣を揃えた人々は、芸能舞台としての地車に期待したのではなく、やはり綱を握るために浴衣に着替えたのであろう。住む町や職業など地縁的・社会的に同属の仲間が集まって、一つの重量物を同じ綱を手に取って運び行く一体感と達成感は、数ある神賑行事の中でも、地車が備える大きな特徴であった。綱という祭具は、まことに便利で、東大寺大仏開眼会《かいげんえ》で用いられた開眼縷《かいげんる》のごとく、多くの人々の心を一つにつなげることができる。

大阪では夏祭だけではなく、正遷宮《しょうせんぐう》の砂持《すなもち》や河川の大浚《おおさらい》でも「お祭騒ぎ」が伴った。天保二年（一八三一）の御救大浚《おすくいおおざらえ》のような労役に対し

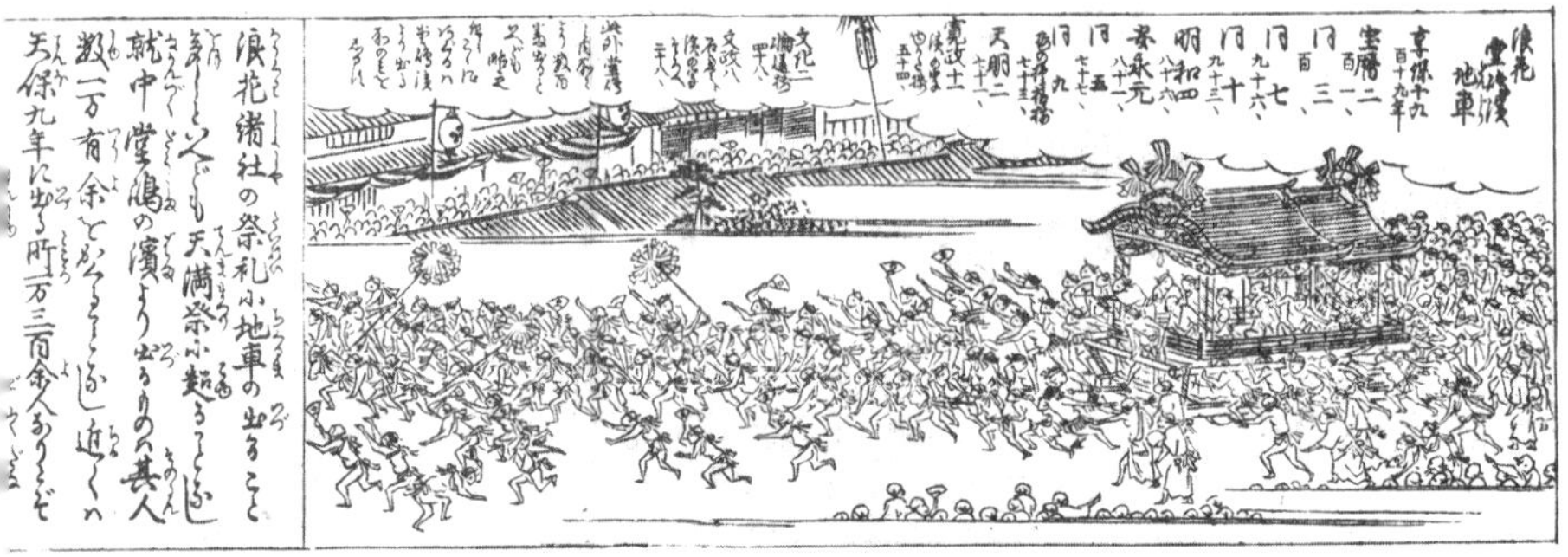

大人数で曳行される大坂の地車『日本唐土二千年袖鑑拾遺』（筆者蔵）「紅摺揃 四千五百反余（下村） 同幷（ならび）浴衣 三千五百反余（三井） 紅摺揃 二千五百反余（岩城）」と記される。

ても、大坂三郷域の人々は、町や市場といった地縁・職業縁的な単位で装束や纏《まとい》を揃えて楽しんでいる。「浪花大砂運《すなもち》衣裳附」には、例えば堂島浜からおよそ三千人が出たとある。このような気質を備えた土地柄であるから、地車の目的が何であれ、その曳行に楽しみを見出したことは、必然の結果といえよう。

地車の舞台で行なわれる芸能がカミに奉る神楽の類であったならば、それが失われることはなかった。しかしながら、元々、地車上での俄芝居や諸々の歌舞音曲は、見物人に披露するヒトにとっての娯楽である。そのため、地車の楽しみの第一を「曳行」に見出す者が大勢となると、芸能の披露に対する関心が少なくなることは当然であった。そして、人々の興味は、他の町や講よりも、曳手をどれだけ多く集めることができるのか、地車をどれだけ速く走らせることができるのか、あるいは、地車本体をどれだけ大きくし、彫刻や刺繍を豪華なものにできるのか、といった内容に移っていったのである。

岸和田の地車

地車の曳行に特化した曳行目的型地車の代表例が、岸和田の地車である。大坂型地車を含め各地の祭に出る種々の曳車では、普通、土台に立てられた一本の通柱《とおしばしら》で屋根を支える。ところが、岸和田型の地車の柱は、土台に立てられた筒柱の内側に、屋根を支える舞台柱を添わせる二重構造となっている。このように柱を内側に設けると、当然、芸能がなされるべき舞台空間が狭くなる。岸和田の地車では、芸能の舞台を拡張させた南河内や播磨、淡路の地車とは、異なる目的の改造が施された。

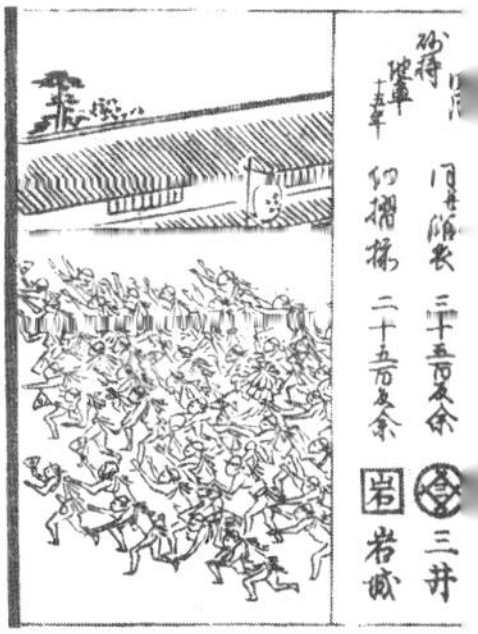

舞台柱と筒柱という柱の二重構造は、岸和田型地車が備える独自の様式である。岸和田では、なぜこのような柱の工法が採られたのであろうか。それは、岸和田城下における地車の曳行路の環境に起因する。城下町を貫通する紀州街道の枡形や城内の各所には、数多くの城門が設けられた。当然のことながら、その門の天井よりも高い地車は、これらの要所を通過することができない。ところが、町の人々は、少しでも大きな地車を欲する。そ

旧・五軒屋町の地車（岸和田だんじり会館蔵）　現役最古の岸和田型地車である天保11年（1840）製作の中町の地車（現・和歌山県橋本市東家）よりも古い型式。この地車にも、すでにカラクリの構造が用いられている。

こで考え出されたのが、門をくぐる際に一時的に屋根を下げるという工夫であった。大屋根を下げる際には、まず小屋根を後方にずらして、筒柱と舞台柱とを固定していた楔《くさび》を抜き、滑車で巻き上げていた細綱をゆるめていく。柱の二重構造は、それを可能にするための改造のなごりなのである。

　大屋根を上下させるカラクリ構造は、いつ頃考案されたのであろうか。「当町壇尻之濫觴五町御城入先後之一件書付写」（『だんじり祭関係史料集』）には「天明五年（一

旧・五軒屋町地車の内部

七八五)、岸和田北方の大津から賃貸した地車が大きすぎて城門をくぐることができないので、急遽、柱をつくり替えた」とある。その翌年には、自前の地車を新調しているので、その際に柱の工法に何らかの工夫がなされた可能性は高い。

このような柱の構造は、明治初期に、城郭の取り壊しが行なわれ、屋根の上下の必要がなくなって後も受け継がれ、明治以降に新調された地車にも採用された(現在の地車は二本の柱は動かないよう固定されている)。岸和田の人々にとっては、もはや屋根の上下云々の問題ではなく、舞台柱が内側に入ることによって成立した独特の容姿こそが重要となっていたのである。

岸和田型地車における曳行目的型地車としての進化は現在進行形である。岸和田では近代以降、コマの車軸を木製から金属製に変えて、現在では、軸と台木との摩擦を軽減するベアリングや潤滑油などの改良に余念がない。曳行速度は年々増して、松製コマの消費量も増えている。現在の岸和田の地車の動きは、『守貞謾稿』に「二力士てこ前と云ひて手梶をもつて、進み過ぐる時これを止む」と記された前梃子だけでは制御し切れない。高速化が進んだ地車による事故が相次いだこともあって、昭和三十四年(一九五九)には、大阪府警から機械式のブレーキの設置が義務付けられた。

岸和田型地車の見せ場であるヤリマワシは、曲がる方向の内側の前梃子をコマに噛ませることをきっかけとして、地車の後部に差し込まれた後梃子を大人数で引っ張ることによって地車の方向転換を成立させる荒技である。このヤリマワシが人々の心を捉えて、岸和田以外の地域にも、ヤリマワシを目的とした岸和田型地車の導入が相次いだ。江戸期には、岸和田型地車の曳行は、ほぼ岸和田城下三郷(村・町・浜)に限られていたが、近代に入って、岸和田とつながりの深かった熊取(熊取町)の大森神社氏子域や岸和田の山手地域にも広がった。そして、昭和後期から、泉州域を中心に既存の形式の地車をやめて岸和田型の地車を新調する町が膨大となって、現在では二百台以上の岸和田型地車が曳行されている。

地車のさまざまな曳行形態

地車の動きは地域ごとに異なる。大津神社(泉大津市)の祭では、前方で停止した地車に、後方から地車を突進させて前方の地車の後梃子にドンと当てる、地車同士のカチアイ（かち合わせるの意）が呼び物となっている。地車の前部には当板と呼ばれる分厚い木版が据えられており、これによって地車の破損を防いでいる。杭全神社の祭に出る地車は、地車の後部を大きく持ち上げて、その場でジリジリと回転させる。この行為をマエマエという。摂河泉域の地車では、地車の後部を持ち上げてその場で回転させる行為が、しばしば地車曳行の見せ場となる。このような振る舞いは、寄付をいただいた家の戸前や他町他村の地車と出会った際に、地車の後部を持ち上げて礼儀を示す動作や、辻で方向転換をする時に、地面との摩擦を減らすために地車の後部を持ち上げる動作などから発達したものであろう。本書では地車の一形態として位置付けているヤグラと呼ばれる曳車も、独特の動きをする。例えば、波太《はた》神社（阪南市）の祭に出るヤグラは、神社境内の狭い空間で円を描くように高速で曳き回す。また、茅渟《ちぬ》神社（泉南市）の祭に出るヤグラは、辻の中央でその巨体を高速で回転させる。これらの動きは、ヤグラの特徴である大きな二輪の組車をもってなせる技である。

火走神社（泉佐野市）の荷（になない）地車　犬鳴山の山村、大木には三台の舁き地車がある。大屋根が上下する構造。

第五節　地車の出自

京都に近い大津や亀岡をはじめ各地の都市祭礼は、祇園祭の曳鉾や曳山の影響を大きく受けている。ところが、京都とは目と鼻の先に位置し、淀川を通して交流が盛んであった大坂三郷で発達した地車は、祇園祭の曳鉾や曳山とはまったく異なる発想で設計されている。地車は大阪独自に生み出されたもの、とするならば、その原型をどこに求めればよいのであろうか。

地車には社寺建築の工法が用いられている。特に唐破《からは》風《ふ》という特徴は、日常では神社や寺院で見ることがほとんどであるから、地車を見て「神社が動いている」と表現する子供がいるのも納得できる。曳行されなくなった地車を社殿や辻堂などに応用する例がいくつかあることからも、地車の持つ独特の雰囲気は社寺のそれと同じであるといえよう。大屋根と小屋根を拝殿と本殿に見立てたくなる気持ちもわかる。しかしながら、妻側が唐破風で前後に長いという地車と同じ構造物を、神社や寺院の境内に見つけることはできない。

そこで、大阪ならではの建築物の中に「地車」を探してみる。すると、意外にも関船《せきぶね》型の御座船（御召関船《おめしせきぶね》）に、地車と同じ設計思想を見出すことができた。御座船とは、西国大名や幕府が用いた豪華絢爛の関船で、航海用の海御座船と、大阪から淀・伏見まで用いられた川御座船とがある。その造形美は水に浮かぶ御殿のようで、船体の上の屋形部分は、まさに地車そのものである（序章参照）。前後に長い屋形の構造は「船」という特殊な空間が前提となって成立している。このような地車と御座船との外見的な類似性をもって、地車の源流が川御座船であるといってほぼ間違いないが、本章では、より厳密な考察によって、それを確かなものとしたい。

地車の再定義

地車の原型を御座船の屋形建築に求める前に、地車の定義を改めて確認しておきたい。現在、地車といえば、唐破風の大屋根・小屋根が二段でコマが四つの曳車を指し、小屋根よりも一段高い大屋根部分が進行方向となる。しかしながら、絵画史料や各地に伝播した地車の形態を見ると、必ずしもこのような地車ばかりでない。前掲の

「天満祭地車宮入の図」には、唐破風三段の地車や直破風《すぐはふ》二段の地車、さらには大屋根が唐破風で小屋根が起破風《むくりはふ》の地車もある（第二節参照）。五雲亭貞秀の「浪速天満祭」（序章参照）には千鳥破風の二ッ屋根地車が描かれる。現在、天神祭に出る地車は三ツ屋根地車と呼ばれるが、これは、現行の一般的な地車が二ツ屋根であることによる通称である。淡路島南方にある沼島《ぬしま》の祭にも三ツ屋根の地車が出る。また、淡路島北端部に鎮座する岩屋神社の祭に出る地車は起破風で、同じく淡路の洲本八幡神社の祭に出た地車は、大屋根小屋根とも唐破風であるが、小屋根部分が進行方向となる。

このような事例を考慮に入れると、本来、地車とは、屋根の数や破風の形式に規定されるものではないといえよう。二ツ屋根が主流となったのは、費用対効果として選ばれた結果かもしれない。地車貸物屋が所有する標準的な地車の形式も二ツ屋根であったのだろう。したがって、地車と御座船の関連性を考える際には、屋根の数や破風の形式にとらわれる必要はないといえる。むしろ地車を「唐破風大屋根小屋根二段でコマが四個の曳車」と規定してしまうと、その出自を探り当てることは難しくなる。このような観点から、本書では、泉南地域に広く分布し、通常は地車とは別の練物として認識される二輪の大きな組車を持つヤグラも、地車の範疇に入れている。考えてみれば、ヤグラ（櫓）という言葉そのものが、御座船の屋形部分を指す名称である。

御座船とは

御座船とは、広義には、時代を問わず、天皇や公卿、将軍など貴人の乗る船のすべてを指すが、本節で述べる御座船とは、江戸時代の関船型の御座船を指す。関船とは、戦国時代に発展した快速を誇る軍船の一形式である。徳川幕府が開かれると、諸大名は水軍力の抑制を強いられ、大型の安宅船《あたけふね》の所有は不可能となった。その中で関船は重要な戦力となるはずであったが、天下太平の世では実戦に用いられることはほとんどなかった。このような状況において、九州や四国、瀬戸内の諸大名は、自らの参勤交代や朝鮮通信使と琉球使節の送迎のために、関船を元にした豪華絢爛の屋形を備えた御座船を整えたのである。海上では海御座船、大阪から京都の玄関口である淀・伏見までは川御座船が用いられた。海風に対する防備の必要のない川御座船は、海御座船よりも豪華なつ

関西諸侯乗船 琉球人難波津着岸 其二『摂津名所図会』 琉球使節の一行を乗せた豪華な川御座船。

くりとなっており、多くは二階建て構造で、檜皮葺や板葺の屋形を前後に二段三段と設けて、漆塗で飾金具が随所に施された。幕府もまた、朝鮮通信使の送迎などに備えて大阪に四隻の川御座船を常備していた。『和漢船用集』には「其の美、筆紙につくしかたし」と記され、天満・堂島に船大工ら職人が多くいたとある。

御座船を模した御迎船

大坂三郷域の人々は、このような豪華絢爛の御座船を見る機会にしばしば恵まれた。『摂津名所図会』には、琉球使節の送迎に供奉《くぶ》する大名の川御座船が描かれ、川岸には見物人が群集し立錐の余地もない。天満組の人々は、これをただ眺めるだけでは飽き足らず、天神祭に御座船を模した御迎船《おむかえぶね》なるものを出すようになった。

「西辺諸船業多き所よりは御迎船とて、黒漆朱漆銀金箔に彫物等美なる艤《よそおひ》して、舳に種々の美製の大木偶一個を立る。あるひは蛭子あるは戎島、山本道鬼は勘助島、あるひは素盞鳴尊等種々あり。かくのごとき船あるは天満の祭に限るなり。他の社にはこれなし。この漆ぬりの船は平日用ひず、ただ今日用ふるのみ。皆、屋根船拙《せつ》にたとふるに精製の仏壇のごとし」

（『守貞謾稿』）

河口部の御旅所近くからは「精製の仏壇」のごとき豪華な御迎船が出たと記される。この、船上には御迎《おむかえ》人形（大木隅《おおくぐつ》）が据えられた。「お迎え」とは「神輿のお迎え」を意味する。御旅所近辺から出発した御迎船は堂島川を遡って渡御の一行と合流し、御旅所まで船渡御の神幸列を先導した。このような御召関船を模した御迎船は現存しないが、御迎人形のいくつかは今も残る。

御迎人形 鬼若丸

この御迎船が、御座船を模してつくられたことは、『芦の若葉』の「その船の粧ひ、赤くぬれる船に檜皮ぶきの屋根して、幕打回し、吹流し・台傘・たて傘などたてならべしは、大名の船になぞらへるなりとぞ」という描写で確信的となる。天神祭における御迎船の往還は、豪華絢爛の御座船を祭の中で再現したものであった。

御座船型曳車

天神祭では、この御迎船を（あるいは川御座船を）、陸で曳くという発想が生まれた。現在、「大阪くらしの今昔館」で毎年夏季に組み立てて展示される天神丸が、このような川御座船型曳車の代表である。天神丸は、漆塗で蒔絵や彫刻、金飾が施された豪華な御召関船型曳車で、船上運搬作業に従事する上荷船《うわにぶね》・茶船《ちゃぶね》仲間が、元禄期（一六八八～一七〇四）に新調したと伝わる。この曳船は、御迎船とは異なって実際に水に浮かべることができない構造となっている。このような実用ではない陸上での曳船は「籠舟《かごぶね》」と呼ばれた。『和漢船用集』には「籠舟　祇園会舟鉾と云の類也。神事に用て引舟と云。摂州浪花ねり物、地車に多くあり。外回り船の形、美をつくして飾といへども、内は空なり、故に籠舟といふ」という記述

天神丸（大阪天満宮蔵／大阪市立住まいのミュージアム寄託） 毎年夏季に組み立てて展示される。

籠舟

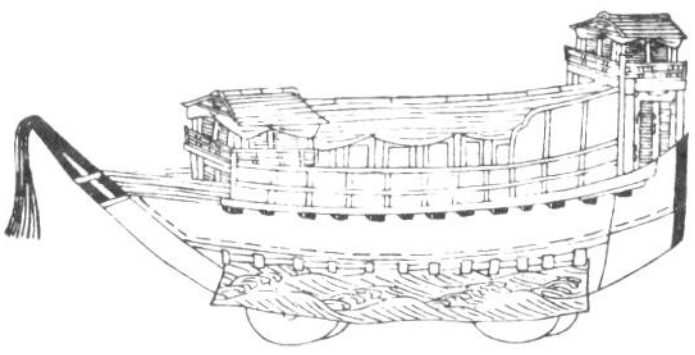

籠舟『和漢船用集』 天神丸を描いたものと思われる。

があり、そこに描かれる「籠舟」の絵は「天神丸」そのものである。天神丸は、確かに天神祭に出された練物であった。

地車の誕生

　天神祭では、川御座船を、御迎船や曳船といった形で祭に中に再現させた。筆者は、天神丸のような川御座船を模した御召関船型曳車が、地車の直接的な原型であると考えている。文政十三年（一八三〇）成立の『嬉遊笑覧』には「然らば難波にて陸地を車にして牽するものを壇尻と呼《よぶ》も、原《もと》天満の祭礼に舟を飾りしを、かの津島祭の船に準らへて台尻といひしが、転りて訛れるなるべし」とある。大坂三郷域の祭では「天神祭で飾っていた船を台尻と呼んだ」「壇尻は台尻の転訛である」という。本書では「台尻」の語源説には触れないが、この記述は「壇尻（地車）」と「台尻（御座船型曳車）」との強い関連性を示唆するものである。

　地車が、御座船、あるいは、それを模した御座船型曳車や御座船から生み出された練物であるならば、当然、現在の地車の中にも「御座船の要素」が残っているはずである。

波の意匠　「地車は船である」という事実を最もわかりやすく示しているのは、地車の胴体部分に巡らされた波柄の幕である（序章参照）。現在では、胴体部分には幕ではなく彫刻が施される地車も多いが、その場合であっても、土台部分に波の意匠が彫刻されたり、後述する岸和田型地車のように、水板と呼ばれる波の意匠が彫刻された部材が組み込まれたりする。波の表現は、地車が船であることを示す重要な意匠である。

二階建て構造　地車は、舞台板で上下二段に分かれ、上部は芸能舞台、下部は道中囃子の空間であることは先に述べた。上段下段のそれぞれに欄干が巡らされている地車も多く、後述するように、地車の原型から最も改造が進んだ現行の岸和田型地車においても、上下二段の欄干構造のなごりを見ることができる。欄干は、地車が川御座船のような二階建て構造であることを示している。

多様な屋形の形式　現在は唐破風二段の屋根を持つ地車が一般的であるが、かつてはさまざまな屋根の形式があったことは先に述べた。このような多様性は、その出自の特定を難しくするものではなく、逆に、その原型が御座船であったことの積極的な傍証にもなり得る。徳川幕府、各藩は、それぞれが競い合うかのようにさまざまな型式の屋形を持つ御座船を生み出した。海御座船と比べて、強い風の影響を受けない川御座船において、それはより顕著であった。『和漢船用集』には「箱棟と鬼板がある栩板葺《とちいたぶき》で、唐破風・照破風・起破風、入母屋造・横棟造などの屋形があり、船端まで欄干を巡らす」と記され

高田（天神社）の地車（奈良県大和高田市）　明治中期に堺で製作されたようだ。

る。二ツ屋根が一般的である現在では、天神祭に出る三棟の屋根を持つ地車をもって三ツ屋根地車と通称するが、地車の出自が御座船であると考えれば、むしろ三ツ屋根地車のほうが、御座船らしく見えてくる。

吹流 「天満祭地車宮入の図」には、榊万度《さかんぼ》の他、吹流《ふきながし》や旗指物《はたさしもの》を持つ人々が描かれる。吹流や旗指物（船印）は、御座船の後方に必ず立てられた風見と顕示のための指物である。

梵天と采配 前掲の『日本唐土二千年袖鑑拾遺』や「浪花浮世画壇松川半山翁遺稿」などには、曳手の周囲で梵《ぼん》天《てん》を持つ人々が描かれる。また、五雲亭貞秀が描いた「浪速天満祭」にも大きな梵天が地車に先行する様子が描かれ、「梵天先達《せんだつ》」と記される。この名称からも明らかなように、辻にては梵天が曲がる方向が地車の進行方向であった。梵天は、御座船の屋根上で、舵の方向を示した采配に由来すると考えられる。灘《なだ》地域（神戸市）の地車で多くの若者が屋根に乗って采配を振って踊る行為や、平《ひら》野《の》の地車の上で御幣を振る行為なども、遠く御座船の采配の記憶を残すものかもしれない。

住之江（本住吉神社）の地車（神戸市東灘区） 大勢の若者が屋根の上で采配を振る。

中傍示（沼島八幡神社）の地車 三ツ屋根で二階建て構造。屋根には吹流や船印にあたる幟が多く立てられる。昭和30年代の作。

以上のように、地車と川御座船との間には多くの類似点を見出すことができる。ここまでの議論で、地車の出自は川御座船であるといってもよいが、さらに、地車の最新モデルともいえる岸和田型地車に関しても、御座船との関連性について検証しておきたい。

岸和田型地車と川御座船

岸和田型地車にも御座船との類似点を多く見出すことができる。その中には、大坂型地車の備える御座船の要素を引き継いだ部分と、岸和田独自の御座船との類似点がある。後者については、当時は「地車は御座船の屋形部分を表現したものである」ことは自明の事実であって、岸和田の人々が地車を「より御座船らしく」見せるために、新たに加えられた工夫である。

土呂幕と水板　岸和田型地車には、初期の大坂型地車のように波柄の幕を巡らせる習慣はないが、そのなごりが土呂幕《どろまく》という部材の名称に残る。土呂幕は、胴掛幕《どうかけまく》の転訛であろう。土呂幕に海や川など水に関係する彫刻がなされるかというと、そうではない。しかしながら、地車の下部、地面に膝をついて覗き込まないと確認できないほどの位置に、確かに波の意匠が施された細長い部材が存在する。これは水板《みずいた》と呼ばれるもので、土呂幕と土台との間のわずかな隙間に組み込まれている。近年新調の地車においても、水板には必ず水に関する彫刻を施すことが慣例となっている。

犬勾欄　大坂型地車は川御座船のごとく二階建て構造であることは先に述べた。岸和田型地車においてはどうか。現行の岸和田型地車には、土呂幕の正面と左右の三面と小屋根下の正面と左右それぞれの隅に犬勾欄《いぬごうらん》と呼ばれる小さな部材が据えられ、若葉や波、人物などが彫刻される。かつて、この部分に勾欄（欄干）が施されていたことは、その名称からも明らかである。「イヌ〜」は植物の命名などにもしばしば用いられる「似て非なるもの」を表わす接頭語である。形骸化した欄干に対する名称として言い得て妙。明治、江戸期の岸和田型地車を見ると、確かに、この部分には欄干が設けられている。この犬勾欄と胴体部分上部に巡らされた欄干をもって、岸和田型地車も二階建て構造であることがわかる。犬勾欄は、岸和田型地車が御座船であることを示す重要な意匠である。

松良　岸和田型地車に特有の部材の一つに松良《まつら》がある。マツラは『和漢船用集』にも掲載される和船用語である。地車の前方両隅の角に組み込まれる大型の部材で、これは、数段の持送《もちおくり》が、彫刻面を増やすために巨大化して融合した岸和田独特の形態である。持送は、建築一般に見られる棚や床などの突出部を支える部材であるが、これにマツラという和船用語をあえて用いたのは、岸和田の大工が地車を船に見立てたからに他ならない。

吹流　岸和田型地車の後部に立てられる吹流と御祭礼旗（船印）も、地車が御座船であることを積極的に示している。吹流は、岸和田では吹散《ふきちり》と呼ばれる。祇園祭に出る船鉾や大船鉾でも、吹流と船印が船を象徴する旗指物として効果的に用いられている。岸和田浜方の一つである大工町《だいくまち》では、番匠傘《ばっちょがさ》と長刀《なぎなた》と伝承される指物が地車後部に立てられるが、これは、大名行列の威儀物であった台《だい》傘《がさ》と立傘《たてがさ》に他ならない。台傘や立傘も、御座船によく立てられた。

後梃子とドンス　これまでの考察から、岸和田でも地車を御座船に見立てていたことは間違いない。地車が船で

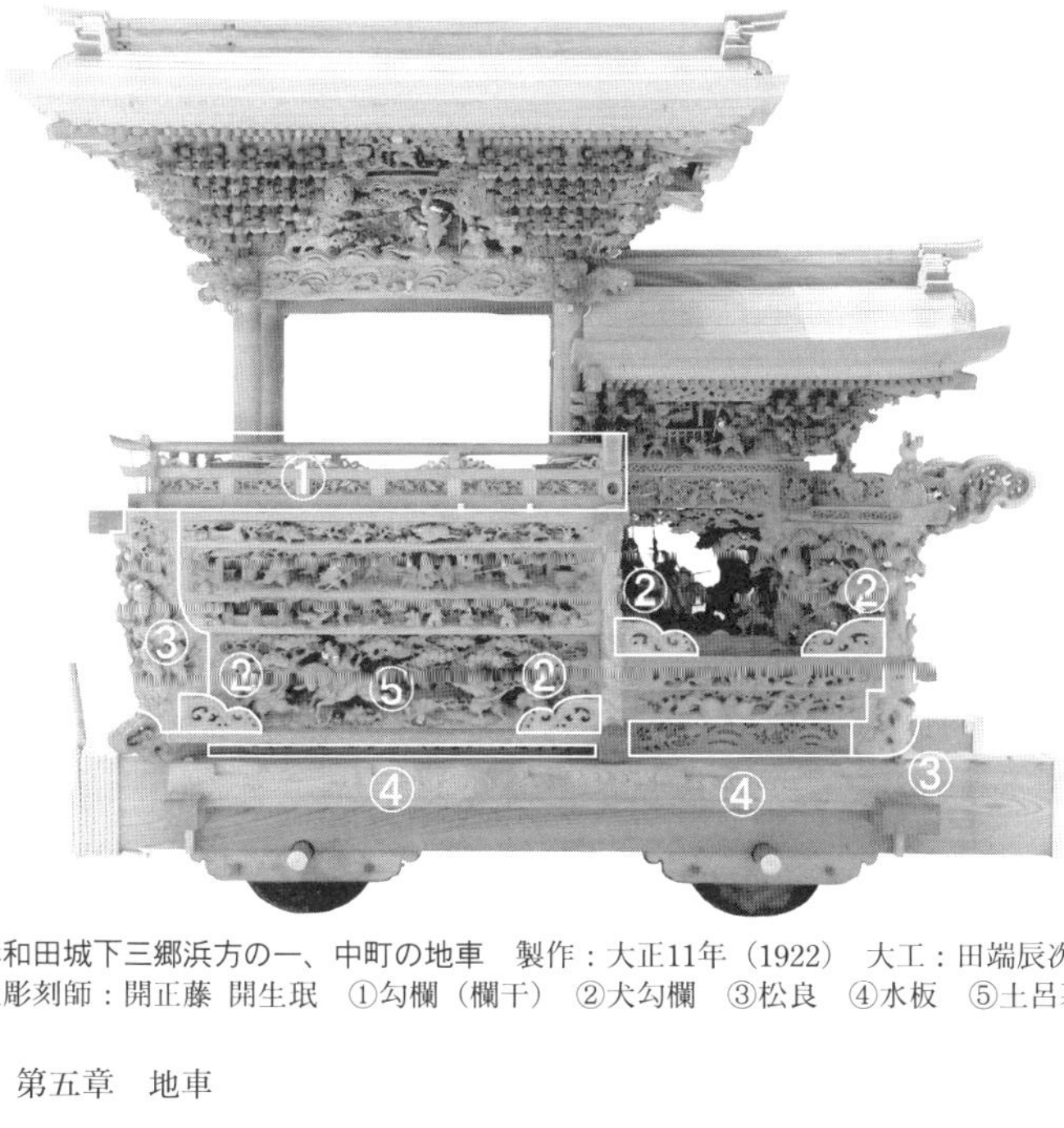

岸和田城下三郷浜方の一、中町の地車　製作：大正11年（1922）　大工：田端辰次郎
主彫刻師：開正藤 開生珉　①勾欄（欄干）　②犬勾欄　③松良　④水板　⑤土呂幕

あるとすると、後方に差し込まれた太い後梃子は、舵柄《かじづか》とみなすことができる。この後梃子が船の舵柄を意識したものであることは、後梃子の左右に張られた何条もの細綱の名称から確信的となる。岸和田では、この梃子に張られた細綱をドンスと呼ぶ。ドンスという名称は、大型の和船の舵の保持と操作を楽にするために、舵柄の両方に張った細引の綱を指す和船用語である。『和漢船用集』には、「ドンス　加賀苧《かがそ》の細引綱也。又手安《てやす》と云。柁《かじ》柄《づか》にかけて引者《ひくもの》、風あらき時は幾筋も掛て柁をとる也」とある。岸和田型地車では、この工夫によって、梃子を直接手で扱う場合に比べて、より多くの人数で大きな力を地車に伝えることが可能となった。高速曳行中に地車の速度を落とさずになされる「ちょい取り」と呼ばれる進行方向の微調整や、辻々でのヤリマワシ時にも威力を発揮するドンスのあり方は、まさに「風あらき時は幾筋も掛て柁をとる」という表現がふさわしい。ドンスという和船用語とその役割の一致は、地車を船に見立てたという確実な証拠である。

真上から見た岸和田型地車（本町）　大屋根から小屋根、そして後梃子へと情報が伝達される。

浪華丸（なにわの海の時空館蔵）　舵柄にドンス（細綱）が掛けられている。

川御座船の操舵法による地車の舵取

最後に、岸和田の人々が、地車を御座船と見立てることによって編み出した、究極の「遊び」について述べておきたい。

岸和田型地車の曳行では、大屋根で舞い踊る大工方《だいくがた》が人々の目を惹く。大工方は大屋根に一名、小屋根の左右に二名が配される。これら大工方の動きを注意深く観察すると、例えば、大屋根の大工方が左側へ移動して手に採った団扇をはたくと、それを受けて、小屋根左側の大工方が団扇で屋根の縁を叩き、さらに、それを受けて後梃子の左側のドンスが息を揃えて引かれ、その結果、地車が右方向へとわずかに向きを変える、といった光景を見ることができる。大工方は、単なる町の象徴ではなく、地車の巨体に阻まれて前方がまったく見えない後梃子役に対して、舵取の方向を伝えるという重要な役割を担っているのである。岸和田以外では、担棒を力押しして、あるいは地車の後部を持ち上げるなどして、地車の方向の微調整や転換を行なうが、このような方法は岸和田では行なわれなかった。

岸和田ではなぜ、このような伝達方法が採られたのであろうか。「走る地車」を目標としたことによって生み出された工夫なのであろうか。そうではない。筆者は、この岸和田独特の伝達方法は、岸和田の人々が、地車の構造や意匠を御座船に見立てることだけでは飽き足らず、その動きの中にも御座船を再現しようとして行なった「遊び」の産物であると考えている。

川御座船を描いた絵図史料には、前部と後部の屋形の屋根の上に、采配や梵天、あるいは軍配を採った人物が必ず描かれる。川の流れの中では絶えず船の進行方向の微調整が必要であって、船尾に取り付けられた舵とともにに、艫《とも》屋根の下で漕がれる櫓や、艫屋根の上と船首で用いられた棹も、船の制御に必須であったと考えられる。ところが、艫屋根の上下に位置する水主《かこ》は前方を望むことができない。また、全員の息を揃えることなしに、大きな船を求める方向へと導くことは不可能である。ここで、左右どちらの水主が、どの程度の時間、漕ぎ続ける（押し続ける）のかという采配を決める司令塔が必要となってくる。それが、絵図に描かれた屋根上に乗った前後二名の人物であろうことは、想像にかたくない。当然ながら互いの連携が大切である。おそらく、まず前方の采《ざい》方《かた》が指示を出し、それを受けて後方の采方が艫屋根上下の水主へと、その指示を伝えたのであろう。舟歌の唱和もあったはずだ。岸和田型地車で見られる舵取方向の伝達方法は、まさに、川御座船のそれを再現したものなのである。

以上の考察によって、地車の出自は御座船であることが明らかとなった。御座船型曳車と地車との違いは、船体部の有無にある。本書では、地車を「川御座船（御召関船）の屋形部分を表現した曳車」と定義付けたい。

それでは、どのような理由で船体部を取り除くことになったのであろうか。また、なぜ漆塗でなく素木造となったのであろうか。屋形部分は宮大工、船体部は船大工、その他、漆を塗る職人や飾金具を打ち出す職人といったように、工程ごとに作業場が異なったはずである。例えば、平成二年（一九九〇）に竣工した高松藩の海御座船「飛龍丸」の模型（瀬戸内海歴史民俗資料館所蔵）の製作の際には、船舶設計士の設計の下、屋形部分は神輿製作所、船体部分は造船所に依頼をしている。この分業体制に、地車誕生の手がかりがあるかもしれない。もちろん、経済的な理由も大きく影響したであろう。

また、地車の全盛期は芸能目的型地車であると述べたが、御座船の屋形部分を芸能舞台として利用した経緯については、十分に議論することができなかった。長和二年（一〇一三）六月十四日の祇園御霊会には、散楽人《さんがくじん》が芸能を行なった「散楽空車」なる移動式芸能舞台が出ている（『小右記』）。また誉田八幡宮の祭に出た楽車には、多くの舞人と伶人が乗り込んだ。祭に芸能はつきものである。移動式の舞台や仮設の舞台は、地車の登場のはるか以前から、各地の祭で見られたであろう。ダンジリの語源については『嬉遊笑覧』に諸説見えるが、宮本圭造の「だんちり舞」（中世の羯鼓稚児舞）に求める説が有力。

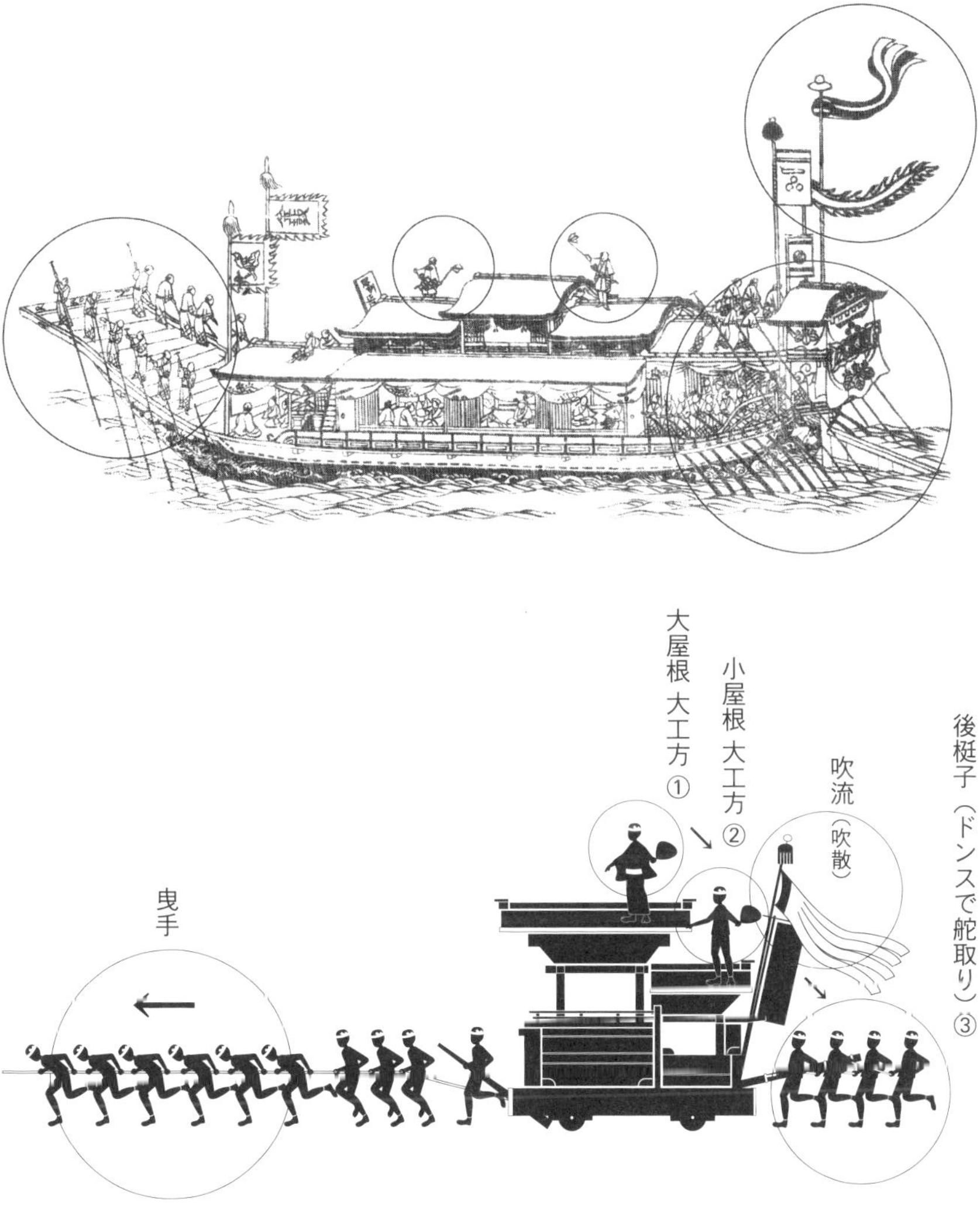

川御座船の操舵法を模す岸和田型地車　①→②→③の流れで舵取りの方向と加減が伝えられる。

川御座船と岸和田型地車の対応図

第六節　御座船型曳車

一般に船地車と呼ばれる曳車がある。この名称は時に便利ではあるが、「船型の地車」という表現は、本章で進めてきた「船から地車ができた」という議論が本末転倒となるので、本書では御座船型曳車という名称で、以下にいくつかを示したい。

科長神社の船型曳車

科長《しなが》神社（太子町）の祭には、三台の地車と二台の御座船型曳車が出る。山間地において船型の曳車が出されるようになったのは、当地を神功皇后の生誕地とする伝承によるものであろう。科長神社の御座船型曳車の屋形部分は、一般的な二ツ屋根地車と同じ構造である。地車という練物が成立して後に「地車を船型に改造する」という発想でつくられたものであろう。

東條の磯長丸（科長神社）

止止呂支比売命神社の船型曳車

昭和三十年（一九五五）頃まで、元・住吉大社の摂社の止止呂支比売命《とどろきひめのみこと》神社の秋祭に出された安立町《あんりゅうまち》七丁目の御座船型曳車（大阪歴史博物館で展示保存）。素木の彫刻類は地車の影響を受けたものと考えられる。前方の甲板に据えられた一軀の大きな武内宿禰の木彫像は、天神祭の御迎人形を意識したものであろうか。後部の艫櫓《ともやぐら》の側面には神功皇后の彫刻が施されている。

牛窓神社の船型地車

瀬戸内で見られる御座船といえば、左右の舷側に設けられた垣立《かきたつ》が特徴的な海御座船であった。朝鮮通信使の一行の寄港地ともなった牛窓《うしまど》（岡山県瀬戸内市）や隣の鹿忍《かしの》神社の祭にも御座船型曳車が出る。最も古いものは文政元年（一八一八）製作の海御座船型曳車である。また、幕末から明治にかけては、龍首を船首に施した御座船が多数つくられた。これらの屋形の雰囲気は「朝鮮人渡海船之図」のごとくであって、当地に唐子《からこ》踊りが伝わることを考えると、朝鮮通信使船の雰囲気を再現しよう

止止呂支比売命神社の船型曳車、八阪神社（大阪市大正区三軒家）の船型神輿、海老江八坂神社の地車（NPO法人摂河泉地域資源研究所提供） 昭和10年（1935）に大阪城で行なわれた郷土神祇展覧会にて撮影されたもの。

としたものと考えられる。素木造であることや、随所の彫刻は、大坂の地車の影響を受けたものであろう。

手前：東町の船型曳車（通称・御船だんじり）（牛窓神社）　文政元年（1818）製作。
奥：紺浦の飛龍丸（牛窓神社）　明治8年（1875）製作。

鳥飼八幡宮の船型曳車

鳥飼八幡宮《とりかいはちまんぐう》の秋祭には海御座船型の曳車と布団太鼓が出る。浜方と里方に分かれて豊凶を占う大綱引は古くから有名で、『淡路名所図会』にも描かれた。

鳥飼八幡宮の海御座船型曳車

第六章

唐獅子

獅子舞といえば、摂河泉域では唐獅子《からじし》が連想されるが、全国を見渡せば、鹿や虎、麒麟の頭を用いたシシ舞も存在する。シシは、古語では食用の肉を指し、イノシシ（猪）やカノシシ（鹿）など獣一般を意味した。東北地方では、頭部に鹿の角を付けて大きな腰鼓《ようこ》を打って踊る鹿踊りが有名である。シシの種類は、その頭《かしら》の姿から判断することも可能であるが、一人立ちのシシと二人立ちのシシとに分けて捉えると便利である。

一人立ち、すなわち直立して腰鼓を打ち鳴らして踊るシシの類は、およそ日本古来のその土地に伝わるものである。『日本書紀』に、弘計王《おけのおう》（後の第二十三代顕宗天皇）が鹿の角を奉じて舞ったことが記されるように、我が国のシシ舞の歴史は古い。賀茂祭の起源譚にはイノシシが登場する。

日本のシシは、神供《じんく》として捧げられることもある。神祇令で定められた四時祭《しじさい》の一つで、六月と十二月に京城《けいじょう》の四隅で営まれた道饗祭《みちあえのまつり》は、京師《けいし》に鬼魅《きみ》が侵入するのを防ぐ祭であった。ここでは、供物《くもつ》として、稲や酒、海産物、布帛《ふはく》の類に加えて、牛皮・猪皮・鹿皮・熊皮などの獣の皮が奉られた。同類の臨時祭である宮城四隅疫神《きゅうじょうのよすみのえきじんの》祭《まつり》、畿内堺十処疫神祭《きないのさかいじっしょのえきじんのまつり》などの堺祭《さかいのまつり》でも、獣の皮が奉られている。現在でも、御柱祭《おんばしら》で有名な諏訪国一之宮の諏訪大社（長野県）の祭には、鹿頭（現在は剥製）が神饌《しんせん》に上がるし、銀鏡《しろみ》神社（宮崎県）の祭では、猪頭を奉って神楽が奉納されるという。かつては、雨乞いのために牛馬を殺して供奉《くぶ》する祭や、鹿の頭骨を滝壺へ投げ込んで龍神の怒りを誘って降雨を願うといった習俗もあった。一方で、奈良の春日大社の鹿や伏見稲荷大社の狐のように、動物をカミの使い、カミの仮の姿と見る文化もある。日本人の生き物に対する感覚は、地域によって多様である。

二人立ち、すなわち頭の部分を受け持つ前足と、尻の部分を受け持つ後足の二人で立つシシは、外来の唐獅子である。日本のシシとは性格が異なり、それ自体に、カミのような、強い神威が期待された。もちろん、神饌に上がる類のものではない。虎舞や麒麟獅子などの舞は、唐獅子が姿を変えたものであろう。唐獅子の胴体は幕で表現され、動物のごとき振る舞いをする。本章では、この唐獅子に絞って話を進める。唐獅子は、その名の通り、唐の国、すなわち中国大陸から渡ってきた獅子である。文殊菩薩が乗る聖獣として知られるように、獅子舞という芸能だけではなく、仏像や絵画などさまざまな分野を通して我が国に伝えられた。唐獅子の出自は西域のライオンであろう。スフィンクスとも同根の聖獣である。その伝来は仏教の伝来と同じ頃であり、千数百年を経て、すっかり帰化した感がある。唐獅子は、我が国の祭の中で、どのような役割を果たしているのであろうか。

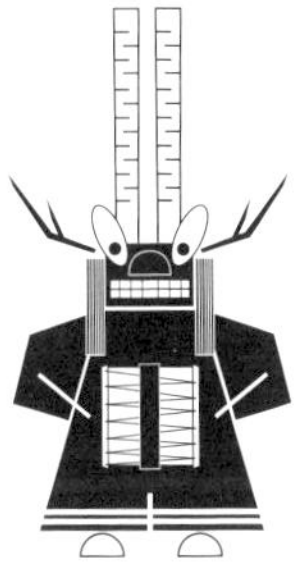

一人立ちのシシ（鹿踊りなど）

二人立ちの唐獅子

四天王寺聖霊会の道行　獅子と菩薩が諸役を先導する。

清涼殿の御帳台（京都御所）　玉座の帳（とばり）が風で動かないように鎮子（ちんし）として用いられ、聖域を守護した。左方（向かって右）が獅子、角のある右方が狛犬とされる。

第一節　唐獅子の渡来とその神威

芸能としての獅子、すなわち獅子の舞が伝来したのは、いつ頃であろうか。『日本書紀』には、推古天皇二十年（六一二）に、百済人の味摩之《みまし》が呉で学んだ「伎楽の舞」を日本に伝えたとある。この伎楽（ぎがく／くれのうたまい）の中に唐獅子の舞があった。この頃は「師子」という文字が用いられている。伎楽とは、時に滑稽で卑猥な所作も伴ったといわれる無言の歌舞演劇で、「治道《ちどう》」「金剛」「迦楼羅《かるら》」「呉女《ごじょ》」などさまざまな役柄が登場する。伎楽面は、能面のように面を掛けるものではなく頭がすっぽりと入る型式であって、法隆寺、東大寺、正倉院などに伝わる。その豊かな表情から、多様な物語が展開されたであろうことがうかがい知れる。その後、すぐに伝わる舞楽にも「師子」があった。師子の舞は、四天王寺の聖霊会《しょうりょうえ》における舞楽法要の中で、わずかにその痕跡をとどめている。

　伎楽を含めた国内国外の歌舞音曲は、当初は雅楽寮《うたまいのつかさ》の中で国家の保護の下に教習された。奈良時代に定められた「養老令」の「治部省雅楽寮職員令」には、歌師・舞《まい》師《し》・笛師（以上、日本古来の歌舞音曲）、唐楽師・高麗楽師・百済楽師・新羅楽師、伎楽師・腰鼓師といった「師」（師範）が定められており、それぞれに、芸能を習得する「生」が数人から数十人単位であてられていた。鎌倉時代初期に狛近真《こまのちかざね》によって記された『教訓抄』によると、伎楽においては、舞場の邪気を祓うためであろう、まず師子の舞がなされたとある。

　天平勝宝四年（七五二）に営まれた東大寺大仏開眼会《かいげんえ》では、国内外のさまざまな歌舞音曲が奉納された。この時に用いられた師子頭は、正倉院に納められている。正倉院の師子の頭には、随所に植毛がなされていたが、その表情は、現在、我々がなじみのある唐獅子のそれと変わらない。天平十九年（七四七）に提出された『法隆寺伽藍縁起并流記資財帳《ならびにるきしざいちょう》』（『寧楽遺文』中）には「伎楽壱拾壱具　師子弐頭　五色毛在　袴四腰」とある。ここから、師子は二頭で二人立ちであること、そして五色に植毛されていたことがわかる。この五色の毛は、胴体の幕部分にも施されたであろう。『年中行事絵巻』に描かれた平安時代後期の祇園御霊会や稲荷祭の中にも、胴幕に獣毛が象徴的に施され、首のあたりの鬣《たてがみ》を紙垂《しで》で表現した獅子がいる。現在の獅子によく見られる胴幕の横縞模

稲荷祭の神幸祭に出た獅子『年中行事絵巻』（京都大学文学研究科蔵）

様は、その毛並みの表現のなごりといえよう。古くは「信西古楽図」に描かれたような、縫いぐるみ形式の師子もあったかもしれない（序章参照）。

　現行の唐獅子には、獣毛の表現を保った（あるいは獣毛を著しくした）獅子と、様式化を進めて獣毛をまったくなくした獅子の、二系統がある。前者は、毛獅子などと通称される。播磨地域の祭に出る獅子の多くは、獅子《しし》頭《がしら》と胴体部分が長い毛で覆われている。摂河泉域に毛獅子は少ないが、播州と同系統の毛獅子が諏訪神社（大阪市城東区）に伝わる。獅子をカミの依代《よりしろ》とする原田神社（豊中市）の獅子は、頭部の毛に加えて、鬣である紙垂を梵天のごとく大きく発達させて、胴体部分の鬣は何条もの細紐を垂らして表現される。伊勢大神楽《いせだいかぐら》の獅子頭には植毛は施されず、頭部の鬣は紙垂によってのみ表現される。胴体部分の鬣は首のあたりが紙垂、それより下部の鬣は背中に走る段だら模様で表現されている。伊勢大神楽の紙垂にはさまざまな御利益が期待されて、人々がちぎって持ち帰る姿がよく見られる。

日野の獅子舞（高向神社）

松原八幡神社（姫路市）の獅子と獅子壇尻

第二節　日本の祭における獅子の役割

師子は、伎楽や舞楽の中では複数演目のうちの一演目にすぎなかったが、各地の産土《うぶすな》の祭の中では、獅子が主役となるさまざまな演目が生み出された。唐獅子の、御迎提灯や太鼓台、地車など他の神賑行事の練物《ねりもの》と異なる点は、それが単なる物体ではなく、命が宿る聖獣であることである。本居宣長が『古事記伝』でいう「世の常ならず畏《かしこ》きもの」がカミであるならば、人々にとって、獅

諏訪神社（大阪市城東区）の毛獅子

子もまたカミであった。それをヒトが演じる行為はカミの体現に他ならない。

カミの依代

獅子をカミの依代とみなす祭がある。摂河泉域では、原田神社（豊中市）のオテンサンと呼ばれる獅子がそれにあたる。オテンサンとは、原田神社の主祭神である牛頭《ごず》天王《てんのう》（素盞嗚尊《すさのおのみこと》）に愛着を込めた呼び方であろう。このカミは、神輿には乗らずに、オテンサンを依代として氏地を巡る。オテンサンの頭部は、その表情が見えないほどに獣毛が伸びて、本来は鬣の表現であるはずの紙垂が梵天のごとく巨大化し、異様なまでの雰囲気を醸し出してカミを体現する。

伊勢の産土神社の多くで見られる御頭《おかしら》神事に出る獅子頭の紙垂も、獅子の表情がうかがえないほどに巨大化している。こちらの獅子は、産土のカミの依代ではなく、域内の悪霊を依《よ》り憑《つ》かせるためのものであるという。また、後述する伊勢大神楽の獅子頭には、天木綿筒命《あめのゆうづつのみこと》、すなわち金星を神格化（ユウツヅ＝宵の明星）したカミが宿るという伝承がある。

産土神が宿るオテンサン（原田神社）

神幸列の露払い

強い神威によって悪霊を退散させることができる獅子は、我が国では、いつしかカミの神幸の露払いの役割を担うこととなった。古くは『年中行事絵巻』にも、祇園御霊会や稲荷祭の神輿に先行して、笛や太鼓に合わせて舞う獅子の姿が描かれている。神社本庁編『神社祭式同行事作法解説』に記された神幸列の一例に獅子は組み込まれていないが、実際には、獅子は神幸祭に必須の練物となっている。

獅子と共に神幸列の最前部に位置するのが猿田彦神。こちらは『神社祭式同行事作法解説』にも記される。猿田彦神は、赤い顔と高い鼻という容姿から天狗にも比され、鼻高なども呼ばれる。その容姿には、伎楽において獅子に先んじて登場した「治道」の影響もあるだろうか。猿田彦神は、日本神話における天孫降臨の場面で、道先案内役として登場する国神《くにつかみ》である。神幸列の最前部に位置するのは、その故事にちなむ。獅子や猿田彦神は、神幸《しんこう》の清祓《きよはらい》や悪魔祓《あくまばらい》を行なうとともに、神幸列の威儀を整えるという重要な役割も担っている。

幕末の下御霊神社の神幸列（部分、筆者蔵）　菱川清春筆。猿田彦面を納めた宮型神輿と唐獅子が先行する。左上に連なるのは洛中洛外に広く分布する剣鉾。

第三節　伊勢大神楽

日本化した唐獅子の一つの到達点に、伊勢《いせ》大神楽《だいかぐら》がある。伊勢大神楽の一行は、古《いにしえ》より伊勢神宮と結び付き、村や町を訪れて、伊勢神宮の神札《おふだ》（現在は伊勢大神楽講社の神札）を配り歩き、各戸で竈祓《かまどばらい》や悪魔祓といった祈禱的な神事を実践するとともに、放下《ほうか》と呼ばれる曲芸をこなして、人々に楽しみを提供する。

「ダイカグラ」と聞けば、額《ひたい》の上に支柱を立て茶碗を積み上げる茶碗立てや傘回しなど、寄席芸における「江戸の太神楽（曲芸）」を連想する方も多いであろう。しかしながら、本来、ダイカグラとは曲芸のみを指すのではなく、各戸への神札の配布や獅子舞を含んだ名称である。江戸の太神楽においても、かつては獅子舞と曲芸の双方が行なわれており、その源流の一つは江戸に下った伊勢大神楽であった。

冒頭で、およそ一人立ちのシシは日本土着のシシで、二人立ちのシシは唐獅子であると述べたが、伊勢大神楽には一人立ちの演目と二人立ちの演目とがあって、一つの演目の中で一人立ちから二人立ち、二人立ちから一人立ちへと舞の形態を変化させることがある。ただし、伊勢大神楽の一人立ちは東北地方の鹿踊りの類とは異なって、後持《あとも》ち役が黒子的に舞衣《まいぎぬ》を絞り上げて後方で持つ格好となる。これは、二人立ちの唐獅子が、鈴や御幣《ごへい》、剣などを採るための工夫である。動物的な動きで表現された聖獣が、人が舞うごとき採物舞《とりものまい》を行なうという発想は、師子の渡来時にはなかったものである。また、伊勢大神楽の演目に、散楽《さんがく》系の曲芸が採り入れられていることは特筆に値する。昭和五十六年（一九八一）発行の『月刊文化財』第二〇九号には「とくに放下の芸系を遺す演目は、芸能史的に貴重であり、獅子による曲芸という芸態にも特徴があると認められている」と記された。

大神楽の担い手

現在、伊勢大神楽は、主として、宗教法人・伊勢大神楽講社の人々によって継承されている。伊勢大神楽講社は、三重県桑名市太夫にある増田神社を拠点として、講社長の山本源太夫を筆頭に、森本忠太夫、山本勘太夫、加藤菊太夫、石川源太夫らが率いる五組で構成される。各組は、それぞれの檀那場《だんなば》を旧村単位で回檀しており、その範囲は西日本を中心に、二府十一県（三重・滋賀・福井・京都・大阪・和歌山・兵庫・岡山・鳥取・島根・広島・山口・香川）に及ぶ。山本源太夫組の場合、悪天候による待機日を除いても、年に約三百日は神楽を舞っている。

かつて伊勢大神楽は、現在の本拠である太夫村《たゆう》（桑名市）と、阿倉川村《あくらがわ》（四日市市）の二箇所から出た。太夫村と阿倉川村の太夫は江戸時代から連携しており、明治十三年（一八八〇）には太夫村六組（北勢流）と東阿倉川村六組（南勢流）との間で議定書を取り交わしている。その後、両者は同業組合を設立し、昭和二十九年（一九五四）に宗教法人・伊勢大神楽講社を設立。同年、三重県指定文化財、そして、昭和五十六年（一九八一）には、国指定重要無形民俗文化財となった。

『伊勢参宮名所図会』に「代神楽」と記されるように、伊勢大神楽の来訪は、伊勢神宮への「代参」の意味を持つとも解釈され、内宮の御師《おんし》と結び付いて伊勢信仰の普及に大きく貢献してきた。明治四年（一八七一）に御師制度が廃止されるが、それまでは、神講《じんこう》と呼ばれる十二月二十三日の増田神社の例祭の日に、伊勢神宮内宮の御師、荒木田孫福館太夫が、翌年に各組が配る神札や大麻、伊勢暦などを携えて太夫村を訪れた。

明治初年の御師制度の廃止により、神札の文字が「神宮」から「伊勢大神楽」に変わったが、伊勢大神楽と檀那場との間で何代にもわたって積み重ねられた信頼関係が揺らぐことはなかった。回檀先の人々にとっては、神札の授与もさることながら、「伊勢の太夫さん」の来訪自体に意味があったのである。

山本源太夫組の神札

大神楽『宝永花洛細見図』（国立国会図書館蔵） かつては京都を訪れた伊勢大神楽の一行。諸道具は長持ち（お宮さん）に納められる。笛・太鼓・簓の音に乗せて放下芸を行う。

伊勢大神楽の一日

伊勢大神楽には、「コソギ」と「総舞」という性格の異なる二つの活動が見られる。

コソギ 伊勢大神楽の根幹をなす活動が、コソギ（戸禊）と呼ばれる各戸の御祓《おはらい》である。一行は檀那場に到着すると、各戸で祝詞《のりと》を上げて「竈祓《かまどばらい》」を行ない、戸前で「悪魔祓」の獅子を舞う。現金や米、酒など初穂料の多寡に応じて舞の長さや演目が異なり、獅子が一頭のこともあれば、二頭、時には天狗（猿田彦神）が出ることもある。現在は、主として「剣の舞」や「神来舞《しぐるま》」「四方の舞」などが舞われる。留守宅であっても、多くの場合、玄関先に初穂料が置かれている。このような場合も、もちろん、祝詞を上げて獅子を舞う。一日に百件以上の家々を回るわけであるが、年に一度の来訪にもかかわらず、回檀の道順がすべて頭に入っていることには驚かされる。この順番は人々にとって重要な関心事項で、その後先を争って村内が紛糾した事例も過去にはある。一般に、正月＝獅子舞という思い込みがあるが、伊勢大神楽の来訪の時季は、地域によって異なる。

総舞（総まわし）　コソギを終えると、地域によっては、産土神社の境内などで総舞《そうまい》（総まわし）と呼ばれる行事が催される。およそ「八舞八曲」に大別される伊勢大神楽の演目のいくつかが、次々と披露されていく。すべての演目をこなすとなると、優に四時間はかかるが、通常は一時間から二時間程度におさめられる。

伊勢大神楽の演目を理解するためには、それぞれの演目を「舞」と「曲」との大きく二つに分類するとわかりやすい。おおむね演目名に「舞」と付くものが獅子舞、「曲」と付くものが散楽の流れを汲む放下と呼ばれる曲芸である。「舞」の中には、獅子が聖獣として振る舞う二人立ちの演目と、獅子が鈴や御幣を採って舞う一人立ちの演目がある（同じ演目中でも一人立ちから二人立ち、あるいは二人立ちから一人立ちへと変化する場合がある）。「曲」の中では、基本的には放下師（太夫）が放下をこなして、チャリと呼ばれる道化師役がそれを擬《もど》いて見物人の笑いを誘う。随所に組み込まれる放下師とチャリとの萬歳《まんざい》も、伊勢大神楽の大きな魅力である。概して「舞」は神事的な演目で、「曲」は娯楽的な演目といえよう。また、猿田彦神（天狗）は「舞」と「曲」の双方でたびたび登場し、簓《ささら》や笹を採って獅子と絡む。

神楽囃子は、笛と太鼓、銅拍子《どうびょうし》の音も賑やかに、舞の意味や放下の雰囲気に適応したさまざまな旋律を巧みに組み合わせて構成されている。伊勢大神楽は、年に一度の産土の祭とは異なって、担い手にとっては、一年を通して日々営まれるものである。そのため、極めて長い期間、その芸態や音曲が変化せずに継承されている部分がある可能性が高い。大正十四年（一九二五）の内外蓄音器商会のレコード音源と、現在、奏されている旋律にほとんど違いが見られない。この継承性を、さらに百年、二百年と遡らせることは、さほど無理な想像ではない。森本忠太夫家には、文政十年（一八二七）に記された「草笛大神楽笛ノ覚」が残されている。そこには、現在も使われている旋律の名称も多くある。当時も今と同じ音曲の数々が奏されていたに違いない。

伊勢大神楽は「コソギと総舞」、「舞と曲」というように「祈禱的側面と娯楽的側面」が巧みに織り込まれた芸能である。これは、祭における「神事と神賑行事」の関係に類似する。伊勢大神楽の来訪は「祭」が村にやって来たようなもの、といえようか。明治維新後の欧米化、敗戦、高度経済成長期を経てもなお、何世代にもわたって一行が回檀先から受け入れられるのは、伊勢大神楽が

「剣三番叟」を踏む山本勘太夫（山本勘太夫組提供）

「四方の舞」天狗が鰟を揩って獅子を導く（増田神社）

備える神事的、神賑的側面を内包した祭的な性格も、深く関係していると考えられる。

舞
鈴の舞　四方の舞　跳びの舞　扇の舞　吉野舞
楽々《ささ》の舞　剣の舞　神来舞《しぐるま》

曲
綾採の曲　水の曲　手毬の曲　傘の曲　献灯の曲
玉獅子の曲　剣三番叟　魁曲《らんぎょく》

伊勢大神楽の八舞八曲

産土の祭への影響

地域の人々にとっての伊勢大神楽の初体験は、生まれて間もない乳幼児の頃に、家族によって強行される獅子《しし》噛《かみ》である。大泣きする赤子を、神楽の太夫さんと家の人々とが囲んで笑う、そんな微笑ましい風景がそこに生まれる。この日から、赤子が成人し、大人になって、その子供が獅子と出会う日まで、毎年絶えることなく伊勢大神楽は訪れる。もちろん、大神楽の側でも世代交代が行なわれる。人々の伊勢大神楽に対する信頼と愛着は絶対的である。

伊勢大神楽が、村の宝に表現されることがある。例えば、泉穴師《いずみあなし》神社（泉大津市）の祭に出る明治二十六年（一八九三）製作の「飯之山地車《いいのやまだんじり》」と通称される神饌《しんせん》運搬用の曳車《ひきぐるま》や、平成二十三年（二〇一一）製作の小阪《こさか》（堺市中区）の岸和田型地車には、伊勢大神楽に取材した彫刻が施されている。聖《ひじり》神社（和泉市）の祭では、かつて伊勢大神楽の魁曲《らんぎょく》の練り込みで諸役が宮入りした情景を偲んで、地車を先導する纏《まとい》に伊勢大神楽の獅子を表現する。

伊勢大神楽の芸能自体を産土の神賑に採り入れた祭もある。西代《にしんだい》神社（河内長野市）の青年神楽では、芸態の忠実な模写を目指した。西代の獅子舞は、明治中期に、伊勢大神楽講社に属した伊藤森蔵組（昭和六十年〈一九八五〉十二月に休業し後に廃業）に習ったものである。演目の中に放下芸はなく、獅子が出る演目のみを習得した。この中には、現在は伊勢大神楽では行なわれなくなった芸態も見られる。西代神楽は、神賑一般としての獅子舞といえよう。西代に近い日野（河内長野市）の春日神社で伝承され、明治後期の神社合祀の後は高向《たこう》神社で奉納される獅子舞にも、演目名や一部の芸態に伊勢大神楽の影響が見られる。

無病息災を願って（獅子噛）

地車に施された伊勢大神楽の彫刻（小阪地車）　演目は「神来舞」。彫刻：河合申仁。

西代神楽の「花の舞」　伊勢大神楽の「楽々の舞」にあたる。

大坂三郷と周辺域の夏祭では、伊勢大神楽の芸態や音曲の全部ではなく、一部を採り入れ独自に展開させた。天神祭の天神講（現・天神講獅子）のものは規模が大きい。天神祭の獅子は、阿倉川系伊勢大神楽の藤井宗太夫組から習ったものである。現在は行なわれないが、かつては、獅子が台師の肩に乗る伊勢大神楽の「魁曲《らんぎょく》」に類する演目もあった。天神講は、明治二十三年（一八九〇）の祭から、御祭礼供奉として「幟《のぼり》」「吹貫《ふきぬき》」「獅子舞」を出している。この獅子舞が、伊勢大神楽系のものがどうか断定はできないが、天神祭と伊勢大神楽との接触は、おおよそこの時期であろう。大阪の各社に出る夏祭の獅子舞が天神祭の獅子舞から受けた影響は大きいと思われるが、中には、独自に藤井宗太夫組から学んだ事例もあろう。このような伊勢大神楽の足跡は、各地の祭で発見することができる。泉殿宮《いずどのぐう》（吹田市）では、二階獅子の名称で獅子を肩に乗せる芸態が習得された。伊勢大神楽の影響を受けた産土の獅子は、伊勢大神楽のコソギを真似て、氏地内各戸の御祓を行なうことが多い。天神祭では伊勢大神楽における「鈴の舞」の囃子で各戸を巡る。神社によっては、伊勢大神楽講社とは異なる傍系の人々が祭の手伝いに来て獅子を舞わすこともあった。

以上、我が国における唐獅子の展開について、摂河泉域の獅子と伊勢大神楽を中心に述べてきた。海を渡ってやって来た異国の師子は、長い年月を掛けて、日本各地の祭の中でさまざまな形で応用されてきた。獅子の目的の第一は、その神威を発動させての悪霊調伏《ちょうぶく》であった。神賑一般として舞われる獅子においても、その最大の見せどころは、獅子が激しく暴れる「狂い」であることが多い。獅子に頭を噛んでもらうと無病息災が約束されるのは、このような強い獅子の性格を反映したものである。

また、獅子は、その他の神事や神賑行事の祭具とは異なって「生き物」であるという観点も大切である。

生國魂神社の獅子講　祝儀をいただいた戸前での生玉締め。

大阪天満宮の天神講獅子　獅子・梵天・傘踊り・四つ竹が一体となって演じられる。

第七章

祭のフィールドワーク

第一節　祭の春夏秋冬

四季折々の表情を見せる日本列島。我々日本人は、季節の移ろいに合わせて日々の生活を営んできた。そのため、祭の性格や意味合いも、それが行なわれる季節によって自ずと異なってくる。大まかに分類すると、春季には豊作祈願の祭、夏季には疫病退散の祭、秋季には収穫感謝の祭が行なわれてきた。祭の性格上、春祭と秋祭は農山村部に、夏祭は都市部に多く見られる。季節に関係なく祭神のゆかりの日が祭日となる場合もある。

四季の区分

表は、太陰太陽暦（旧暦）を基本として一年を春夏秋冬の四季に区切り、養老令の神祇令に見られる四時祭と、民間の祭や習俗のいくつかを記したものである。

季節区分には、太陽の運行の基本的な観察から知り得る二至二分（夏至・冬至・春分・秋分）を春夏秋冬の始まりとする方法と、二十四節気の立春・立夏・立秋・立冬を季節の始まりとする方法とがある。前者を仮に「天《てん》文《もん》季節」、後者を「暦《こよみ》季節」と呼ぶとすると、「天文季節」のほうが「暦季節」よりも、実感される季節感に合致する。例えば、太陽高度が最も高い夏至に最も気温が高くなるように誤想されるが、実際には、地表面の熱伝導の時間差などによって、最高気温は夏至の約一か月半後に記録される。これは「天文季節」における「ナツ」の真ん中にあたる。このように、「天文季節」と「暦季節」の両方を用いて、季節から季節への気象変化を連続的でゆるやかなもとして捉えると、祭の季節を考える際に応用が利く。例えば「夏」は、立夏から夏至までの間に徐々に春から夏へと移行し、夏至から立秋までを真夏と捉え、立秋から秋分までの間に徐々に夏から秋へと移行するといった感覚である。

春季の祭

春季の祭は、①「年神祭《としがみ》」、②「豊作祈願祭」、③無病息災を願う「鎮花祭《ちんか》」に代表される。

年神祭

正月は、年神を祀る全国規模の年神祭といえる。一月

	一月	二月	三月	四月	五月	六月	七月	八月	九月	十月	十一月	十二月
季節（天文）	フユ	ハル			ナツ			アキ			フユ	
季節（暦）	春 孟《はじめ》	仲《なか》	季《すえ》	夏 孟	仲	季	秋 孟	仲	季	冬 孟	仲	季
旧暦（新暦）	一月（2月）	二月（3月）	三月（4月）	四月（5月）	五月（6月）	六月（7月）	七月（8月）	八月（9月）	九月（10月）	十月（11月）	十一月（12月）	十二月（1月）
	立春	春分	立夏		夏至	立秋		秋分	立冬		冬至	立春
神祇令祭祀		四日 祈年祭	桜花の散る頃 鎮花祭	四日 風神祭 大忌祭 三枝祭 十四日 神衣祭		十一日 月次祭 晦日 道饗祭 鎮火祭（大祓）	四日 風神祭 大忌祭		十一日 神嘗祭 十四日 神衣祭		上卯 相嘗祭 下寅 鎮魂祭 下卯 新嘗祭	十一日 月次祭 晦日 道饗祭 鎮火祭（大祓）
民間祭祀・習俗	朔日 正月 十五日 小正月					晦日 夏越大祓	七日 七夕 十五日 盂蘭盆会	朔日 八朔 十五日 放生会		上亥 亥の子		晦日 年越大祓

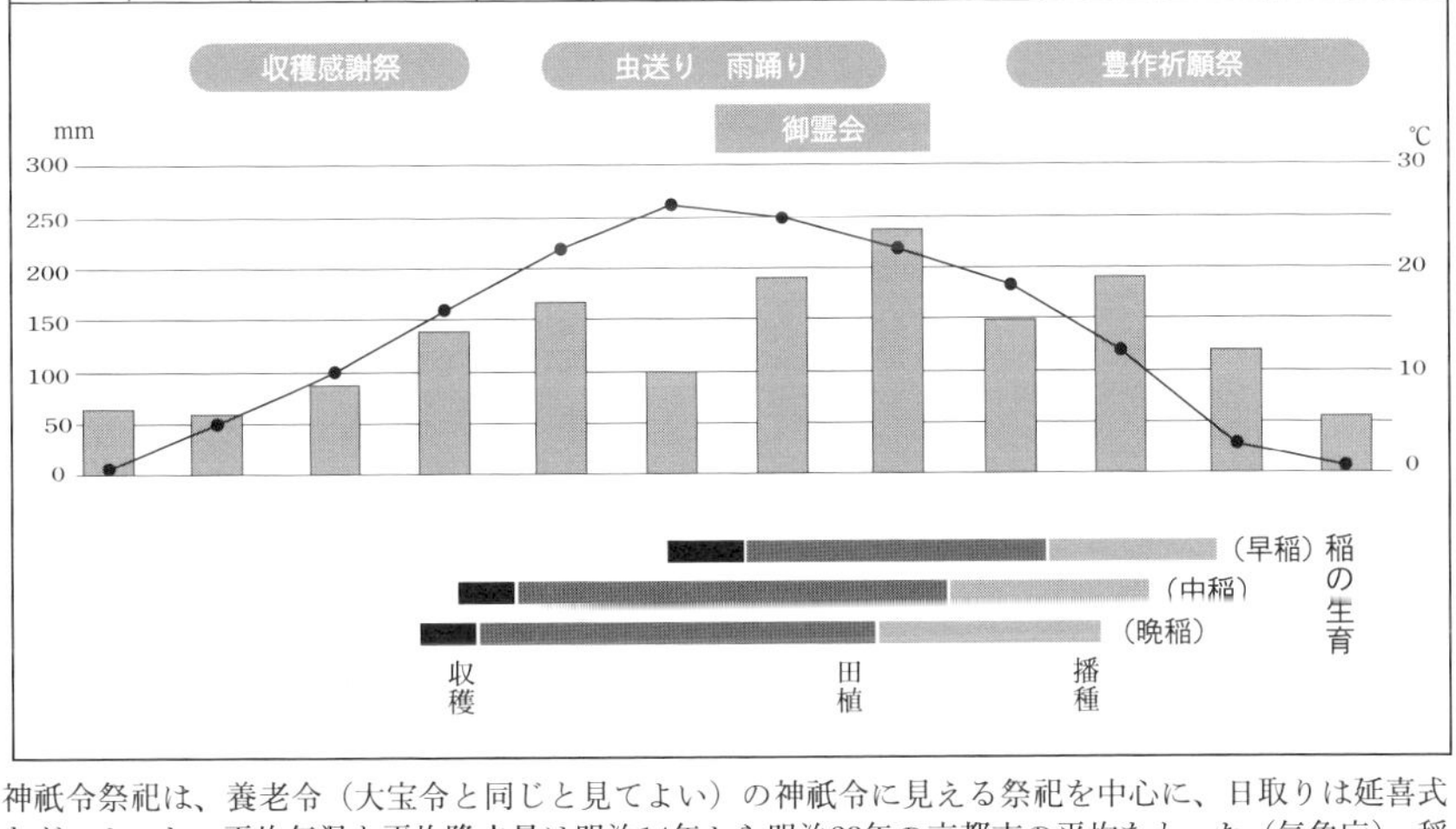

神祇令祭祀は、養老令（大宝令と同じと見てよい）の神祇令に見える祭祀を中心に、日取りは延喜式などによった。平均気温と平均降水量は明治14年から明治23年の京都市の平均をとった（気象庁）。稲の生育期間は『清良記（親民鑑月集）』の記述による。1月1日が立春の年をモデルとした。

季節区分・年中行事対応表

十五日の小正月とその前後には、正月に迎えた年神をカミ送りするためのトンド焼き（左義長）が行なわれる。

豊作祈願祭

小正月には、田の耕作を模して稲の豊作を願う田遊《たあそび》と呼ばれる予祝《よしゅく》神事や、筒粥《つつがゆ》や綱引などによってその年の作況を占う年占《としうら》などさまざまな祭が集中する。国家的な豊作祈願祭としては、旧暦二月四日に祈年祭が執り行なわれた。この祭は、全国の主要な神社（平安時代は延喜式内社三千百三十二座すべて）が、広く神祇官より幣帛《へいはく》の供進《きょうしん》にあずかるものであった。

稲作の事始めにあたっては、田神《たのかみ》が迎えられる。奥能登のアエノコト行事では、前年の旧暦十一月五日に田主の家に迎えられて年越しした田神が、一月九日に再び田に送られた。地域によって時季は異なるが、苗代の水口《みなくち》に御幣《ごへい》などを立てて田神を祀る苗代《なわしろ》祭や、溜池や井堰で水神を祀る水口《みなくち》祭も行なわれる。また、旧暦四月四日には、大和国の龍田《たつた》大社では風鎮めの風神祭《かぜのかみまつり》が、広瀬大社では五穀豊穣を祈る大忌祭《おおいみのまつり》が行なわれた。

鎮花祭

旧暦三月の桜の花が散る頃には、無病息災を願う鎮花祭《はなしずめのまつり》が、大和国の大神《おおみわ》神社と狭井《さい》神社の二社で執り行なわれた。この祭は、季節の変わり目に桜の花片に乗って悪疫が拡散することを防ぐ祭である。今宮神社（京都市北区）などに伝わる「やすらい祭」も、同様の目的の祭と考えられている。

紫野今宮三月十日やすらひ祭『都名所図会』

夏季の祭

夏季の祭は、①農村域の「農耕儀礼」、②都市域の「御《ご》霊会《りょうえ》」の二つに大別できる。

農村域の農耕儀礼

かつて田植えは村全体の共同作業であり、田植歌などを伴って賑やかになされていた。中でも、名主の田圃や神社の神田などで催される大規模な「大田植《おおたうえ》」は、歌舞音曲を伴って、衣装で飾られた代掻《しろか》きの牛や晴着姿の早乙女たちが出て、地域全体の豊作を願って賑やかに催された。このような田植祭では、早乙女を囃し立てる田植囃子が奏される場合と、さまざまな芸能が演じられる場合とがある。

稲の生育に伴って、農作物に付く病害虫を防除する「虫送り」が各地で行なわれた。これは、病害虫の元凶とされた悪霊を村外へ送り出すための農耕儀礼である。人々は、松明《たいまつ》を灯して鉦《かね》や太鼓などを大きな音で囃しながら、藁人形などに悪疫を遷《うつ》して村外に送り、最終的に村境で焼いたり川や海へ流したりした。この藁人形をサネモリ様と呼び、平安時代の武将である斉藤実盛に擬す地域もある。悪疫を域外にカミ送りする行為は、大祓《おおはらえ》や初期の御霊会と概念を一にするものである。

作物の生育には水の確保が大切で、農村域の人々は、天神や高龗神《たかおかみのかみ》、八大龍王《はちだいりゅうおう》や善女龍王《ぜんにょりゅうおう》といった水を司るカミを祀った。また、神馬《しんめ》や絵馬の奉納、雨乞いや雨喜びのための雨踊り、さらには滝壷に鹿の頭骨などの不浄物を放り投げ、龍神の怒りを買って降雨を誘うといった儀礼など、さまざまな方法で降雨を祈った。平安京の神《しん》泉苑《せんえん》は請雨経法《しょううきょうのほう》の祭場でもあった。

蝗逐（むしおい）の図『除蝗録』（国立国会図書館蔵）

都市域の夏祭

都市域の祭は夏季に集中する。これは、古く人口密集域である京都で悪霊退散を願った御霊会が、夏季に多く営まれたことによる。表は、平安時代に京都で営まれた御霊会の日程のいくつかを示したものである。御霊会は、温湿度が高く鴨川の氾濫なども伴って、疫病が蔓延しやすい旧暦五月から六月の夏季に営まれることが多かった。人々は、疫病の原因を悪霊の類に求めた。悪霊には、名もなき疫神をはじめ、政争に敗れて非業の死を遂げた貴人の怨霊、あるいは牛頭天王《ごずてんのう》の祟《たた》りなどがある。このような悪霊も、何度も御霊会で祀られると地域の産土神《うぶすながみ》として鎮まることとなる。そして、臨時の御霊会が毎年恒例の例祭となると、さまざまな神賑行事が発達した。これら疫病退散に験《しるし》のある神々は各地の都市に勧請《かんじょう》され、そこでも夏季に祭が行なわれた。「町の祭は夏祭である」という図式が一般的になると、御霊系の神社でなくとも盛大な神賑行事を伴った夏祭が営まれるようになった。

和暦（西暦）	月日（旧暦）	祭神	祭場
貞観五年（八六三）	五月二十日	六所怨霊	神泉苑
貞観十一年（八六九）	六月七・十四日	疫神	祇園社 神泉苑
天禄元年（九七〇）	六月十四日	疫神	祇園社
正暦五年（九九四）	六月二十七日	疫神	船岡山
長保三年（一〇〇一）	五月九日	疫神	今宮社（紫野）
永承七年（一〇五二）	五月二十九日		花園社

平安時代の御霊会の日取り

六月晦日には、国家的な祭祀として、百官《ひゃっかん》の男女が朱《す》雀門《ざくもん》などに集められて大祓《おおはらえ》が執り行なわれた。平安京の大祓は応仁・文明の乱で中絶したが、各地の産土神社では夏越《なごしのおおはらえ》大祓や年越《としこしのおおはらえ》大祓が広く定着している。茅《ち》の輪くぐりの習慣は『備後国風土記（逸文）』に記された「蘇民将来の子孫であることを述べて茅の輪を腰に付けていれば疫病から免れる」という疫神、素戔嗚尊《すさのおのみこと》に関する故事と、大祓の思想が習合したものであろう。

六月晦日夏越祓之図『諸国図会年中行事大成』

明治期の都市と村落（大日本帝国陸地測量部「大阪近傍図」より作成）　村々は海に浮かぶ島のよう。都市域に人口が密集（右上より平野・大阪・尼崎）。

秋季の祭

秋季の祭といえば、収穫感謝の祭という印象が強いが、秋祭は、①旧暦七月から八月に行なわれる収穫直前の「豊作祈願祭」、②旧暦八月十五日に八幡神系の神社で営まれる「放生会《ほうじょうえ》」、③旧暦九月から十一月に行なわれる「収穫感謝祭」に大別することができる。

豊作祈願祭

豊作祈願の祭は、春季だけではなく初秋にも重ねて行なわれる。旧暦四月四日に続いて旧暦七月四日にも、風神祭と大忌祭が行なわれた。旧暦八月朔日には「八朔《はっさく》」の行事がある。八朔は「田実《たのみ》・田面《たのも》の節句」とも呼ばれ、穂《ほ》掛《かけ》を行なって収穫前最後の豊作祈願を行なった。

放生会

旧暦八月十五日といえば中秋の名月。旧暦では、この日が望月となる。八月十五日の月を芋名月、九月十三日の月を豆（栗）名月と呼ぶことから、畑作物に関する農耕儀礼ともいえる。この日は、各戸に供えられた供物《くもつ》を、子供たちが棒などで突いて自由に盗って歩く「月見泥棒」なる風俗が各地に残る。

八幡神系の神社では、旧暦八月十五日に放生会と呼ばれる法要が営まれた。放生会とは、仏教の不殺生戒に基づく儀式であり、魚鳥などの生き物を池川山林に放ちその供養をするための法要である。各地の神社における旧暦八月十五日の放生会は、石清水八幡宮《いわしみずはちまんぐう》（序章参照）、さらには宇佐神宮の放生会の日取りを継承したものである。

収穫感謝祭

養老令の「田令《でんりょう》」にも、地域の事情に合わせて旧暦九月の中旬から十一月晦日までに田祖《でんそ》を納めるように記されるように、地域や品種によって稲の刈り上げの時期は異なる。そのため、収穫感謝祭の時期も旧暦九月から、冬季の祭ともとれる旧暦十一月まで幅広く分布する。

旧暦九月十七日（現在は新暦十月十七日）には天皇が伊勢神宮に勅使を派遣して新穀を奉る神嘗祭《かんなめさい》が、旧暦十一月下卯日（現在は新暦十一月二十三日）には宮中にて天皇が天神地祇に新穀を奉って自らも食する新嘗祭《にいなめさい》が行なわれる。「嘗」は「アエ」すなわち「饗」の意味で、酒食の饗応を意味する。

摂河泉域の村々では、大坂三郷域の夏祭で流行していた地車を産土の秋祭に曳き出すようになった。現在では、農業に従事する人々が激減し氏子の生業も多様化したため、かつてのような収穫感謝祭の意味は薄れたが、産土神への感謝と報告を行なう貴重な機会として、秋季の祭が広く定着している。

亥の子の藁鉄砲　上神谷（堺市南区）周辺には旧暦10月亥の日に行なわれたイノコが伝わる。子供たちが各戸を訪れ歌を歌いながら藁鉄砲で地面を打つ。関東で十日夜（とおかんや）と呼ばれる行事。石を地面に落とす地域もある。田神のカミ送りとも土竜（もぐら）鎮めとも。能勢地域のイノコも有名。

冬季の祭

冬季の祭は、①秋季と同じ「収穫感謝祭」、②最も太陽の力が弱くなる（この日から日が長くなる）「冬至に関連する祭」、③大祓に代表される「一年の節目の祭」に大別できる。

旧暦十一月下卯日の新嘗祭は、秋季の祭とも冬季の祭とも捉えることができる収穫感謝である。前日の十一月下寅日には、宮中にて鎮魂祭が営まれた。「たましずめのまつり」「たまふりのまつり」とも訓じ、天皇の魂が身体から遊離しないよう、その活力を更新する祭と解される。『儀式』によると、日本神話における岩戸開《いわとびらき》のごとく御《み》巫《かんなぎ》が宇気槽《うけふね》を伏せて上に立ち、矛《ほこ》で槽《おけ》を搗《つ》くこと十度、そのたびごとに木綿を結び、また天皇の御衣《ぎょい》を振るという。その後、御巫や猿女《さるめ》などが舞いをなす。

十二月晦日には六月晦日と同様に、魑魅魍魎《ちみもうりょう》の類が都へ侵入することを防ぐための道饗祭《みちあえのまつり》と、火災の防除を願う鎮火祭《ほしずめのまつり》、そして大祓が行なわれた。

【祭の写真歳時記】◉正月と小正月の祭

一年の作況を占竹《せんちく》への小豆粥の詰まり具合で占う「粥占《かゆうら》神事」。枚岡《ひらおか》神社（1月11日）。

火を焚き上げて年神を送る「とんど祭」。上新田天《かみしんでんてん》神社《じんしゃ》（1月14日）。

拝殿を田に見立てて稲作を模倣し予祝する「御田《おた》植《うえ》神事」。かつては1月13日に行なわれた。杭全《くまた》神社（4月13日）

祭神にちなんで八岐大蛇《やまたのおろち》を表現する。年占の意味もある「綱引神事」難波《なんば》八阪《やさか》神社（1月第3日曜日）。

20年に一度の三ツ山大祭。播磨国の神々、九所御霊《くしょごりょう》、天神地祇《あまつかみくにつかみ》を各山の頂きの祭壇に迎えて、神社に坐《ま》す射楯大神《いたてのおおかみ》、兵主大神《ひょうずのおおかみ》と交歓する。写真は平成25年。射楯兵主《いたてひょうず》神社（4月初旬。20年に一度）。

◉寺院の祭

二十五菩薩の来迎《らいごう》を再現する「万部《まんぶ》おねり」。大念仏寺（5月初旬）。

聖徳太子の御霊を祀る「聖霊会《しょうりょうえ》」。法要と舞楽とが一体となって営まれる。四天王寺（4月22日）。

◉五穀豊穣を祈る春季の祭

田植囃子に乗せて早乙女たちが田植えをする「花田植」。北広島市壬生（6月第1日曜日）。

稲の豊作を願って御田の舞台ではさまざまな歌舞音曲が奉納される「御田植神事」。住吉大社（6月14日）。

「葵祭（賀茂祭）」は五穀豊穣、天下泰平を祈る祭。祭に先立って禊を行なう第59代の斎王代（5月4日）。下鴨神社（5月15日）（太田梨紗子氏提供）。

氏子の女性たちが良縁や子授けを願って手づくりした枕幟《まくらのぼり》が美しい「枕祭」。井関を護る神社の祭。日根神社（5月5日）。

◉御霊会を起源とする夏季の都市祭礼

日本三大祭の一つに数えられる「天神祭」。篝火と提灯、花火で彩られる船渡御《ふなとぎょ》の美。大阪天満宮（7月25日）。

神輿の神幸の日に合わせて33基の山や鉾が出る「祇園祭」。その起源は疫病退散の御霊会。八坂神社（7月17日・24日）。

寺内町、貝塚では古くから布団太鼓が舁き出された。感田《かんだ》神社（7月連休）。

緋色の投頭巾をかぶった願人が乗り込む「生玉祭」の枕太鼓。枠式太鼓台は大阪の夏祭の風物詩。生國魂神社（7月12日）。

かつて大坂三郷の南方域に多く存在した「台舁」と呼ばれる御迎提灯には、京都の御霊会と関連する伝承が多い。西成区の生根《いくね》神社（7月25日）。

「海老江の夏祭」にて、境内で地車を舁き上げるのは、かつて木製の橋を舁いて渡った手法のなごり。海老江八坂神社（7月18日）。

「平野郷夏祭」では、本宮の神幸祭に先立って宵宮の晩に地車が盛り上がる。杭全《くまた》神社（7月13日）。

◉悪風を鎮める風神祭

風神を祀る磯長《しなが》の祭。神幸祭に先立って地車の上では三番叟が踏まれる。科長《しなが》神社（7月下旬日曜日）。

◉田実の八朔

堺の「八朔祭」。布団太鼓が宵宮に境内で一晩を過ごすのは、かつて地車が宮入りした時のなごりであろう。開口《あぐち》神社（9月上旬）。

◉半年を区切る夏越大祓

神輿が大和川を渡って堺の宿院まで渡御する。「住吉祭」で摂河泉の夏祭が締めくくられる。住吉大社（8月1日）。

◉雨乞いと雨喜び

耕作にとって大切な牛を供養する「牛神祭」。夜疑《やぎ》神社（八月七日頃）。

雨乞いや雨喜びの雨踊りに由来するといわれる「上神谷《にわだに》のコオドリ」。桜井神社（10月第1日曜日）。

◉神仏習合の放生会

宇佐では旧暦8月15日の中秋に隼人の霊が宿る蜷貝《にながい》を浮殿から放生した。現在も「仲秋祭」として国東《くにさき》の六郷満山《ろくごうまんざん》の僧侶と共に祭が営まれる。宇佐神宮（10月連休）。

布団太鼓の飾房が力強く揺れる「月見祭」。放生池では稚児が稚魚を放生する。百舌鳥《もず》八幡宮《はちまんぐう》（中秋8月15日近くの日曜日）。

かつて宇佐の放生会に奉納された傀儡子《くぐつ》による舞と相撲が今に伝わる。古要《こよう》神社（10月12日、3年に一度）。

豪快なヤリマワシを決める「岸和田祭」の地車。岸和田では元々は夏祭が盛んであった。現在の日取りは祭神の一柱である八幡神の例祭日に由来する（六覺千手撮影）。岸城《きしき》神社（9月連休）。

◉秋季の収穫感謝祭で繰り広げられる多彩な神賑行事

御迎提灯と神幸祭の幟の大きさから、氏子の産土神に対する思いを知ることができる。池田市の八坂神社（10月22日頃）。

御田《おんだ》で収穫した初穂と共に五穀を神前に奉る「宝《たから》之《の》市《いち》神事」。住吉大社（10月17日）。

扁額を用いて神賑化した豪華で巨大な神額と呼ばれる御迎提灯。原田神社（10月９日）。

オテンサンと呼ばれる唐獅子に産土神の御霊が宿る。原田神社（10月９日）。

生駒山麓の東高野街道沿いには巨大な地車が多く見られる。宵宮の御迎提灯も大きい。北條神社（10月第3日曜日）。

かつて都市部で流行した俄は、現在でも南河内域の祭で見ることができる。建水分《たけみくまり》神社（10月第3土曜日）。

泉南地域ではヤグラと呼ばれる二輪の地車が出る。樽井のものは特に大きい。茅渟《ちぬ》神社（10月連休）。

多くの布団太鼓が出る「秋郷祭」。枚岡《ひらおか》神社（10月15日）。

信太山にある見晴らしのよい御旅所で奉納される伊勢大神楽。平成23年に一時復活した時のもの。聖《ひじり》神社（10月連休）。

久米田池にゆかりのある13台の地車が一堂に会する「行基参り」。太鼓の音が境内に鳴り響く。久米田《くめだ》寺《じ》（10月連休）。

地車同士を当て合うカチアイの瞬間。緊迫した空気が張り詰める。大津神社（10月連休）。

◉祭を盛り上げる見物の群衆

山全体が桟敷となる圧巻の御旅山《おたびやま》。神輿や屋台が揉み合うと歓声で山が鳴動する。松原八幡神社（10月15日）。

海浜部が埋め立てられた大阪湾岸では、神輿の「浜降り」は珍しい。波太《はた》神社（10月連休）。

◉神饌を調理しカミとヒトが共食《きょうしょく》する直会《なおらい》

飯山《いいのやま》と呼ばれる神饌を運ぶ地車様式の曳車。撤饌の後は甘酒にされ氏子たちに振る舞われる。泉穴《いずみあな》師《し》神社（10月連休）。

収穫感謝の喜びを表現した神輿型神饌「瑞饋御《ずいきみ》輿《こし》」。北野天満宮（10月4日）。

多武峰《とうのみね》の秋の収穫を仏式で整えた「百味御食《ひゃくみのおんじき》」。嘉吉祭《かきつさい》に供される。談山《たんざん》神社（10月第2日曜日）。

潔斎した宮座の人々によって丁寧に調理される「御饗《おきょう》神事」。翌日に直会が営まれる。海老江八坂神社（12月15日）。

◉冬季の祭

毎年約二か月をかけて御假殿を新築する「御祭《おんまつり》」。松葉葺が特徴的。春日若宮神社（12月17日）。

ヤッサイホッサイの掛け声で火渡りをして戎神のカミ迎えを再現する。石津太《いわつた》神社（12月14日）。

一年の回檀を終えた「伊勢大神楽」の一行は、例祭の翌日に舞と放下の総舞を披露する。増田神社（12月24日）。

三番叟を踏む山本勘太夫。「伊勢大神楽」には散楽の流れを汲む放下と呼ばれる曲芸が今に伝わる（山本勘太夫提供）。

◉天然素材と職人の技が支える日本の祭

欅《ケヤキ》の原木から切り出し加工された無数の部材を組み上げる匠の技。上町（岸城神社氏子）の岸和田型地車。大工：植山工務店。主彫刻師：開正藤、開生珉。太鼓・鉦：太鼓正《たいこまさ》。

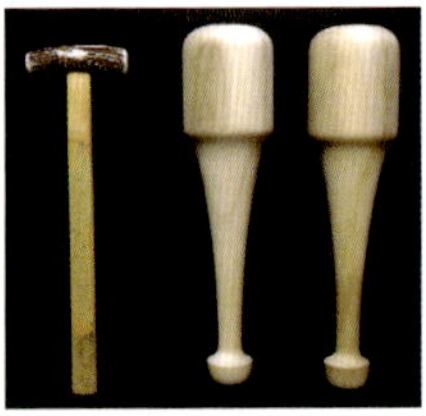

祭囃子に笛と太鼓は欠かせない。笛は女《め》竹《だけ》、太鼓は欅と牛皮からつくられ、桴《ばち》は桐や檜など、鉦を打つ撞木《しゅもく》の頭には鹿角が用いられる。篠笛・撞木・桴：民《たみ》の謡《うた》。

精細で躍動感あふれる地車彫刻。場面は大坂の陣にて奮戦する薄田隼人。
宮本町（岸城神社氏子）の地車。彫刻：河合申仁（賢申堂）。

第二節　祭案内記（全三十八篇）

●粥占《かゆうら》神事　枚岡《ひらおか》神社　東大阪市

一月十一日（旧暦一月十五日）

小正月には粥占や綱引などの年占《としうら》や、年神《としがみ》送りのトンド焼き（左義長）が各地で行なわれる。枚岡神社の粥占は古くから知られ、『河内名所図会』にも描かれた。祭場となる御竈殿《おかまでん》には、宮司をはじめ神職四名と総代代表四名が着座。総代四名は十二月二十五日（旧暦時は一月八日）に行なわれる注連縄《しめ》掛《かけ》神事（お笑い神事）の日に籤《くじ》引《びき》で決定する。米五升と小豆三升を入れた大釜に、それぞれが五十三品の作物に対応した長さ五寸の女竹《めだけ》五十三本を束ねた占竹《せんちく》を沈める。斎火《いみび》は火鑽具《ひきりぐ》を用いた原始的な手法で熾《おこ》し、小さな火種を慎重に杉葉に移して息を吹き込んで炎に育てる。釜から湯気が立ち上がると大祓詞《おおはらえことば》が繰り返し奏上され、あたりには香ばしい匂いが漂ってくる。竹穴への小豆粥の詰まり具合が豊凶の指標となる。竈《かまど》に入れた樫の若木十二本の焦げ具合によって一年十二か月の天候も占われる。年占の結果が示された占記《せんき》は十五日に配られる。同様の神事は近隣の恩智《おんぢ》神社（八尾市）

米	糯米	麦	雑
（早稲・中稲・晩稲）［あげの山田　あげの中田　下のふけ田］3種×3地域＝9種	（早稲・中稲・晩稲）［あげの山田　あげの中田　下のふけ田］3種×3地域＝9種	（早麦　中麦　遅麦　大麦　小麦）5種×1地域＝5種	大豆　小豆　大角豆　空豆　粟　黍　蕎麦　大根　胡麻　芋　薩摩芋　瓜類　菜種　赤綿　青綿［あげの畑　下の畑］15種×2地域＝30種　合計53種

風　上旬　中旬　下旬　黒線は雨、「風」は風強しの意。

占記の翻刻と読み方

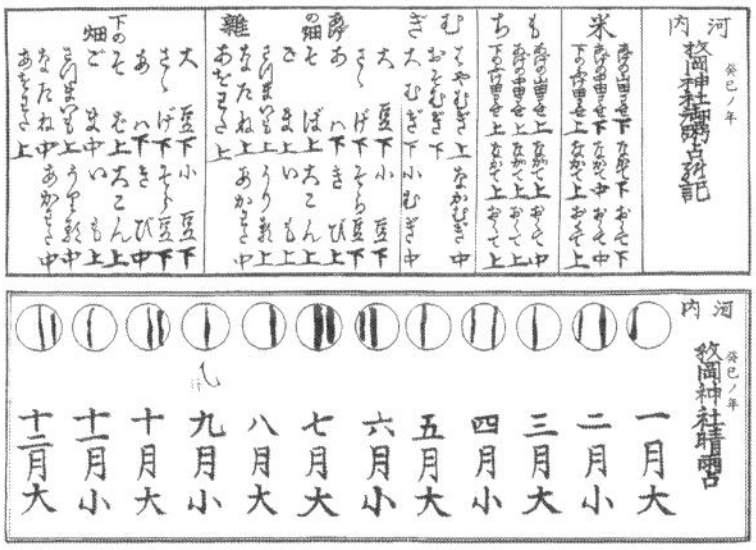

平成25年の占記（枚岡神社）

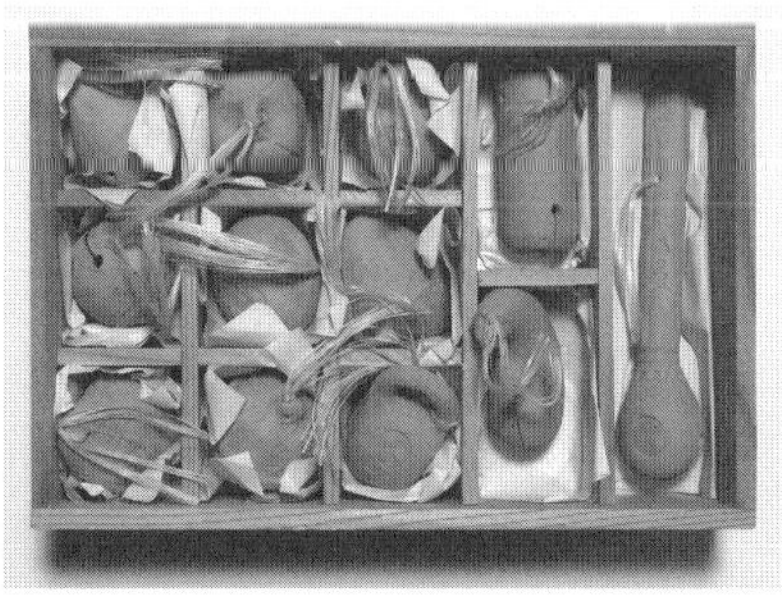

鈴の宮・蜂田神社（堺市中区）の鈴占（すずうらない）神事の土鈴（筆者蔵）　節分に12種の土鈴の音色で一年を占う。

にも伝わる。

●御田植神事《おたうえ》　杭全神社《くまた》　大阪市平野区

四月十三日（旧暦一月十三日）

杭全神社の御田植神事は、拝殿の床を田とみなして一連の耕作を模倣し稲の豊作を予祝《よしゅく》する「田遊《たあそび》」と呼ばれる形式。翁面《おきなめん》を掛けたシテ方は「今日は当社権現の御田《おんた》植《うえ》にて候。めでたく御田《おんた》を植《う》ようと存ずる。世の中の良ければ、ほながの尉《じょう》も、たーれたれ」などと言祝《ことほ》ぎ、鍬《くわ》入《いり》、苗代の水口《みなくち》切り、牛面《うしめん》と着ぐるみで人が扮した牛に唐鋤《からすき》を曳かせての苗代掻《なわしろか》き、田均《たなら》し、そして籾種蒔《もみだねま》きと、次々に稲作の所作が演じられる。次に、人形（次郎坊）を襷《たすき》で背負う男性（太郎坊）と早乙女二人が登場し、次郎坊は箸を使ってモッソウ（御飯）を食べさせてもらったり、裾をまくって小便をさせられたりする。終局は、次郎坊を負ぶった太郎坊が早乙女二名と共に苗に見立てた松を植え付けていく。平野郷《ひらのごう》では杭全神社の夏祭の他、二十五菩薩の来迎《らいごう》がきらびやかな大念仏寺《だいねんぶつじ》の「万部《まんぶ》おねり」など、多様な祈りのかたちを見ることができる。

●聖霊会舞楽大法要《しょうりょうえぶがくだいほうよう》　四天王寺　大阪市天王寺区

四月二十二日（旧暦二月二十二日）

聖徳太子の命日を偲んで行なわれる四天王寺の聖霊会は、六時堂《ろくじどう》前の大きな石舞台が主たる祭場となる。舞台の四隅に立てられた大きな赤い曼珠沙華《まんじゅしゃげ》の造花と、左方・右方それぞれの伶人《れいじん》が楽《がく》を奏する楽舎の横に据えられた大きな鼉《だ》太鼓がひときわ目を惹く。舞楽は三方楽所《さんぽうがくそ》の一つ天王寺楽所の流れを汲む雅亮会《がりょうかい》が継承。六時堂内の中央には、聖徳太子の楊枝御影《ようじのみえい》が掛けられた宮殿、左右には仏舎利を納めた玉輿《ぎょくよ》と太子像を納めた鳳輦《ほうれん》（共に鳳輦型神輿）が据えられ、御供所《ごくしょ》から六時堂へと供物《くもつ》が次々と伝送される。聖霊会は、四箇法要《しかほうよう》（唄匿《ばいのく》・散華《さんげ》・梵音《ぼんのん》・錫杖《しゃくじょう》）を核として、さまざまな儀礼が舞楽・管絃と一体となって営まれるのが特徴で、獅子に先導された道行《みちゆき》に始まり、清祓《きよはらい》の鉾を振る「振鉾《えんぶ》」、太子の御霊《みたま》を呼び覚ます「蘇利古《そりこ》」、伎楽《ぎがく》の舞ともとれる「菩薩」と「獅子」、子供たちの姿が愛らしい「迦陵頻《かりょうびん》」と「胡蝶《こちょう》」などの舞楽が石舞台の上で繰り広げられる。舞楽は国指定重要無形民俗文化財。青空が広がる大伽藍の中心で厳粛に進められる大法要は、古代の難波《なにわ》の都の息吹を感じることができる貴重な祭である。

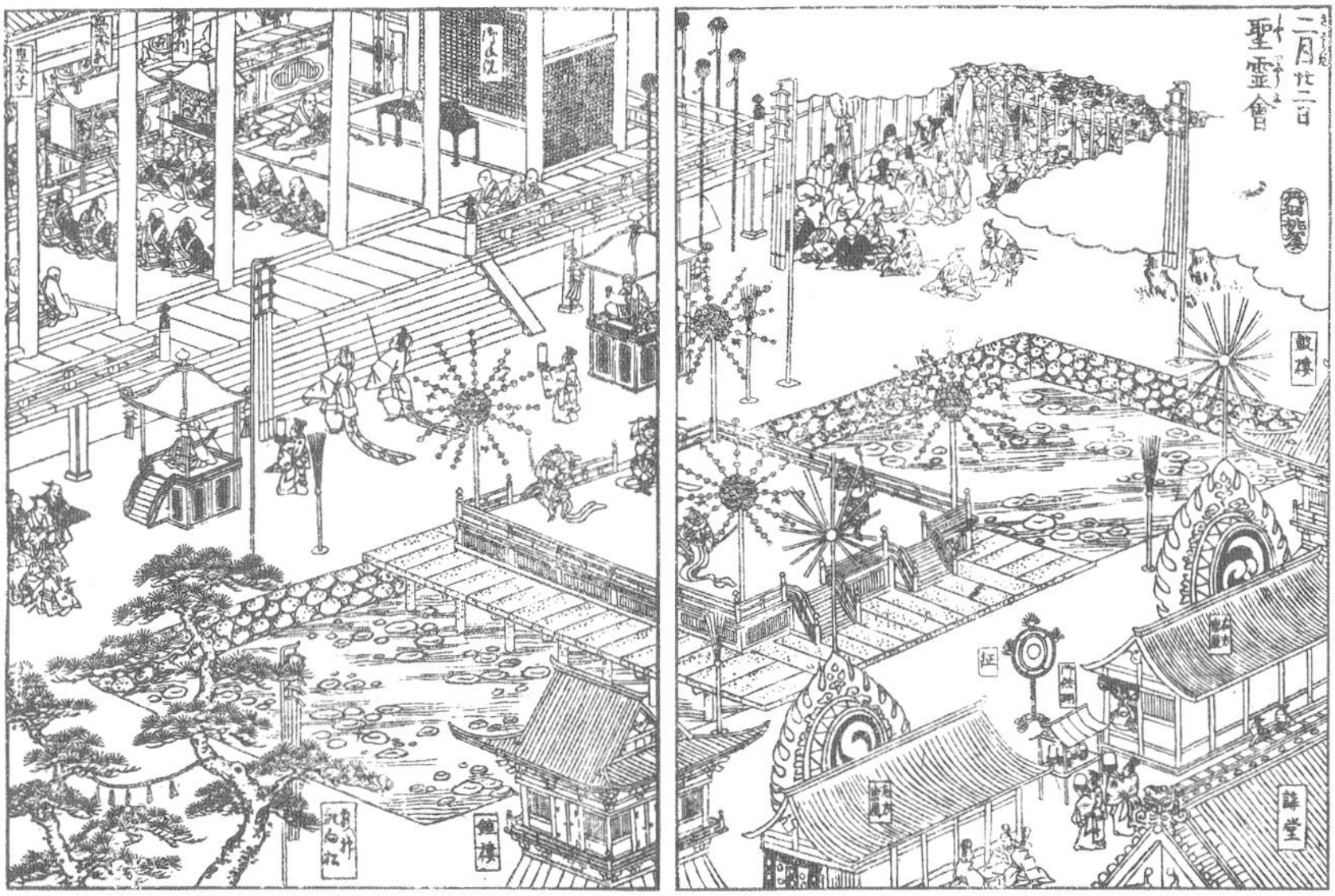

二月廿二日聖霊会『摂津名所図会』　法要の構造は神社の祭と同じ。六時堂内に宮殿と輦輿が据えられ、御供棚には供物が見える。中央の石舞台では舞楽が奉納されている。

●葵祭《あおいまつり》　上賀茂神社・下鴨神社　京都市

五月一五日（旧暦四月中酉日）

上賀茂・下鴨両社の賀茂祭は、奉仕者や祭具が双葉葵《ふたばあおい》を桂の葉に絡ませた葵桂《あおいかつら》で飾られることから葵祭と呼ばれる。十五日に御所《ごしょ》から下鴨・上賀茂両社へ向かう王朝絵巻のごとき艶やかな衣装の行列がよく知られ、特に十《じゅう》二単《にひとえ》の斎王代《さいおうだい》に注目が集まる。斎王はカミに仕える御杖《みつえ》代《しろ》の役割で、未婚の内親王《ないしんのう》などが務めた（現在は一般から選ばれる斎王代）。この行列は朝廷から両社に奉る幣物《へいもつ》と祭文《さいもん》を運ぶ勅使行列で（路頭《ろとう》の儀）、神社に到着すると幣物の奉奠《ほうてん》と祭文の奏上が行なわれる（社頭《しゃとう》の儀）。これに先立つ五月十二日には、上賀茂神社では神社北部の御《み》阿礼所《あれどころ》から新たにミアレ（御生）したカミを迎える御阿礼神事が、下鴨神社では比叡山西麓の御蔭山《みかげやま》からカミを迎える御蔭祭《みかげまつり》が行なわれる。『秦氏本系帳』には、六世紀、欽明天皇の御代に賀茂神の祟《たた》りによって国中が天候不順となったおり、占いによって四月の吉日を選び馬に鈴を掛けて人に猪頭をかぶせて馳せ駆けさせたところ、護国成就天下豊年となった、と記される。葵祭は豊穣を祈る祭である。鴨氏との関係が深い秦氏の祭である稲荷祭と松尾祭でも、双葉葵が象徴的に用いられる。

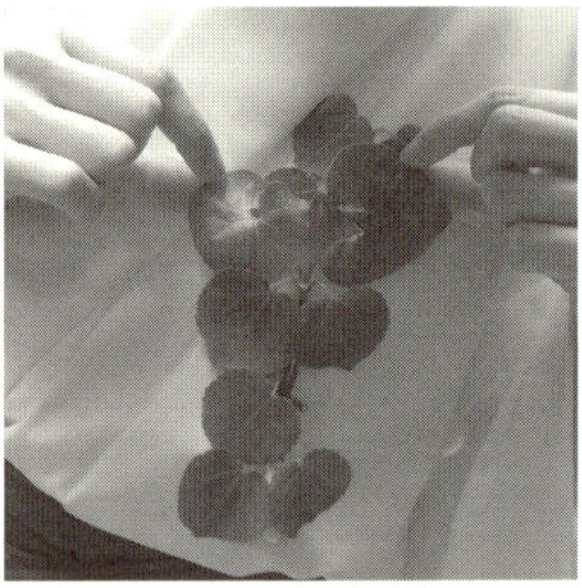

葵桂（上：御蔭祭、下：松尾祭）

●**枕祭**《まくらまつり》　日根《ひね》神社　泉佐野市

五月四・五日（旧暦四月二日）

日根神社の祭は枕祭と呼ばれ、長さ五メートルほどの太い青竹で組まれた幟《のぼり》の支柱に二十数個の鮮やかな飾枕《かざりまくら》が二列に積み上げられる美しい枕幟《まくらのぼり》が出る。枕の側面には、地元の女性たちが良縁や子授を願って手づくりした押絵風の装飾が施される。飾枕は、枕幟の最下部に据えられた二俵の米俵を模したものであろう。五日の本宮には日根野・上之郷・長滝から三基の飾枕が宮入りし、神幸祭《しんこうさい》では五社音頭（伊勢音頭）を唱和しながら神輿に付き従う。枕幟は神幸列に加わる各村の幟が神賑化したものであろう。五社音頭の名称は、日根神社が和泉国五社に列したことに由来する。日根神社は日根荘《ひねのしょう》の産土《うぶすな》で大《おお》井関《いぜき》大明神とも呼ばれた。その名の通り樫井川から域内への取水口に鎮座しており、境内には井《ゆ》と呼ばれる水路が流れる。枕幟の下部の俵は水を堰き止める蛇籠《じゃかご》にも見える。枕祭は田植前の水口祭であろうか。

●**御田植**《おたうえ》**神事**　住吉大社　大阪市住吉区

六月十四日（旧暦五月二十八日）

御田《おんだ》と通称される住吉大社の御田植神事は、注連縄《しめなわ》で結界された約二反の神田《しんでん》で行なわれ、約八石の収穫がある（国指定重要無形民俗文化財）。御田の中央には芸能を披露するための舞台が組まれる。大田主が田に御神水を注いで田を清め、萌葱《もえぎ》色の水干《すいかん》に花笠をかぶった植女《うえめ》から替植女《かえうえめ》（早乙女）に苗の受け渡しが行なわれると、赤の飾幕と黄色の綿の造花で化粧を施された斎牛《さいぎゅう》が博労《ばくろう》に曳かれて代掻きを始める。神楽女《かぐらめ》による田舞《たまい》、芸妓が務めた神田代舞《みとしろまい》、鎧兜《よろいかぶと》をまとった武者による風流武者行事、子供たちが紅白に分かれての源平棒打《ぼううち》合戦、女児による田植踊りと住吉踊りなどさまざまな芸能が披露され、その間に粛々と田植えが行なわれる。田舞の神楽歌は平安時代まで遡ることができる古歌であり、田植歌は周辺農村域で継承されてきた作業歌。住吉踊りは、大社の宮寺の社僧が諸国を巡って行なった芸能で「住吉さまの　いやほえ」の囃子詞《はやしことば》が特徴的。僧服姿の童女が大傘の周りを団扇《うちわ》を採って飛び跳ねる。かつては呪師《じゅし》や猿楽、田楽も行なわれた。新暦十月十七日（旧暦九月十三日）には、収穫された稲穂を神前に奉る収穫祭（宝之市《たからのいち》神事）が執り行なわれる。

田楽法師による田楽『住吉名勝図会』　笛と拍板（びんささら）の音に乗せて、刀玉や高足などの曲芸が演じられる。大津（泉大津市）には、住吉大社や春日大社の祭に奉仕した田楽法師が住んだ。

●祇園祭　八坂神社　京都市

七月十七・二十四日（旧暦六月七日・十四日）

日本を代表する祭である祇園祭は神賑行事の歴史も古く、山鉾の原型は室町時代の応仁・文明の乱（一四六七〜一四七七）以前にすでに見える。各地の祭に与えた影響も大きい。一般に山鉾とひとくくりで表現されるが、山と鉾とは異なる。鉾は洛中洛外に多く分布する剣鉾が神賑化したもので、さまざまな人形が乗る山は、趣向を凝らした風流《ふりゅう》と呼ばれる意匠の工夫が固定化したものであろう。一か月にわたってさまざまな神事が執り行なわれるが、よく注目されるのは、山鉾の巡行と提灯に彩られた宵山であろうか。宵山は、各山鉾の会所《かいしょ》で山鉾の懸装品の数々をじっくりと堪能できる機会で、浴衣姿の老若男女が町へと繰り出す。「コンチキチン」の透明な祇園囃子の音色は、夏の暑さの一時の涼である。駒形提灯も御迎《おむかえ》提灯の一種であろう。七月十七日の前祭《さきのまつり》には二十三基、二十四日の後祭《あとまつり》には十基の山鉾が出る。大通りでの辻回しを見聞した頃には暑さにばてて帰路に着く人も多いが、夕刻からの神輿渡御《みこしとぎょ》が大切。前祭と後祭は、神輿三基の神幸祭と還幸祭《かんこうさい》の日取りであり、山鉾巡行は、その日に合わせて行なわれる神賑行事。主祭神の素戔嗚尊《すさのおのみこと》はインドの牛頭天王《ごずてんのう》と同一視され悪霊退散に強い神威を発揮した。祇園祭の起源は疫病退散の御霊会《ごりょうえ》である。

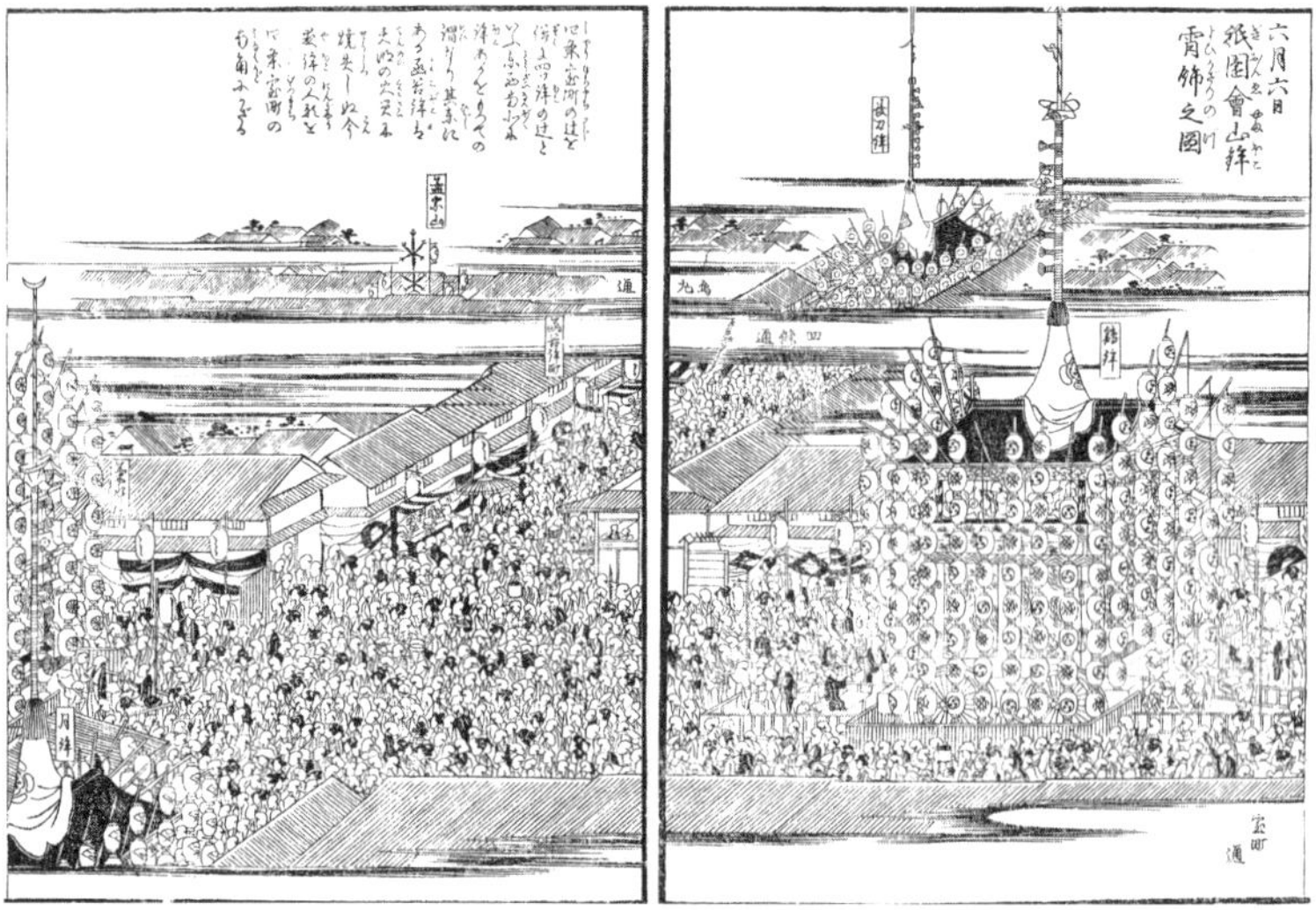

六月六日祇園会山鉾宵飾之図『諸国図会年中行事大成』

●平野郷《ひらのごう》夏祭　杭全《くまた》神社　大阪市平野区

七月十二・十三・十四日（旧暦六月十四日）

環濠都市、平野郷の産土である杭全神社には牛頭天王が祀られ、夏祭が盛大に行なわれる。十三日の宵宮とその前日には、九台（野堂東組・野堂町南組・野堂北組・流町・市町・脊戸口町・西脇組・泥堂町・馬場町）の地車が曳き出され、屋根の上で御幣《ごへい》を振る青年や、「マエマエ」の掛け声で前倒されてじりじりと回転する地車など独特の乗りで賑やか。各地車は宵宮の晩に宮入りする。かつては境内で一晩を過ごして翌朝に曳き出した。十四日の本宮は猿田彦が先導する厳粛な神幸祭で、神輿役は氏子九町で持ち回る。宵宮の地車で弾けていた若者が実直に神輿を舁《か》き、平野の町を開発した坂上家の庶流、七《しち》名家《みょうけ》の菩提寺ほか郷内全域を巡る。太鼓台は神輿に先行。化粧を施した眉目良き敲児《たたきこ》（乗子《のりこ》）が緋色《ひいろ》の投頭巾《なげずきん》をかぶって太鼓を打つ。これに先立つ十一日には神輿を平野川の水で清める足洗《あしあらい》神事が環濠の入口の一つ樋尻口で行なわれる。平野郷の祭は、古式に則った神事が継承されていれば、神賑で多少のはめをはずしても祭全体の秩序は保たれるという好例である。

● **生玉祭《いくたままつり》**　生國魂《いくくにたま》神社

七月十一・十二日（旧暦六月二十九日）　大阪市天王寺区

生國魂神社は『日本書紀』にも見える古社で、生島神《いくしまのかみ》・足島神《たるしまのかみ》を主祭神として祀る。元々は上町台地の北端に鎮座したが、豊臣秀吉による大坂城築造に伴って現在地へと遷座《せんざ》した。例祭は九月九日の重陽《ちょうよう》であるが、氏子たちが最も盛り上がるのは夏祭。本宮には、御鳳輦が大阪城大手門付近の元宮と本町橋付近の行宮《あんぐう》（御旅所）まで神幸。本宮と宵宮の夕刻から境内で行なわれる獅子・神輿・枕太鼓による「お練り」には、近郷近在から多くの見物人が集まる。枕太鼓の動きは特に激しく、ドンと横倒しに放り投げられるさまは衝撃的。采配に先導された獅子には、扇を持った子供たちが踊りながら連なっていく。獅子の笛は大阪の夏祭に一般的な音曲で、その出自は伊《い》勢大神楽《せだいかぐら》。この旋律は、生玉さんの氏地である島之内出身の大栗裕が、昭和三十一年（一九五六）に指揮者、朝比奈隆の渡欧に際して「日本」を意識して作曲した管弦楽曲「大阪俗謡による幻想曲」に採り入れられており、祭関係者以外にも広く知られている。

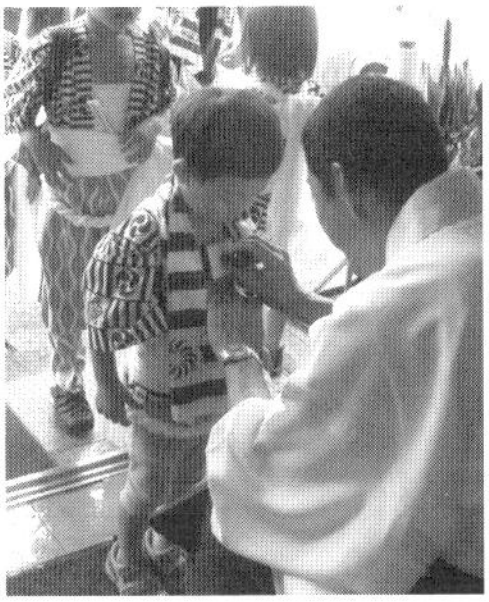

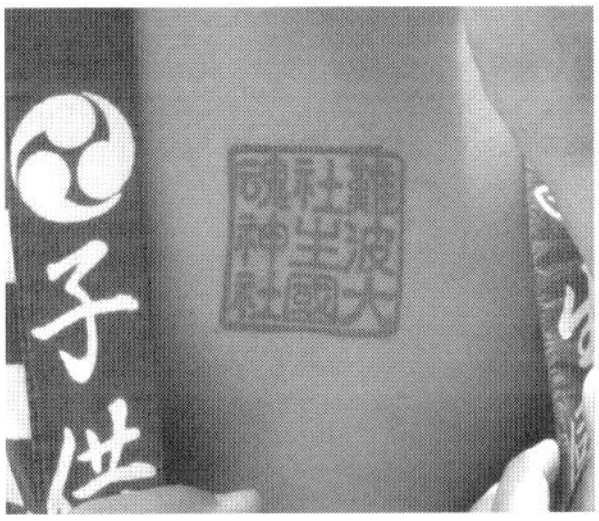

生玉さんの御朱印　疫病退散を願って「難波大社生國魂神社」と記された朱印を胸や頬にいただく。

● **天神祭**　大阪天満宮　大阪市北区

七月二十四・二十五日（旧暦六月二十五日）

本宮二十五日の夕刻からは、夜空に花火が咲く天神祭の賑わいを見ようと、浴衣姿の老若男女で市内の電車は埋め尽くされる。大川には、道真公の御霊を乗せた奉安《ほうあん》船《せん》と各講による供奉船《くぶせん》、そして一般の奉拝船《ほうはいせん》など百艘以上の船が行き交って、町全体が振動するほどの活気で満ち溢れている。夜空に上がる花火が美しい。天神祭の全体像を一回で把握することは難しいが、道真公の御霊とそれに供奉する人々の大移動と捉えればよい。『芦の若葉』には、鳳《おおとり》神輿に道真公が、玉《たま》神輿には法性坊《ほうしょうぼう》（尊意）が乗るとある。尊意は道真の怨霊を鎮めたという故事が残る十三代天台座主で、明治の神仏分離以前は、この二基が神幸列の中心であった。現在は御鳳輦が列次の核をなす。御旅所は、かつては大川の下流にあったが、地盤沈下のために船が橋をくぐることができなくなり、昭和二十八年（一九五三）からは大川の上流へと船渡御《ふなとぎょ》を行なっている。往古は、鉾を流して御旅所を決めたという（昭和五年〈一九三〇〉に鉾流《ほこながし》神事として儀礼を復活）。神賑行事の担い手は町ごとの地縁的な集団の他に、職業的なつながりの講も多い。現在は、催《もよおし》太鼓を出す太《たい》鼓中《こなか》や、地車《だんじり》を出す地車講《じぐるまこう》をはじめ三十ほどの講がある。境内には講ごとに当屋《とうや》が設けられ、各講の間では「打ちましょ」の掛け声で手締め（手打ち）が交わされる。地車囃子の鉦の音が「ヂキヂンヂキヂンヂキヂン」と、けたたましく鳴り響いている。

●地車《だんじり》の舁《か》き上げ　海老江《えびえ》八坂《やさか》神社　大阪市福島区

七月十七・十八日

大坂三郷に隣接する海老江八坂神社の夏祭には、東西南北四町から一台の枠式太鼓台と三台の地車が出る。地車の屋根の上で逆立ちをして足を前後に広げる荒技は海老江独特のもの。宵宮と本宮の晩には四町が宮入り。境内では、「ヨイヨイ　ソラガシタ」の掛け声で担棒《にないぼう》に肩を入れ、なんと、地車が地面から持ち上げられて宙に浮く。これは、江戸期に地車を舁き上げて橋を渡ったなごりであろう。この時の独特の太鼓の旋律と掛け声（「ヨイトマカセ」）は、各地の太鼓台や地車、台舁《だいがく》にも見られる。掛け声の出自は、土木作業のヨイトマケ（滑車をよく巻けの意）と思われる。江戸期の橋は木造であるから、地車を曳いて渡ると敷板を痛め、場合によっては橋そのものの破損につながる。綱を握る多数の曳手の重量も無視できない。享保十年（一七二五）六月二十日には「ねり物地車公儀橋へ引掛申間敷事」という達しが出されており（『大阪市史』第三）、天保三年（一八三二）六月十九日には、修理を終えた天満青物仲間の地車が天満に戻る際に、地車を舁き上げて天神橋の渡橋を試みたが、橋が崩れて地車が転落する事故が起こった（「近世後期大坂における市場社会と民衆世界」）。『摂陽奇観』巻之五十六には「地車大川筋天神橋之上手舁いたし渡掛ル折柄過チ取落候」とある。灘地域（神戸市）で地車の担棒を張菜棒《ちょうさいぼう》と呼ぶように、担棒は「チョウサするための棒」、すなわち地車を舁き上げるためのものであった。

●玉出《たまで》のだいがく　生根《いくね》神社　大阪市西成区

七月二十四・二十五日

旧・勝間《こつま》村玉出に鎮座する生根神社（主祭神・蛭児命《ひるこのみこと》）の夏祭では、上部の意匠が京都の祇園祭の曳鉾に瓜二つの、ダイガクと呼ばれる高さ約二十メートルの巨大な御《お》迎《むかえ》提灯が境内に立てられる。「台舁」の文字があてられるように、往時は大人数で舁き上げられて氏地を練った。宵宮と本宮には、夕刻より太鼓が打ち鳴らされて、境内に「だいがく音頭」が鳴り響く。「チェーサジャ　ヨイヤサジャ」の囃子詞は、かつて台舁を舁いた時の掛け声のなごりであろう。台舁を起こす際などに用いられる細綱もチョウサと呼ばれる。提灯の壁がぐんぐんと回転させられると、舁棒に乗った子供たちは舁棒《かきぼう》を踏み鳴らして台舁を揺さぶる。上部のヒゲコに吊るされた鈴がシャンシャンと鳴る。この大きな台舁は境内に据え置かれたままであるが、中台舁と子供台舁は実際に舁かれている。台舁は、かつては木津や難波《なんば》、大坂三郷南方域の祭に多く出て、文楽や歌舞伎の「夏祭浪花鑑」にも登場する夏祭の風物詩であった。生根神社の台舁は昭和四十七年（一九七二）に「大阪府指定有形文化財民俗資料」第一号に指定された。

大坂三郷	地車の渡橋時の囃子
海老江	地車の舁き上げ時の囃子
平野郷	布団太鼓と台舁が要所で使用
百舌鳥	布団太鼓が要所で使用
岸和田	地車の納庫時のしまい太鼓
貝塚	布団太鼓が要所で使用

ヨイトマケの用例　掛け声と太鼓が同時に、時に太鼓のみが、舁手（かきて）が力を入れる際に用いられる。「ヨイヨイヨイ　ヨイトカマセ（ドンドンドン　ドンドコドンドンドン）」。土搗（どつき）の掛け声がその言葉と旋律の出自であろう。

掛け声

チョウサ（ジャ）・ヨウサ（ジャ）

神輿・台舁・太鼓台・地車の掛け声

物の名称

張菜棒（ちょうさいぼう）

灘地域の地車の担棒の名称

チョウサ

瀬戸内域の布団太鼓本体の名称

チョウサ

台舁に掛けられた細綱の名称

チョウサの用例　重量物を運ぶための掛け声。『花洛細見図』『都林泉名勝図会』『皇都午睡』などには建仁寺開山の栄西禅師が重量物を運ぶ際に自らの名を掛け声とさせたとある。現在の京都の神輿の掛け声は「ホイト」が主で、神輿を据える際に「ヨウサ」となる。

●貝塚の太鼓台　感田《かんだ》神社　貝塚市

七月連休の土・日曜日（旧暦六月十四日）

貝塚御坊・願泉寺《がんせんじ》を中心に寺内町《じないまち》を形成した貝塚では、少なくとも享和元年（一八〇一）以前から産土・感田神社の祭に複数台の太鼓台が出た。現在、泉州域のほとんどの神賑が地車となる中、一貫して布団太鼓を舁き出している。夏祭であるのは当地が町場として栄えていた証でもあり、天照皇大神《あまてらすおおみかみ》、須左之男大神《すさのおのおおかみ》、菅原道真公が祀られる。「石山の秋の月　牡丹に唐獅子竹に虎　虎追うて走るは和藤内　ベーラベーラ　ベラショッショ」といった尻取歌を唱和しながら七台の布団太鼓が舁き巡り、神社前では七台揃って練り合う。日曜日には各町へ神輿が神幸する。泉州域では、港町として栄えた佐野浦の春日神社の夏祭にも布団太鼓が出る。

●船型《ふながた》曳車《ひきぐるま》と三番叟《さんばそう》　科長《しなが》神社　太子町

七月二十四から三十日までの土・日曜日（旧暦六月八日）

多くの陵墓がある磯長《しなが》の地、旧・山田村に鎮座する科長神社には、風神である級長津彦命《しながつひこのみこと》と級長津姫命《しながつひめのみこと》が祀られる。このあたりは風の通り道で、竹内街道を通って金剛山地を越えた大和国には、律令時代に風神祭が営まれた龍田《たつた》大社がある。これは農作物の生育に被害を与える悪風の防除を願うものであった。このため、山田は農山村域ではあるが、夏季に盛大な祭が行なわれる。祭には、二台の船型曳車（東條・後屋）と三台の地車（西・永田・大道）が出る。ここで船型曳車が登場するのは、当地の神功皇后生誕地伝承に関係があろう。宮入り道中はゆっくりとした囃子で伊勢音頭が唱和されるが、境内ではそれまでの雰囲気が一変。空を覆い尽くすほどの紙吹雪が宙を舞って「オータ　オータ」の掛け声も勇ましく地車が所狭しと暴れ回る。鳥居をくぐることができるぎりぎりの高さで、かつてはその姿を一層大きく見せるために宮入り後に屋根を迫《せ》り上げるカラクリが使用された。派手な神賑の一方で、神輿の出立前には籤《くじ》で選ばれた村の若者が装束を整えて、地車前部に組まれた舞台上で「おおさいや〳〵　喜びありや〳〵」の囃子詞で三番叟を踏む。大道の地車は大阪府下で製作年代がわかる最も古い地車で、「文化四年（一八〇七）　細工人小松源蔵」と記された銘札が残る。

●**住吉祭**　住吉大社　大阪市住吉区

七月三十・三十一日・八月一日（旧暦六月晦日）

大阪の夏祭は住吉祭で締めくくられる。七月三十一日の例祭には、茅《ち》の輪をくぐる夏越祓《なごしのはらえ》神事が行なわれる。八月一日が神幸祭。紀州街道を南下して堺の宿院《しゅくいん》にある頓宮《とんぐう》（御旅所）まで神輿が神幸。街道の両側には延々と注連縄が張られ白い紙垂《しで》が風にたなびき、そこがカミの道であることを示している。大和川の付け替えで堺の側に流路が変わったのは宝永元年（一七〇四）。現在は、大和川の中州で住吉側の舁手《かきて》と堺側の舁手で神輿の担い手が交替する。夕刻、神輿が到着すると頓宮境内にある飯《いい》匙堀《がいぼり》にて荒和大祓《あらにごのおおはらえ》神事が行なわれる。頓宮は明治初年に和泉国一之宮の大鳥大社の御旅所にもなっており、七月三十一日には大鳥神社の神輿も渡御する。七月第三月曜日の海の日（旧暦時は六月十四日）は、神輿洗《みこしあらい》神事。現在は、汐汲船《しおくみふね》で大阪湾の沖合まで海水を汲みに出て潮掛《しおかけ》道《みち》で神事を行なうが、かつては住吉の浜で潮掛を行なった。この日の海水は広く大阪湾岸の人々に住吉の御湯《おゆ》として親しまれ、浜の水に足を浸けて無病息災を願う信仰があった。

汐汲船（大阪湾沖合）

●**八朔祭**《はっさくまつり》　開口《あぐち》神社　堺市堺区

九月十二日までの金・土・日曜日（旧暦八月一日）

堺の南組の開口神社と北組の菅原神社の八朔祭には布団太鼓が出る。八朔とは田実《たのみ》とも呼ばれ、旧暦八月朔日に稲の豊作を願う農村域の風習。開口神社は平安時代後期に三ケ村の産土が合祀され三村宮《みつむらぐう》とも呼ばれた。八朔祭は、それ以前からの風習であろう。十二日が例祭、十三日には田実神事が執り行なわれる。江戸期には祇園祭と同じような曳車が出た。『道祖神勘定帳』（『開口神社史料』所収）には、市之町《いちのちょう》の曳鉾は元禄期から曳き出されたとあり、文政十年（一八二七）には京都の鉾町に図引《ずひき》の依頼をし、より大きな曳鉾を新調したと記される。開口神社の神幸祭が描かれた江戸期の絵馬にも、鉾を立てた四台の曳車が見える。地車も多く出たが、明治二十九年（一八九六）の住吉祭に曳き出した地車同士の喧嘩騒動によって曳行が禁止され、以後、堺の祭では布団太鼓が神賑の練物の中心となった。現在、宮入り後に提灯や幕で飾り付けられた仮蔵で布団太鼓が宿直するのは、地車の宮入りの形態のなごりであろう。

昭和初期の大小路鉾（『開口神社と堺』より）
堺市博物館には、空襲の焼失を免れた胴掛幕などをもとに復元した大小路鉾が展示されている。

●上神谷《にわだに》のコオドリ　桜井神社　堺市南区

十月第一日曜日

上神谷にはコオドリ（鼓踊り）と呼ばれる芸能が伝わる。元々は鉢ケ峯寺《はちがみねじ》村の国《くに》神社に伝わる雨乞いや雨喜びの雨踊りであったが、明治期に国神社が片蔵の桜井神社に合祀されてからは桜井神社の秋祭に合わせて奉納される。冒頭では、赤の投頭巾をかぶって紋付姿で軍配を採る新発知《しんぼち》（子供が務める）によって口上が述べられる。数十本のヒメコ（紙の飾花）を挿《さ》した竹籠を背負った赤鬼神・黒鬼神と、三尺棒を採る赤天狗・黒天狗を取り巻いて、一文字笠をかぶった紋付姿の囃子方《はやしかた》が音頭に合わせて太鼓を打ちながら優雅に踊る。雨踊りは、かつてはどの村でも行なわれていたと思われるが、現存する地域は多くない。和泉葛城山の山頂に鎮座する八大龍王社（高《たか》龗《おかみ》神社）のものは同じ形態の雨踊りで、現在は八月十四日に塔原《とのはら》（岸和田市）にある弥勒寺境内で奉納される。盆踊りとして行なわれる近隣の土生《はぶ》（岸和田市）の鼓《こ》踊りも雨踊りが起源であろう。

葛城踊り（岸ぶら提供）

土生の鼓踊り（岸ぶら提供）

●放生会《ほうじょうえ》（仲秋祭）　宇佐神宮　大分県宇佐市

十月連休の土・日・月曜日（旧暦八月十五日）

放生会とは、仏教の不殺生戒に基づく儀式であり、魚鳥などの生き物を池川山林に放ちその供養をするための法要である。『八幡宇佐宮御託宣集』によると、養老四年（七二〇）に起きた大隅・日向両国における隼人の反乱の鎮圧に対して神亀元年（七二四）に、「隼人の霊の鎮魂のための放生会を行なうべし」との託宣があったとある。

かつては旧暦八月十四日に周防灘の和間浜《わまのはま》へと八幡神が渡って、十五日には入江に突き出て設けられた浮殿《うきでん》から、僧の読経に乗せて隼人の霊が宿る蜷貝《にながい》が海へと放生された。往時の法要は、細男舞《せいのおまい》、傀儡子舞《くぐつまい》、伎楽《ぎがく》、二十五菩薩の舞楽などが伴って荘厳を極めた。現在は、仲秋祭として十月に斎行。土曜日に八幡神を乗せた神輿が数時間をかけ地元の小学生による道楽《みちがく》を伴って神幸し、日暮れ前に和間浜の浮殿に到着する。出迎えの中には国東六郷《くにさきろくごう》満山《まんざん》の僧侶もいて、神仏習合時代の姿を彷彿とさせる。翌日の放生式では、神職の祝詞と僧侶の読経を伴って蜷貝が海へと放たれる。八幡古表《はちまんこひょう》神社（福岡県吉富町）や古要《こよう》神社（大分県中津市）には、傀儡子による神舞《かみまい》や神相撲が継承されている。放生会が旧暦八月十五日とされたのは、大潮に乗せて御霊会のごとくカミ送りするためであろう。和間浜は大祓の祭場でもあった。放生会は、都近くの男山《おとこやま》に勧請《かんじょう》された石清水八幡宮《いわしみずはちまんぐう》でも貞観五年（八六三）から営まれている。石清水八幡宮の荘園の拡大に伴って各地に八幡神が勧請されると、旧暦八月十五日の放生会という慣例も各地に広まった。誉田八幡宮《こんだはちまんぐう》（羽曳野市）では月遅れの九月十五日に放牛橋の先にある誉田《こんだ》御廟山《ごびょうやま》古墳（応神天皇陵）の濠端《ほりばた》まで神輿の神幸がある。

●和泉国五社放生会《ほうじょうえ》　和泉国総社《そうじゃ》　和泉市

旧暦八月十五日

和泉国の総社は八幡神を祀る泉井上《いずみいのうえ》神社の境内にあって、和泉国五社、すなわち大鳥《おおとり》大社（堺市）、泉穴師《いずみあなし》神社（泉大津市）、聖《ひじり》神社（和泉市）、積川《つがわ》神社（岸和田市）、日《ひ》根《ね》神社（泉佐野市）の御霊が分祀されている。元禄九年（一六九六）成立の『泉邦四県石高寺社旧跡幷地侍伝』には、かつては旧暦八月十五日の中秋に五社それぞれから「御輿渡御」と「飯乃山御供《いいのやまごく》」があり、「渡物《わたしもの》」も繰り出して放生会が営まれたと記される。「飯乃山御供」とは祭に供された神饌《しんせん》であり、泉穴師神社の祭では、現在も飯《いいの》山《やま》の調理が継承されている。「渡物」の詳細はわからないが、何らかの神賑行事が行なわれたであろう。積川神社には「永正八年（一五一一）八月十　積川神社宝」と墨書された古い鳳輦型神輿が伝わる。神幸祭に先立って潮《しお》掛《かけ》も行なわれた。江戸期に入って総社への渡御は行なわれなくなったが、各々の祭では現在も神輿が出る。和泉国一之宮から五之宮までの神輿の存在は、各領域の産土社の祭にも影響を与えたであろう。

なお、和泉国五社放生会は、現在では行なわれていないが、参考のためにここに記した。

●岸和田祭　岸城《きしき》神社　岸和田市

九月連休の土・日曜日

岸和田の地車はとにかく走る。その中でも人々を惹きつけてやまないのがヤリマワシ。ヤリマワシとは、辻に高速で地車を曳き入れ直角に方向転換をして走り抜ける荒技である。勢い余って電柱や民家に突っ込むことがし

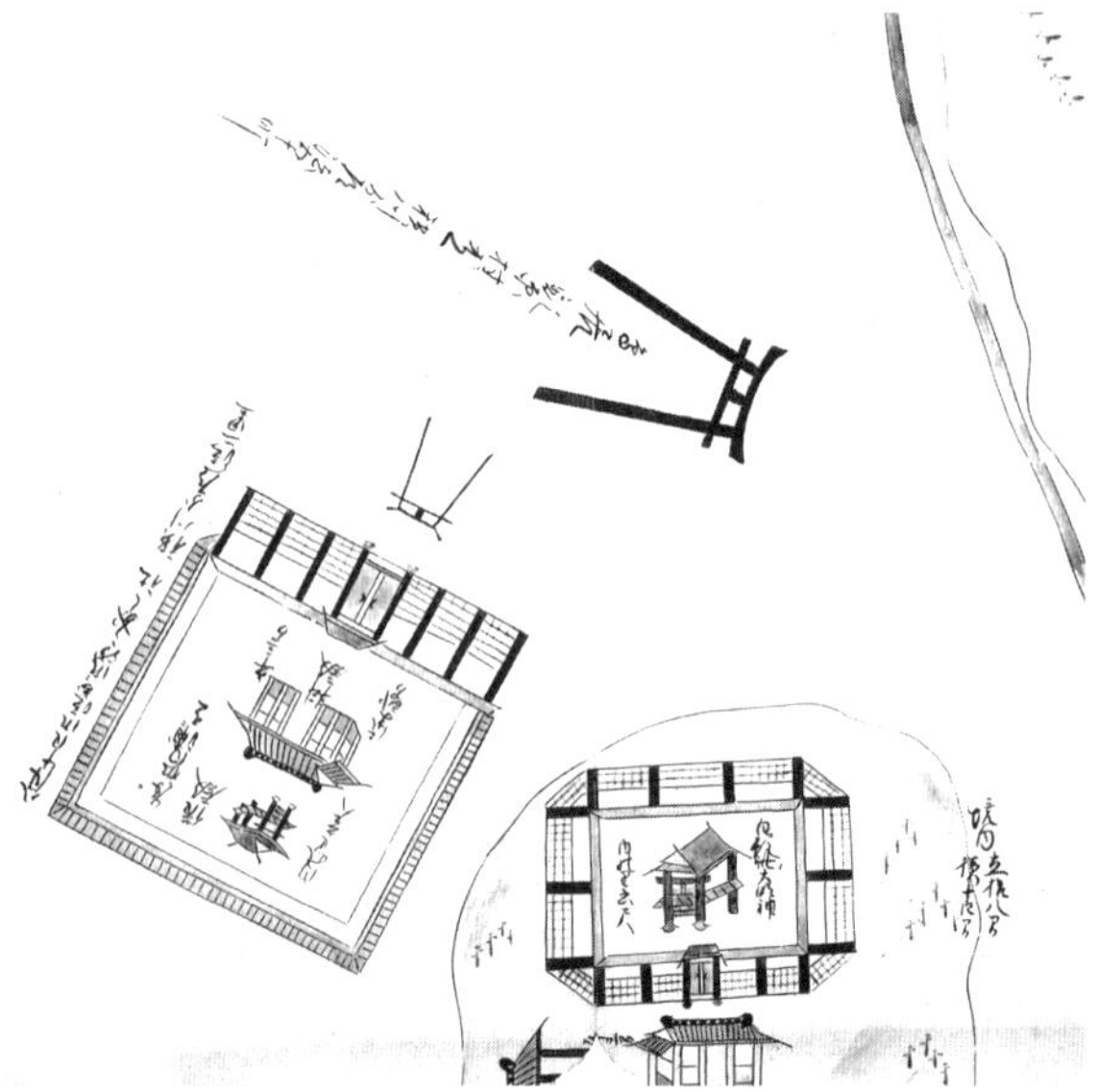

積川神社境内古絵図（積川神社蔵）「借殿岸和田浦ニ在」と記された社が描かれる。潮掛を行なったとある。

ばしばであるが、これは、もちろん曳手にとっては耐えがたい汚点で、何より地車自体に傷がつく。地車には、随所に精細で躍動感が溢れる彫刻が施されている。「ソーリャ」の掛け声も勇ましく綱を前方に曳く青年団ほか小中学生の男女、前梃子役や後梃子役、そして笛や太鼓の鳴物の心が一つになって初めて美しいヤリマワシが決まる。松製のコマが地面と摺《す》れて焦げる香りを残して地車が目の前を通りすぎる。この一連の動きを統御するのが、屋根に乗る大工方《だいくがた》で、団扇《うちわ》をはたいて後方の舵取役に、その方向や加減を瞬時に伝える。これは、古く川御座船《かわござぶね》の操舵法を再現したもので、吹散《ふきちり》（吹流《ふきながし》）を風になびかせて疾走する地車の姿は、その出自である御座船が川面を滑る姿そのものである。岸城神社への宮入りでは、宮本町、上町、五軒屋町を筆頭に、全十五台の地車が、この年一番のヤリマワシを目指してコナカラ坂を上がる。神社に至るまでの城周《じょうしゅう》は、ゆっくりと進み、伸びやかな笛と太鼓の音が美しい。夜は、昼間の喧噪とは打って変わって約二百個の紅提灯に彩られた地車がゆっくりと練る。岸城神社の主祭神は天照皇大神《あまてらすおおみかみ》・素盞鳴尊（牛頭天王）・品陀別命《ほんだわけのみこと》（八幡神）の三柱。牛頭天王は京都の祇園社から勧請したもので、岸和田祭の神賑行事の始まりは祇園祭や天神祭と同じく疫病退散の夏祭にあった。当初は大坂三郷域の夏祭の影響を受けて太鼓台やさまざまな形態の曳車、獅子舞などが出た。現在の九月十五日の例祭は、八幡神の旧暦八月十二日の例祭日を約一か月ずらして引き継いだもの。現在は、岸和田城下三郷（村方・町方・浜方）の十五台の地車に加えて、岸和田天神宮氏子の六台、弥栄《やえい》神社氏子の一台、合計二十二町で岸和田地車祭礼年番が組織されている。

●月見祭　百舌鳥《もず》八幡宮《はちまんぐう》　堺市北区

旧暦八月十五日直近の土・日曜日（旧暦八月十五日）

大仙《だいせん》古墳（仁徳天皇陵）をはじめ多くの古墳と共に鎮座する百舌鳥八幡宮。旧暦八月十五日に例祭を行なうことから月見祭と呼ばれ、直近の土日には多くの布団太鼓が出る。土曜日には、宮本の赤畑を一番に九台の布団太鼓が「ベーラ　ベーラ」の囃子詞を伴った尻取歌《しりとりうた》を唱和しながら長い参道を宮入りし、境内に設けた仮蔵にて一晩を過ごす。翌日は布団太鼓の宮出し。急な石段を慎重に下って長い参道をゆっくりと帰って行く。大きな飾房《かざりぶさ》がゆっさゆっさと揺れるさまが力強く美しい。日曜日には稚児《ちご》たちが境内の放生池《ほうじょういけ》に稚魚を放生する。

●オテンサンの獅子祭　原田神社　豊中市

十月一～十日（旧暦九月一日～）

原田神社の秋祭は十日間にわたって行なわれ、オテンサンと呼ばれる獅子がカミの依代《よりしろ》とされる。オテンサンとは、原田神社の主祭神である牛頭天王（素盞嗚尊）を指す。獅子の頭部は、本来は鬣《たてがみ》の表現であるはずの紙垂《しで》を梵天《ぼんてん》のごとく巨大化させ、異形の姿でカミを体現する。祭の期間中、オテンサンは境内の御旅所に安置され、各村は日替りで提灯を携えて「ヨーイサジャ」の掛け声で獅子を迎えに行く。迎えられた獅子は各戸を訪れて御祓《おはらい》をし、会所《かいしょ》にて舞《まい》をなす。御旅所への帰路は、道の両側に人垣をつくって全速力で獅子を追い立ててカミ送りする。九日の宵宮には、旧九ケ村から布団太鼓や地車、蠟燭に火を灯した神額《しんがく》（扁額《へんがく》型御迎《おむかえ》提灯）などさまざまな神賑の練物《ねりもの》が宮入りする（かつては全村の練物がカミ迎えの神額であった）。すべての練物が境内に揃うと石舞台にてオテンサンが舞う。その後、各村の若者たちは提灯を手に採って、「オー」という警蹕《けいひつ》のごとき音声を発しながら荒れ狂うオテンサンを追い立て社殿へとカミ送りする。獅子と御迎提灯（台額《だいがく》）が出る同形態の祭が、近隣の八坂神社（豊中市）でも行なわれる。

●神田祭《こうだまつり》　八坂神社　池田市

十月二十二日頃の土・日曜日

猪名川《いながわ》中流域左岸の旧・神田《こうだ》村に鎮座する八坂神社の秋祭は神田祭と呼ばれる。宵宮には額灯と呼ばれる扁額《へんがく》型御迎《おむかえ》提灯が、本宮には大幟《おおのぼり》が、旧・六ケ村から宮入りする。額灯はカミ迎えの神事が、大幟は神幸列に加わる各村の幟が神賑化したものであろう。境内に整然と掲げられた大幟は社叢《しゃそう》の緑と相まって美しい。幟に記された文字に「八坂神社」「素盞嗚尊」「牛頭天王」などさまざまな同義の表現があるのが面白い。神輿を先導する太鼓台には切妻造《きりづまづくり》起破風《むくりはふ》の屋根が設けられている。本殿を囲う木製の塀には、祭の日に限って二十四孝《にじゅうしこう》の欄間《らんま》彫刻がはめ込まれる。

天井から吊るされる筒守　木津の台舁にも見られた。かつて祇園祭の菊水鉾の稚児や大船鉾の神功皇后像にも掛けられた。弘化4年（1847）の坐摩社の祭に渡邊村から出た豪華な布団太鼓には「銀作り羅紗の守」が吊るされていた（『近来年代記』）。大坂型地車の後部にも必ず掛けられる。

●摂河泉随一の巨大地車《だんじり》　北條神社　大東市

十月第三土・日曜日

生駒山麓の東高野街道沿いの祭に出る地車は他地域と比べて巨大なものが多く、しばしばゴム手袋をした若者が屋根に乗り込み電線を持ち上げる姿が見られる。北條神社の祭には、北之町、中之町、辻之町、東之町、四條之町の五台の地車が出る。日曜日の「四条ふるさとまつり」のパレードでは北条五町に野崎第一、野崎第二、中垣内、寺川の地車が加わり、計九台の地車が野崎参道商店街で一堂に会する。東高野街道にずらっと並ぶ巨大地車の姿は圧巻。地車の前部の左右には、襦袢《じゅばん》に相撲の化《け》粧《しょう》褌《まわし》という独特の出で立ちの笹振《ささふり》が乗る。当地は村相撲が盛んであった。土曜日に境内に立てられる御迎《おむかえ》提灯も大ぶり。

地車のコマと車軸　生駒山麓には大阪随一の大きさを誇る地車が多いが、いまだ木製の車軸を用いて摩擦を低減するためにトリモチを使う地車がある。

●秋郷祭《しゅうごうさい》　枚岡《ひらおか》神社　東大阪市

十月十四・十五日

河内国一之宮の枚岡神社は元春日《もとかすが》と呼ばれ、中臣氏の祖神の天児屋根命《あめのこやねのみこと》と比売御神《ひめみかみ》ほか二柱を祀る。年間を通してさまざまな神事が執り行なわれるが、氏子たちが最も熱くなるのが秋郷祭。現在は出雲井・鳥居、額田、宝箱、豊浦、喜里川、五條、客坊、河内、四条、松原の十ヶ郷から大小二十三台もの布団太鼓と三台の地車が出る。布団太鼓は「チョーサジャ」の掛け声も勇ましく、緑の社叢に緋色の布団が映えて美しい。十五日の本宮には、神輿が東高野街道の一の鳥居まで神幸し各郷の布団太鼓と合流する。現在は多くの太鼓台が出る秋郷祭であるが、大正三年（一九一四）の近鉄奈良線（当時の大阪電気軌道）の敷設によって地車の宮入りが困難となる以前は、地車が多く出た。参道の下に据えられる文久二年（一八六二）製作の豊浦の巨大地車はそのなごりである。

●地車俄《だんじりにわか》　建水分神社《たけみくまり》　千早赤阪村

十月第三土・日曜日

千早赤阪村に鎮座する建水分神社は、千早赤坂村、河南町、富田林市までまたがる広大な氏地を有する。土曜日には、二基の古墳がある比叡前《へのま》と呼ばれる神輿の御旅所に、約二十台の地車が集まる。地車の曳き入れ順は、およそ水利慣行の序列が基本となるようだ。すべての地車が揃うと俄が始まる。欄干に片脚を掛けて拍子木を打ち「とざーい（東西）とざい。とざいとざいとはー鳴物をばー打ち鎮めーおきまして」といった口上で幕を開ける。語尾を長く伸ばす語り口調が独特で、身振り手振りを交えて声高らかに詠い上げられる。芝居は迫真の演技と独特の言いまわしで見物人を惹き込むが、終局は「はてな　はてな　はてわかった！」といった文言を合図に「藁を取ってきて笑いをとる」「親の頭に沢庵を乗せて親孝行」といった本編の脈略を完全に無視した駄洒落や語呂合を用いた突然のサゲ（オチ）で締めくくられる。この部分が狭義の俄といえよう。道中は「ヨッサイコーリャ」の囃子詞で流行歌の替え歌などがテンポよく歌われ、お洒落に着飾った女性たちが団扇《うちわ》を採って飛び跳ねる。地車を飾る提灯は、青や赤、白や桃色など派手な色が好まれる。建水分神社とともに楠木氏の崇敬が篤かった美《み》具久留《ぐくる》御魂《みたま》神社（富田林市）も水神を祀って下水分社と通称された。こちらの祭でも、十数台の地車が宮入りして神体山《しんたいさん》にある本殿に向かって俄を行なう。

水分	「政権交代」
森屋	「ごくせん」
川野辺	「バスストップ」
二河原辺	「帰ってきたエロ息子」
桐山	「みかん狩り家族の絆」
芹生谷	「金山古墳の頂上」
中	「辰五郎外伝 寛永寺騒動」
寛弘寺	「サイコロ仁義」
神山	「ツインタワー」
白木	「浪花の光」
長坂	「神田祭　吉五郎　義侠伝」
今堂	「シャイボーイ」
南別井	「学生編」
北別井	「鳴り物」
寺田	「おさん寒太郎」
南加納	「河内のがしんたれ」
北加納	「酒」
東板持	「兄弟」
下河内	「虫騒動」

建水分神社氏子による奉納ニワカの演題　平成21年の演題。この年に俄を行なわなかった地車については、平成21年までの直近の情報を示した。

●急坂の宮入り　聖《ひじり》神社　和泉市

十月連休の土・日・月曜日

葛《くず》の葉伝説で有名な信太山《しのだやま》に鎮座する聖神社の秋祭には、山麓の熊野街道沿いに発達した宮本・幸・上・上代・王子・葛の葉・太・富秋・尾井の九郷から地車が曳き出される。日曜日、宮入り道中の約五百メートルの急坂では、曳手は力の限りを尽くして綱を曳く。近年、すべての地車が岸和田型となったが、この時ばかりは昔ながらの囃子を奏する。御旅所は見晴らしのよい場所にあって、地車越しに遠く大阪湾を望む光景は壮観。山を下りた神輿は各郷を訪れ接待を受ける。神社への還幸は夜中になるが、神輿の四方に張られた晒《さらし》は腹帯によいとされ、子や孫の安産を願う人々が境内で神輿を待つ。

白木（河南町）の地車　稲掛けの間を地車を揺らしながらゆっくりと練る。

●飯之山地車《いいのやまだんじり》　泉穴師《いずみあなし》神社　泉大津市

十月連休の土・日曜日

和泉国五社の一つである泉穴師神社の秋祭には、飯之山地車と呼ばれる曳車が出る。これは神饌を運ぶための車で、御簾《みす》の奥には円錐状の伏籠《ふせご》に盛られた蒸飯《むしめし》（飯山《いいのやま》）が据えられている。撤饌《てっせん》の後、この飯から甘酒がつくられてお下がりとなる。屋根の四方に唐破風を設けたこの曳車は、明治二十六年（一八九三）に地車大工によって製作された。飯山神饌《いいのやましんせん》の調理は宮本の豊中が頭屋《とうや》制で担当する。かつては旧暦八月十五日に和泉国五社それぞれから府中の総社の放生会に献饌されたものであったが、現在は泉穴師神社のみに伝わる。神輿は穴師小学校に隣接する公園（往時は参道の馬場先）まで神幸する。神幸列は四台の地車（豊中・池浦・我孫子・板原）を先頭に飯之山地車が続き、猿田彦と唐獅子、日月旗《にちげつき》や四神旗《しじんき》、御矛《おんほこ》や御楯《おんたて》などで威儀が整えられる。

●地車《だんじり》のカチアイ　大津神社　泉大津市

十月連休の土・日曜日

大津神社の祭では、地車同士を当て合うカチアイが見られる。接触部は、前方で停止した地車の後梃子《うしろでこ》と後方から突進してくる地車の前部。そこには分厚い当板《あていた》が据えられているので地車が潰れることはないが、一瞬の気のゆるみが地車の大破や大怪我につながるので、カチアイの直前には緊迫した空気が張り詰める。後方地車の全力疾走の曳綱《ひきつな》は、進行方向に直角する細い路地へと吸い込まれる。綱先の子供たちも要領を心得ており、路地で綱が団子になることはない。地車がドンと当たるとズンという衝撃波が見物する我々にも伝わってくる。見事カチアイが成功すると、大歓声が湧き起こって玉突きのごとく前方の地車が発進する。泉州域の地車のほとんどが岸和田型となる中、大津は古い型式を保っている。

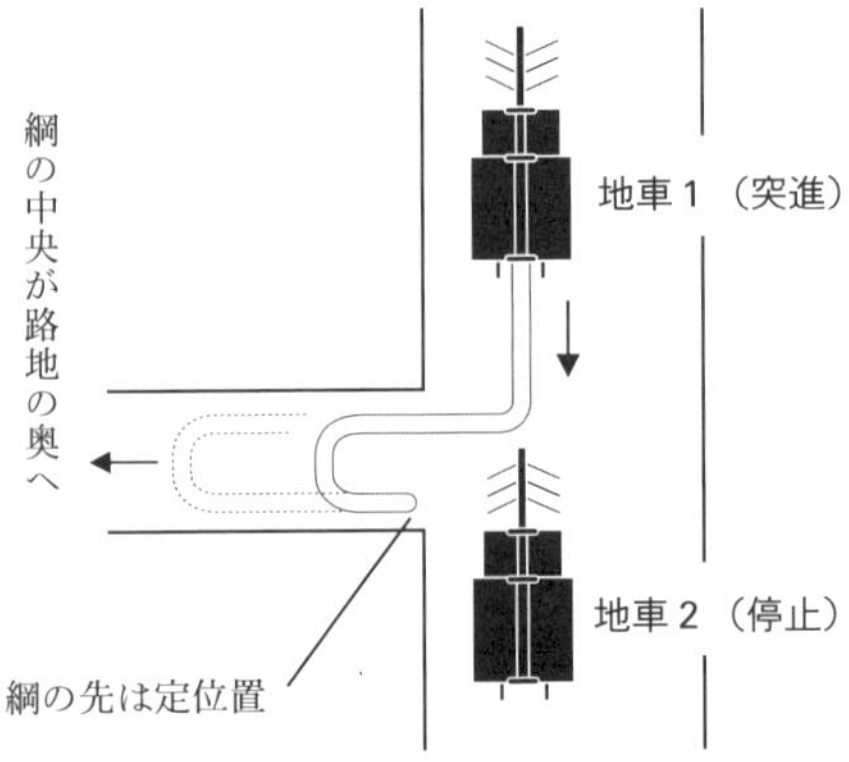

大津の地車の曳綱の動き

●地車の宮入りと行基《ぎょうき》参《まい》り　夜疑《やぎ》神社・久米田寺《くめだじ》　岸和田市

十月連休の土・日曜日

奈良時代に行基が築造した溜池、久米田池の維持管理を目的として建立された久米田寺。ここに、水の恵みと行基に感謝を表わすために十三台もの地車が集まる「行基参り」と呼ばれる行事がある。鳴物の音が渦巻く境内には近郷近在から多くの見物人が集まって立錐の余地もない。前日の土曜日に、中井・吉井・荒木・下池田・箕《み》土路《どろ》・西大路・小松里・額・額原・大町・池尻の十一台の地車が夜疑神社に宮入り。田治米《たじめ》と今木《いまき》はそれぞれの産土神社に宮入りする。日曜日の「行基参り」は神社の祭の後宴《ごえん》に位置付けられる。寺入り順は樋元《ひもと》の池尻を筆頭におよそ取水順位に準じ、各地車は行基堂に向かって整然と並べられる。全町の地車が揃うと、行基菩薩像を開扉《かいひ》した行基堂で法要が営まれる。祈願文には「池郷堅固」「池水清冽」「祭礼無事」といった文字が見える。神社の祭の地車と寺院という組み合わせは珍しいが、氏子にとっては産土神も行基菩薩も水の恵みや豊作をもたらすカミに違いない。

●巨大なヤグラ地車《だんじり》　茅渟《ちぬ》神社　泉南市

十月連休の土・日曜日

およそ樫井川以南の泉南地域の秋祭には、大きな二輪の組車を持つヤグラと呼ばれる地車が出る。泉南地域には五十台ほどのヤグラがあるが、その中でも樽井の茅渟神社の祭に出る四台（宮本講、濱中講、戎福中講、獅子講）のヤグラは特に大きく、五メートル近くの高さがある。土台の延長部に太鼓打ちと笛吹きが乗ってヤグラ後部の太鼓を打つ。前方の若者たちはヤグラを上下に揺らしながら道中歌を唱和する。神輿は海岸部へと神幸。埋め立て前は海へと入った。御旅所では、遠心力で人が飛んでくるほどの勢いでヤグラをその場で高速で回転させる。夜には、提灯に彩られたヤグラは紀州街道の辻で回される。激しい動きにもかかわらず、ヤグラに乗り込む子供たちは物怖じせずに楽しんでいる。ヤグラの語源は御座船の屋形部分の名称であろう。胴体部に張られた波柄の幕、前に後ろに揺れるその姿は、さながら大海原に浮かぶ船のようである。茅渟は神武東征神話に見える大阪湾の古名で、茅渟神社の祭神の一柱には、神倭磐余彦《かむやまといわれひこの》命《みこと》（神武天皇）が祀られる。戎神も合祀されるなど、当地域は海との関連が深い。信達庄《しんだちのしょう》十三ヶ村の産土であった金熊寺《きんゆうじ》の鎮守、信達神社の神輿も、かつては樽井浜まで浜降《はまお》りした。こちらの祭神も神武天皇で、樽井浜に現れた神武天皇の神像を樽井に祀って、後に山手の金熊寺に社殿を建てたと伝わる。また、彦五瀬命《ひこいつせのみこと》と神武天皇を祀った男《お》神社（泉南市）の元宮も海岸域にある。波太《はた》神社（阪南市）の神輿は現在でも海に入る。泉南地域の浜には祭神の漂着地伝承地が多い。

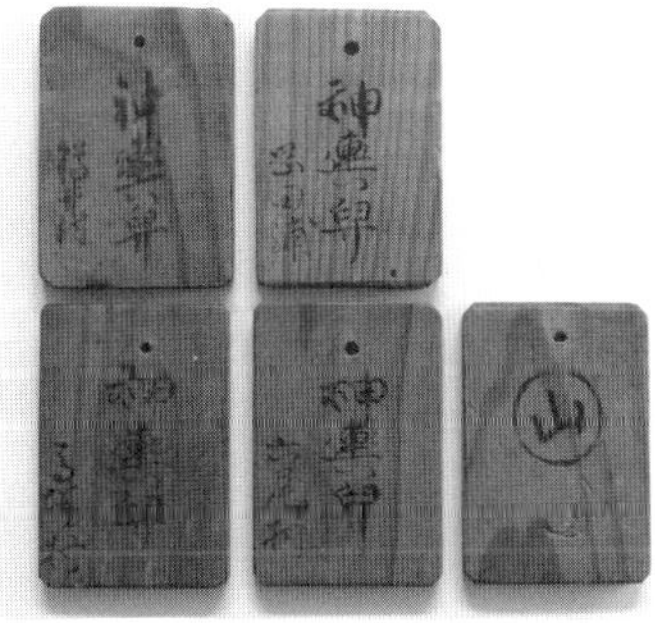

信達神社の神輿札（筆者蔵）　かつて樽井浜まで渡御した神輿の当番村の木札。「神輿舁」と「村名」が墨書される。裏面に押された「丸山」の焼印は金熊寺（山号・一乗山）を指すと思われる。神仏分離以前の江戸期のものか。

浜宮　男神社の元宮。神輿台が見える。

●神輿の浜降《はまお》り　波太《はた》神社　阪南市

十月連休の日・月曜日

波太神社の秋祭には、二十台ほどのヤグラが出る。四つコマの地車と異なって、二輪の大きい組車のヤグラの動きは機敏で小回りが利く。宮入りでは、境内の参道を疾走し社殿前の石段を勢いで乗り越える豪快な姿を見ることができる。神輿は、二キロ以上離れた海老野《えびの》の浜まで浜降りする。竹棒を採った鼻高数名に先導された神輿は、躊躇することなしに海へと入って行き、舁手《かきて》は顎まで海水に浸かりながら神輿を進め頭の上で舁き上げる。波太神社の祭神は当地の豪族の祖神である角凝命《つのごりのみこと》と応神天皇。浜降りは、カミのミアレ地での霊力の更新を願ってなされるものであろう。海岸のほとんどが埋め立てられた大阪湾では、かつての白砂青松の景観は失われ、多くの祭で神輿が海に入ることがなくなった。この珍しい神事を一目見ようと多くの人々が浜辺へ集まって、テトラポッドは見物の人々で埋め尽くされる。

●灘《なだ》の喧嘩祭《けんかまつり》　松原八幡《まつばらはちまん》神社　姫路市

十月十四・十五日

播磨灘に面して鎮座する松原八幡神社の祭は「灘の喧嘩祭」の名前で知られる。屋台（やっさ）と呼ばれる鳳《ほう》輦《れん》様の屋蓋《おくがい》にきらびやかな飾金具が施された太鼓台が「ヨーイヤサ」の掛け声で激しく舁《か》かれる。喧嘩の俗称は、品《ほん》陀和気命《だわけのみこと》（応神天皇）、息長足姫命《おきながたらしひめのみこと》（神功皇后）、比《ひ》咩《め》大神《おおかみ》（比咩三神）の御霊が遷《うつ》された三基の神輿が揉み合う姿を指してのこと。圧巻は御旅所がある御旅山《おたびやま》の光景で、普段は段々畑となっている斜面すべてが桟敷となる。何十本もの色鮮やかな紙垂竹《しでたけ》（梵天）で囃し立てられた神輿や屋台が練り合わされると、山全体が鳴動するよう

神輿当番村の禊　神輿を象徴する一の丸、二の丸、三の丸の大幟を掲げて褌姿で海に入って禊をする。

な熱気に包まれる。祭の要所では獅了と獅子《しし》壇尻《だんじり》が登場して清祓《きよはらい》がなされるが、この壇尻も神輿や屋台と同じく激しく扱われる。壇尻の囃子は平成八年（一九九六）に「残したい日本の音風景１００選」（環境省）に選ばれた。

●時代祭　平安神宮　京都市　　十月二十二日

平安神宮は、明治二十八年（一八九五）の平安奠都千百年紀年祭の年に創始され、平安京に都を遷《うつ》した桓武天皇と平安京最後の天皇である孝明天皇を祀る。葵祭、祇園祭と並んで京都三大祭の一つに数えられる時代祭は、平安京遷都の日にちなむ日取りで行なわれる平安神宮の祭である。祭の核となるのは二基の御鳳輦《ごほうれん》で、御所《ごしょ》から神社までの長い道程を、維新勤王隊による鼓笛を先頭に、神幸列を含め全二十列・約二千名に及ぶ時代行列が還幸する。奈良後期、平安時代から明治維新期までの時代装束は専門家の時代考証と職人の伝統の匠の技で整えられ、それぞれの担当は旧・小学校区が基本となる。明治中期に創出された新しい祭であるが、洛中洛外の産土社の枠組を越えて多くの人々に支えられ、貴重な観光資源にもなっている、極めて秀逸な祭である。

●御饗《おきょう》神事　海老江《えびえ》八坂《やさか》神社　大阪市福島区

十二月十五日（旧暦十一月十六日）

大坂三郷に近接する海老江八坂神社には、御饗神事と呼ばれる特殊神饌行事が伝わる。宮座によって営まれる神事で、縄を龍の形に仕上げて鏡餅（かつては白蒸《しろむし》）を乗せる竜頭籠《りゅうずかご》、イナ（ボラの幼魚）を八つに割いて配するイナナマス、豆腐と大根と海老芋を車形に配する菊花のキョウ、イナの腹に白蒸を詰めるイナズシ、バランの上に白蒸を盛る狛犬さんが丁寧につくられていく。調理にあたっては、身を清めて白衣《はくえ》に白袴を着用し和紙で口を覆う。近代以降は、一年十二か月にちなんだ供物《くもつ》も、弥栄《いやさか》の御膳として神社側で整えている。出来上がった神饌は床に飾られた後、唐櫃《からひつ》に入れて、かつては松明《たいまつ》の先導で頭屋《とうや》から神社まで無言で行列し神前に献饌《けんせん》した。直《なお》会《らい》は翌日。明治初年の神仏分離や神社祭式の統一がなされる以前は、神社ごとの「神様の献立表」は今以上に地域性豊かであった。御饗神事は、手間を掛けて調理された神饌（熟饌《じゅくせん》）が供される数少ない祭の一つである。

野里住吉神社（西淀川区）の一夜官女祭　2月20日（かつて正月20日）。7人の少女と7台の夏越桶（なごしおけ）に分納した特殊神饌が神前に供進される。

恩智神社（八尾市）の唐菓子（からくだもの）卯辰祭（11月26日）のために整えられる人形（ひとかた）の神饌。人形の頭部は丸餅で、11個の大豆が入った胴体部分（大ブト）と手足（マガリ）、手に採る梅枝は油で揚げられる。この他、餅マガリ（生の餅）がつくられる。恩智神社と縁の深い住吉大社や春日大社、また、四天王寺や下鴨神社の神饌にも唐菓子が上がる。遣唐使によってもたらされたと伝わる。

●**ヤッサイホッサイ**　石津太神社《いわつた》　堺市西区

十二月十四日（旧暦十一月十四日）

石津川《いしづがわ》右岸、紀州街道に面して鎮座する石津太神社（旧・下石津村）では、ヤッサイホッサイと呼ばれる修験道の火渡りのごとき祭が行なわれる。薪を高く組んで御幣を立てた火床《ひどこ》は、瞬く間に大きな炎に包まれる。火勢が少し納まると神職が印を結んで火伏《ひぶせ》を行なった後、戎神に扮した神人が若者数人に舁《か》かれて火の粉を巻き上げながら火渡りする。この時の掛け声が「ヤッサイホッサイ」で、祭の俗称となっている。顔が痛いほどの熱さであるが、地元の人々は無病息災を願って躊躇することなく次々と火を渡っていく。祭神である蛭子命《ひるこのみこと》が石津浦に漂着した際に浦人が篝火《かがりび》を焚いて迎えたという伝承が残るので、祭の目的はカミ迎えの再現にあろう。日中には、石津川河口右岸にある祭神の漂着伝承地にて神事が行なわれる。熊野街道沿いの石津《いしづ》神社（旧・上石津村）にも戎神が祀られる。

●**春日《かすが》若宮《わかみや》おん祭《まつり》**　春日若宮神社　奈良市

十二月十七日

保延二年（一一三六）に始まったとされる春日大社の摂社、若宮神社の祭。十七日夜中零時、白張《はくちょう》をまとって榊《さかき》を採った多くの神職たちが、自らが人垣となってカミの依代を取り囲んで、若宮様が御旅所まで神幸する。神幸路には香が漂い、先導する二束の大松明《おおたいまつ》が地面に残す二条の火筋はカミの足跡のよう。道楽《みちがく》の響きと「オー」という警蹕《けいひつ》の音声《おんじょう》が神社の森に木霊《こだま》する。御旅所は、明治の神仏分離以前には春日社と一体となって存在した興

鞍馬の火祭（由岐神社）の松明　「サイレイヤ　サイリョウ」の掛け声で練り歩く無数の炎は祭神のカミ迎えを再現したもの。10月22日。

福寺の境内跡に位置し、カミの鎮まる御假殿《おかりでん》は、毎年、二か月余りをかけて新築される。皮付きの赤松の丸太を主要材とし、土壁を塗って床部には菰《こも》を敷く。千木《ちぎ》を頂く屋根は杉皮に松葉葺といった独特の様相で、玉垣《たまがき》には春日原始林に特徴的な梛《なぎ》の枝葉を用いる。夜が明けて後、米を赤青白黄に染め分けた染御供《そめのごく》などが献饌され、御假殿前の芝舞台では、社伝神楽、東遊《あずまあそび》、田楽、細男《せいのお》、神楽式（能の翁の略式）、舞楽といった多種多様な歌舞音曲が奉納される。若宮様は十七日中に社殿へと還幸する。現代社会において、カミに対する畏《おそ》れを実感することができる数少ない祭の一つである。

●伊勢大神楽《いせだいかぐら》の総舞《そうまい》　増田神社　三重県桑名市太夫

十二月二十四日

伊勢大神楽の本拠である増田神社では、十二月二十三日に神講と呼ばれる神事が営まれ、各組の太夫（親方）が集まって一年の総決算が行なわれる。翌二十四日は各組総出の総舞。この日の総舞は長丁場で八舞八曲のほぼすべてを見ることができる。獅子舞と放下《ほうか》の至芸を一目見ようと小さな境内は朝早くから見物人で埋め尽くされる。筵《むしろ》が敷かれた舞庭《まいにわ》の一辺には白い幕が張られ、四隅に青竹を立て注連縄《しめなわ》を張って結界する。舞場を清める「鈴の舞」に始まって、「四方の舞」「跳びの舞」「扇の舞」「綾採の曲」と、獅子舞と放下芸とが、厳かに、賑やかに、時には滑稽な笑いを伴って矢継ぎ早に演じられていく。この日は親方が若者の芸の上達を見定める機会でもあるから、若者の出番が多い。最終演目は魁曲《らんぎょく》。花魁《おいらん》に扮した艶やかな着物姿の獅子が傘を差して台師《だいし》の肩に立つと、見物人も一体となって「ヤートコセ」の囃子詞で伊勢音頭（道中歌）を唱和して総舞が締めくくられる。二十五日には獅子頭《ししがしら》の御魂《みたま》入れが行なわれ、大晦日の出発に備える。春夏秋冬一年を通して各地を訪れ神札《おふだ》を配りながら獅子を舞う伊勢大神楽と、それを迎える人々との世代を越えた信頼関係は現代社会における一つの奇跡といえる。各地の産土の祭に与えた影響も大きい。

第八章

祭は誰のものか

第一節　祭と改暦

我々日本人は、千数百年にわたって、月の朔望《さくぼう》を基準とし、数年に一度の閏月を設けて太陽の動きとのずれを解消する「太陰太陽暦」を用いてきたが、明治に入ると、列強各国との暦のすり合わせが必須となった。明治五年（一八七二）十一月九日に改暦詔書が発せられ、維新政府は「太陽暦」を採用するために、明治五年十二月三日を西洋の太陽暦であるグレゴリオ暦の一八七三年一月一日に合わせて明治六年一月一日とした。和暦の一月一日が西洋暦の一月一日であれば問題はなかったのであるが、西暦と和暦とでは、そもそも一月一日の設定の根拠が異なる。そのため、両者の月日には恒常的に約一か月程度の差が生じ、西洋暦のほうが和暦より一か月先を走ることとなる（旧暦は一か月が約二十九・五日のため、新暦と旧暦とのずれは、年によって二十日から五十日ほど変動する）。

改暦への対応法

改暦にともなって、産土《うぶすな》の祭をはじめ伝統的な習俗の日取りは混乱を極めた。明治二十八年（一八九五）刊の『風俗画報』八十八号の論説には「今日民間に用ふる所の新年に三種あり、新暦、旧暦、中暦是れなり」「雑暦とは一人一家にして新暦も旧暦も中暦も共に之を用ひ毎年二三回つつ新年を祝するものを曰ふ」とある。新暦への移行に際しては、このように、①旧暦、②新暦、③中暦の三つの妥協案が考えられた。中暦は、明治初期に考え出された造語であろう。

①旧暦の固持は、新暦の世の中では現実的でない選択肢であった。しかしながら、月の満ち欠けや潮の干満が直接関係する祭においては、旧暦の参照は不可欠であった。

②新暦の採用は、「月日の数字」に意味を見出し、例えば旧暦7月7日の七夕を新暦7月7日に行なうという方法である。ただし、これでは旧暦の6月に祭を行なうこととなり、季節感が1か月ほど早まることとなる。

③中暦の導入は、旧暦と新暦との約1か月の根本的なずれに注目して、例えば旧暦7月15日の盂蘭盆会を新暦8月15日に行なう方法である。月遅れ（月送り）と呼ぶ。

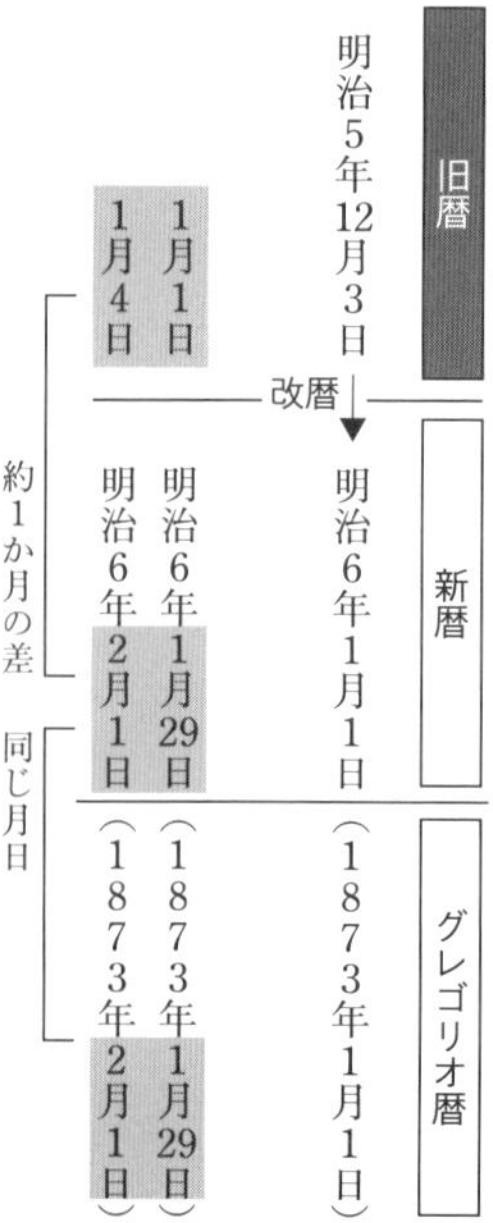

旧暦
明治5年12月3日
1月1日
1月4日
改暦
新暦
明治6年1月1日
明治6年1月29日
明治6年2月1日
グレゴリオ暦
（1873年1月1日）
（1873年1月29日）
（1873年2月1日）
約1か月の差
同じ月日

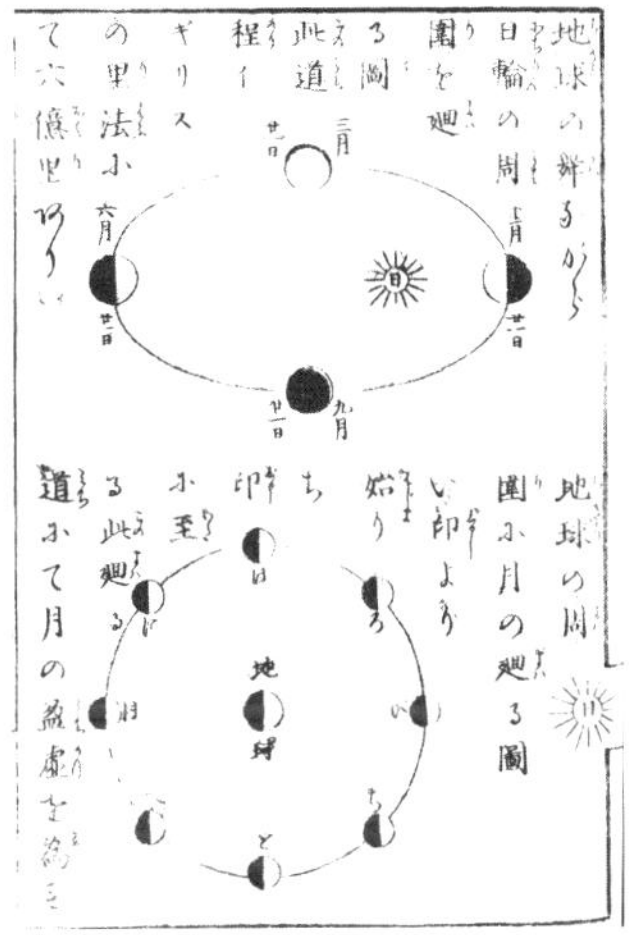

太陽と地球の図『改暦弁』 明治6年(1873) 1月1日発行。福沢諭吉著。旧暦と新暦を比較して新暦の有効性を説く。「日本国中の人民この改暦を怪しむ人は必ず無学文盲の馬鹿者なり」と記す。

改暦の影響

改暦が及ぼした祭への影響を挙げればきりがないが、以下、管見の範囲でいくつかの具体例を挙げてみる。

祭の前後が入れ替わる

六月と十二月の晦日に行なわれる大祓《おおはらえ》は、半年ごとの節目に罪穢《つみけがれ》を清祓《きよはらい》するという性格の祭であるから、旧暦でも新暦でも同じ六月晦日と十二月晦日に行なわれる。ところが、多くの産土の夏祭は中暦を採用し、旧暦六月から新暦七月へと移行した。そのため、かつては夏祭の締めくくりとしても意識されていた夏越大祓《なごしのおおはらえ》が、夏祭の前に行なわれることとなった。それに対処するためであろう、八坂神社や住吉大社などでは大祓にあたる神事が、新暦六月晦日と共に新暦七月晦日にも行なわれている。

祭の日取りが離れる

七夕はお盆と一体となって行なわれた習俗といわれる。七夕は七月七日というゾロ目が重要であるから、多くの地域では、新暦を採用し、旧暦七月七日を新暦七月七日とした。一方で、お盆は旧暦七月十五日から新暦八月十五日とする場合が多かった。その結果、七夕とお盆とを関係付けて考えることができなくなった。東北地方では七夕を月遅れの八月七日とする地域が多い。

月の朔望や潮の干満の不一致

改暦は、月の満ち欠けや潮の干満が密接に関わっている祭において最も影響が大きかった。旧暦を固持する祭は皆無に近いが、例えば、安芸国の宮島に鎮座する厳島神社（広島県）の管絃祭《かんげんさい》では、船渡御《ふなとぎょ》に最適な潮の加減や月明かりなどを考慮して、現在も旧暦六月十七日という決まった日取りで祭が行なわれている。

天神祭は、旧暦時は六月二十五日の晩に船渡御を行なった。改暦後は月遅れの新暦七月二十五日に渡御が行なわれていたが、昭和二十八年（一九五三）からは、地盤沈下の影響などのために渡御船が橋をくぐれなくなって、大川下流域への渡御が取りやめられることとなった。陸地の沈降もさることながら、海面の上昇の時間が毎年変わることも、渡御を困難とした遠因となったはずである。

新暦八月十六日に行なわれる京都五山の送り火は、旧暦時は七月十六日であった。旧暦の十六日といえば、東山からの月の出は宵の口で、望月に近い。そのため、大文字の送り火は東山の端から昇る大きな月と一緒に見られることが多かった。現在では、月の形と高さは年によってまちまちである。

八幡神系の神社では旧暦八月十五日に放生会《ほうじょうえ》が営まれた。現在では、石清水八幡宮《いわしみずはちまんぐう》や誉田八幡宮《こんだはちまんぐう》は新暦九月十五日に、百舌鳥八幡宮《もずはちまんぐう》では旧暦八月十五日に例祭を行なって神賑行事は直近の土日とする。旧暦八月十五日の日取りは、宇佐神宮の放生会において望月と大潮を考慮して設定されたものであった。

七月十六夕大文字送火『花洛名勝図会』　東山の端から月が昇る。

安芸　厳島祭礼之図『六十余州名所図会』（国立国会図書館蔵）　潮が満ち、月が海を照らす。

第二節　祭の土日開催

以上のように、改暦時の日程の変更は多くの混乱を招いたが、新暦であれ旧暦であれ、毎年、祭の日取りが変わるということはなかった。ところが、近年、多くの祭で採用が進む「祭の土日開催」についてはどうか。当然、曜日が基準となると、毎年、祭の日が変わることになる。土日開催の祭では、地元の祭関係者の間でも、次の祭が何日なのかを即答できる人は、筆者も含めて皆無である。これは極めて不健全な状態といえよう。「うちの祭は何月何日」と子供から大人まで共有できている状態と、「何月の第三月曜日の前日と前々日」などとカレンダーを繰っている状態とでは、祭の捉え方がまったく異なってくる。祭の日取りは、月日であれ干支《かんし》（十干十二支）であれ「意味のある日」でなければならない。第三章の御迎提灯の項目で述べた榊万度《さかんぼ》には、毎年決まった祭日を指して「今月今日」と墨書される。これは「今月某日」という意味ではない。土日開催の是非の議論になると、必ず「土日のほうが仕事が休みやすい」という話が出る。しかしながら、土日の休暇を楽しむことができるのは、土日に働いている人がいるからではないのか。祭の土日開催は、氏子の間に不公平を生じるものである。

岸和田祭の土日開催

岸城《きしき》神社の祭、すなわち岸和田祭の日取りは、九月十五日が例祭で、かつては、宵宮の十四日と本宮の十五日に、氏子十五ヶ町から地車が曳き出されていた。ところが、平成十八年（二〇〇六）から、岸和田祭は土日開催となった。全国的に有名な岸和田祭の土日開催は、すでに土日開催となっていた周辺の岸和田型地車文化圏の祭や、各地でなんとか従来の祭の日程を守っていこうとしている地域の人々にとっても衝撃であった。

岸和田祭の事例を詳しく見てみると、正確には、岸城神社の例祭日は九月十五日のままで、神賑行事の地車曳行の日程のみが「敬老の日」（第三月曜日）の前日と前々日の土日となっている。神賑行事は氏子側の管轄であるから、氏子から神社に日程の変更を申し入れた形となる。もちろん地車を所有する十五ケ町（氏子は二十ケ町）の中には日程の変更に反対の町もあった。しかしながら、大勢には至らず、また、反対の立場の町の人々も、説得力のある反対理由を見出すことができずに、結局、冒頭で述べた「土日のほうが仕事を休みやすい人が多い」という一見もっともな意見に押し切られて、本質的な議論が行なわれないまま神賑行事の土日開催が決定した。

左図は、土日開催となった平成十八年前後の祭の日程を示したものである。江戸期の岸城神社は、旧暦六月十三日（牛頭天王の祭日）と旧暦八月十三日（八幡神の祭日）が神賑行事を伴った例祭日で、改暦後は、八月十三日の日取りを継承した新暦九月十五日が例祭日となった。戦後、昭和四十一年（一九六六）に制定された敬老の日が、偶然、岸城神社の例祭日と同じ九月十五日となり、その結果、平成十五年（二〇〇三）にハッピーマンデーなる制度によって敬老の日が九月第三月曜日となるまで、本宮が祝日と重なる状態が続いた。平成十六年と翌十七年の本宮は平日で、地車もその日に宮入りをしている。

平成十七年までの祭と十八年以降の祭の大きな違いは何か。図から明らかなように、平成十八年以降は、例祭日と地車曳行の日が完全に分離している。祭の土日開催の問題の本質はこの一点にある。

また、それまで固定されていた神賑行事の日程が毎年動くことによって、他の行事との兼ね合いにも問題が生じた。例えば、平成二十年と二十六年には、地車の宮入りの次の日が例祭日となっている。一年で最も重要な神事が執り行なわれる日に、神賑行事の後片づけを行なって解斎《げさい》の行事である落索《らくさく》で盛り上がる。さらには、平成二十一年、二十七年には彼岸の入りに地車が曳行される。地車という魅惑の玩具の前では、カミもホトケもないといったところか。

岸和田では、この日程変更にあたって神事と神賑行事との日程分離という本質的な議論がなされることはなかった。この強引な日程変更の決定には不可解な点も多かった。ここでは、その詳細については踏み込まないが、そもそも本来の祭のあり方が神社と氏子との間で共有できていれば、いかなる理屈であれ土日開催という案は出てこなかったはずである。残念ながら、祭に「こだわり」を持っていたはずの岸和田は、あっさりと祭（神賑行事）の日程を変えてしまった。唯一の救いは、岸城神社の例祭日（神事）の日取りが変わらなかったことである。

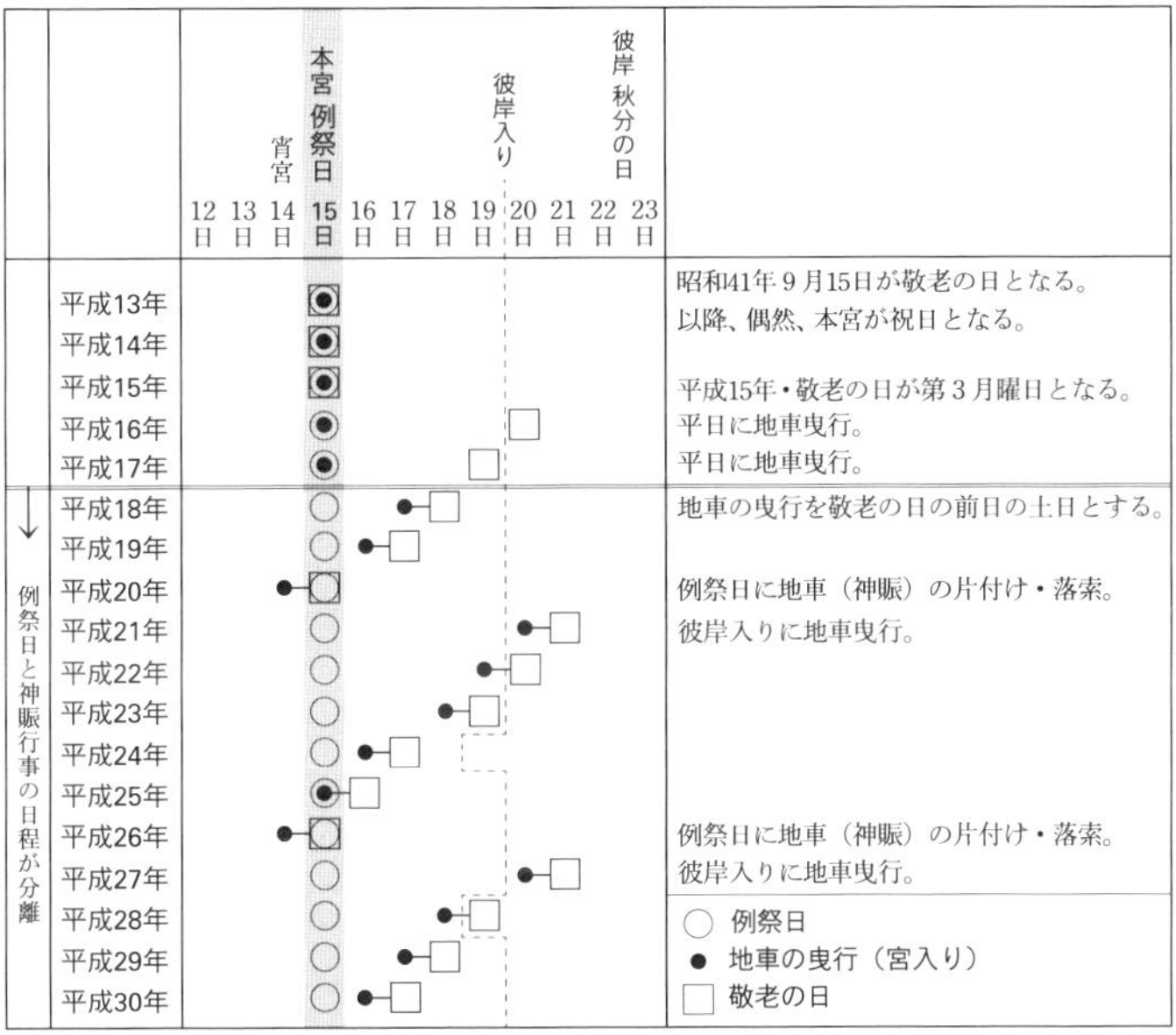

岸和田祭における神事と神賑行事の日程の変遷

　とはいえ、悪い話ばかりではない。祭の土日開催が遠因となって、近年、岸城宮社中《きしきのみやしゃちゅう》や神明会といった、三十代から四十代の氏子崇敬者による有志の団体が結成され、神社と氏子との関わりについて議論がなされるようになった。次の時代に期待したい。

第三節　祭の復興

　氏子の生活様式や生業が激変した現代社会においては、祭のあり方も変わらなければならない部分もあろう。しかしながら、そんな時代だからこそ、本来の祭のかたちに戻そうという動きもある。

祇園祭の後祭の復興

　平成二十六年（二〇一四）の祇園祭は、約五十年ぶりに前祭《さきのまつり》（七月十七日）と後祭《あとまつり》（七月二十四日）に分かれての山鉾巡行となった。これが本来のかたちで、すべての山鉾が前祭に巡行することになったのは昭和四十一（一九六六）からである。祇園祭における鉾や山は祭の中の神賑行事であって、祇園祭の核となるのは三基の神輿の渡御である。この神輿のオイデとオカエリを盛り上げるかたちで、町々から出されたのが鉾や山であった。前祭と後祭とは、これら三基の神輿の御旅所への神幸祭《しんこうさい》と還《かん》幸祭《こうさい》に他ならない。日本最大の規模で催されてきた都市祭礼が五十年も続いた慣例を変えるにあたっては、行政や警察との折衝、神社や町ごとの意見調整など相当の困難が伴ったはずである。それを成し遂げることができたのは、本来的な祭のあり方、神事と神賑行事との関係性、山鉾巡行の意味を多くの人々の間で共有することができたからであろう。日本を代表する祭が、ようやく本来の祭のかたちに戻った。なお、平成二十六年の後祭には、幕末の蛤御門《はまぐりごもん》の変で焼失していた大船鉾《おおふねほこ》が、約百五十年ぶりに復興を遂げている。

	～昭和40年	昭和41年～平成25年	平成26年～
	山鉾巡行（神賑行事）○ 神輿渡御（神事）●	山鉾巡行（神賑行事）○ 神輿渡御（神事）●	山鉾巡行（神賑行事）○ 神輿渡御（神事）●
前祭 7月17日 (神幸祭)	● ○	● ○ ○	● ○
後祭 7月24日 (還幸祭)	● ○	●	● ○

祇園祭の神事と神賑行事の日程の変遷

大坂三郷域の夏祭における渡御の復興

大阪でも大きな動きがあった。平成十三年（二〇〇一）には難波《なんば》八阪《やさか》神社の船渡御が約二百三十年ぶりに、平成二十三年（二〇一一）には御霊《ごりょう》神社の船渡御が約百五十年ぶりに復活した。そして、平成二十六年（二〇一四）には生國魂《いくくにたま》神社が、戦災で焼失していた御鳳輦《ごほうれん》を新調、約七十年ぶりに車を用いない徒《かち》にての渡御を復活させることに成功した。生玉祭《いくたままつり》の渡御は毎年七月十二日と定められており、もちろん土日開催ではない。平日の中心市街地における神幸祭の復興は偉業に値する。

御霊神社の船渡御（堂島川）

生國魂神社の陸渡御　新調された純鳳輦型神輿。

難波八阪神社の船渡御（道頓堀）

第四節　祭は誰のものか

　これまで見てきたように、祭は我々日本人にとって、何にも代えがたい喜びを仲間と共に世代を越えて共有できる、また人知を超えた自然の振る舞い、すなわち、カミの存在を感じることができる貴重な機会である。このような祭を次世代へとつなげていかねばならないし、伝えていきたいと願う心が自然であろう。ところが、現在の祭のあり方をみていると、多くの問題が山積している。その最たる事例が第二節で挙げた「祭の土日開催」である。これは明治改暦や神社合祀とは異なり、氏子自身の選択である。「神事と神賑行事の日程の分離」は「神社と

高石神社（高石市）の神輿　平成23年の秋祭に、約50年ぶりに神輿を舁き上げての神幸祭を復活させた高石神社。岸和田型地車の導入で神賑行事が盛り上がりを見せる中、神事も大切にしたいとの人々の思いが結実した。

氏子の分離」と言い換えることができる。この「カミとヒトとの乖離」という異常事態が、問題の本質であることは先に述べた。神賑行事から「神」の文字を取ると、単なる「賑《にぎわい》行事＝イベント」になってしまう。

祭を継承していくためにはどうすればよいか。本書で述べてきた多様な祭の発達史を思い返すと、かたくなに古式を守っていればよいというわけでもなさそうである。語弊を恐れずにいえば、神賑行事は、時代の流行を敏感に採り入れ、多少暴走気味のほうが勢いがあって魅力的だ。実際、神賑行事の隆盛が、祭全体の継承と発展を牽引してきたこともまた事実である。祭というシステムの竹笹のようにしなやかな堅牢性と柔軟性は、神事と神賑行事という二重構造によってもたらされている。

日本に三度にわたって滞在したスイス人作家・写真家のニコラ・ブーヴィエは『日本の原像を求めて（原題：Chronique Japonaise）』の中で、ルース・ベネディクトが著した『菊と刀』について「驚くべき客観的態度を持って綿密な考証を展開する」と評価した上で、「ただし、ひとつだけ賛同しかねることがある。彼女の描いた日本は、日曜日のない一週間だ。戦時中のある民族の姿を遠くから研究したために、幸せなひと時――たとえば、村祭りや祝いの席や供宴など――がほとんど視野に入っていない。そのひと時こそ日本人のあらゆる美質が花開くときであり、この社会がいかにきまじめであっても、状況が許すときには、そういった機会を満喫しているのだ」（傍線筆者）と記している。この先、彼の言うところの「日曜日」、すなわち「祭」の喪失があるとするならば、それは我々日本人自身の魂の衰退であり、日本の歴史の中でのあまりにも大きな損失になることは言うまでもない。

祭は誰のものか。今一度、我々は問わなければならない。ヒトがカミを奉る行為が祭であるならば、究極的には、祭はヒトのものといえるであろうか。たとえそうであったとしても、現代に生きる我々だけのものではないはずである。祭は過去から未来まで、地域の人々の中で世代を越えて共有されるべき「祈りのかたち」「喜びのかたち」であろう。

八百万のカミが坐《ま》す鎮守の社を舞台として連綿と受け継がれてきた産土の神事と神賑行事。筆者は、その先人から受け継いだ貴重な文化遺産を後世に伝えたいとの想いで筆を執った。読者の方々が既知・未知の祭を見聞した際に、本書が一つの物差しとなり、また、祭に関わる人々にとっての一助となれば幸いである。

祭事日程・内容一覧

祭日は土日開催の祭を除いて例祭日を基本に、その祭に特徴的な祭具が出る日取りを示した。毎年の正確な神事・神賑の日程は、各神社・寺院に確認されたい。祭事名は俗称を、目的・起源や祭具の種類は一般化して記している。詳細は本文を参照のこと。

月日（新暦）	旧暦	社寺名	場所		祭事名 目的・起源	主な祭具
1・10	1・10	今宮戎神社	大阪府	大阪市浪速区	十日戎 諸業繁盛	特殊神饌・福笹　魚類を中心とした熟饌を供する。 西宮戎・堀川戎・脇浜戎・京都戎など各地で行なわれる。
1・11	1・15	枚岡神社	大阪府	東大阪市	粥占神事 豊作祈願祭・年占	粥占　農作物の作況と一年の天候を占う。
1・14		上新田天神社	大阪府	豊中市	とんど祭 年神祭	トンド焼き（左義長）　各地で行われる年神送りの行事。
1・15	1・15	恩智神社	大阪府	八尾市	粥占神事 豊作祈願祭・年占	粥占　農作物の作況と一年の天候を占う。
1・第3日曜	1・14	難波八阪神社	大阪府	大阪市浪速区	綱引神事 豊作祈願祭・年占	綱掛け・綱引　八岐大蛇の大綱を恵方に引き合う。
2・節分		蜂田神社	大阪府	堺市中区	鈴占神事 豊作祈願祭・年占	土鈴　十二種の占鈴の音色で一年を占う。
2・20	1・20	野里住吉神社	大阪府	大阪市西淀川区	一夜官女祭 例祭	特殊神饌・官女　稚女が夏越桶に納めた神饌と共に奉られる。 人身御供に由来するとも。
3・25	2・25	道明寺天満宮	大阪府	藤井寺市	菜種御供大祭 忌祭（菅公）	特殊神饌　菜種色の団子を献納。河内の春事。
3・31〜4・7		射楯兵主神社	兵庫県	姫路市	三ツ山大祭 式年祭（20年毎）	二色山（播磨国大小明神）・五色山（九所御霊）・小袖山（天神地祇） 4・3五種神事（流鏑馬・一つ物・弓鉾指・神子渡り・競べ馬）。
4・第1日曜	2・8	八阪神社	大阪府	高槻市（原）	歩射神事（大蛇祭） 豊作祈願祭・年占	歩射・綱掛け・綱引　大蛇の大綱を弓で射る。
4・13	1・13	杭全神社	大阪府	大阪市平野区	御田植神事 豊作祈願祭・予祝	田遊　田の耕作を狂言形式で再現。 シテ・牛（着ぐるみ）・地謡・太郎坊・次郎坊（人形）・早乙女。
4・13	5・3	大鳥大社	大阪府	堺市西区	花摘祭 無病息災祈願	神輿・花摘女　無病息災を祈願。浜寺まで渡御。例祭8・13。
4・第2日曜	3・10	今宮神社	京都府	京都市北区	やすらい祭 鎮花祭	歌舞音曲　風流傘の下で踊り無病息災を願う。例祭10・9。

4・14	4・中申	日吉大社	滋賀県	大津市	山王祭 例祭	神輿　天台座主が読経。琵琶湖上で粟津御供を献饌。
4・15	3・酉	諏訪大社	長野県	諏訪市	御頭祭 例祭	神輿　上社の祭に鹿頭ほか鳥獣魚類が神饌として供される。
4・20頃日曜	3・中午	伏見稲荷大社	京都府	京都市伏見区	稲荷祭 例祭	神輿　オイデ型神幸祭。円堂型神輿、宮型神輿。 還幸祭5・3（旧暦4・上卯）。
4・20後日曜	3・中卯	松尾大社	京都府	京都市西京区	松尾祭 例祭	神輿　オイデ型神幸祭。宮型神輿、円堂型神輿。 還幸祭は21日目の日曜（旧暦4・上酉）。
4・22	2・22	四天王寺	大阪府	大阪市天王寺区	聖霊会 忌祭（聖徳太子）	四箇法要・舞楽　天王寺楽所の流れを汲む舞楽。 宮殿（楊枝御影）・玉輿（仏舎利）・鳳輦（太子像）を祀る。
5・1～5	3・2	大念仏寺	大阪府	大阪市平野区	万部おねり 来迎会・万部会	二十五菩薩　祭具や菩薩の行道が数日間にわたって営まれる。
5・3		泉殿宮	大阪府	吹田市	春大祭 例祭	神輿・布団太鼓・唐獅子　伊勢大神楽系の獅子。
5・4		沼島八幡神社	兵庫県	南あわじ市	春祭	神輿・地車・布団太鼓　三ッ屋根地車ほか浜入り。例祭11・3。
5・5	4・2	日根神社	大阪府	泉佐野市	枕祭 春季例祭・井関祭	神輿・枕幟　かつて旧8・15に総社の放生会に渡御。
5・5		本住吉神社	兵庫県	神戸市東灘区	夏祭 例祭の神賑	神輿・地車　例祭5・13。
5・5	5・5	藤森神社	京都府	京都市伏見区	藤森祭 春祭	神輿・駈馬　火焚祭11・5。
5・15	4・中酉	上賀茂神社	京都府	京都市北区	葵祭 豊作祈願祭	社頭の儀・路頭の儀　御阿礼神事（カミ迎え）は5・12。
5・15	4・中酉	下鴨神社	京都府	京都市左京区	葵祭 豊作祈願祭	社頭の儀・路頭の儀　御蔭祭（カミ迎え）は5・12。
5・18	8・18	上御霊神社	京都府	京都市上京区	御霊祭 御霊会	神輿・剣鉾　5・1に神輿を安置（神幸祭・社頭の儀）。 往時は旧7・18に神幸祭、8・18還幸祭。
5・18後日曜	8・18	下御霊神社	京都府	京都市中京区	還幸祭 御霊会	神輿・十二灯・剣鉾　5・1に神輿を安置（神幸祭・遷座）。 往時は旧7・18に神幸祭、8・18還幸祭。
6・第1日曜		壬生神社氏地	広島県	北広島町	花田植 豊作祈願祭	囃子田植　笛・鉦・太鼓の囃子で早乙女が田植えをなす。
6・5	5・5	県神社	京都府	宇治市	県祭 例祭	梵天神輿　回転、横転など激しい動き。

6・14	5・28	住吉大社	大阪府	大阪市住吉区	御田植神事 豊作祈願祭	歌舞音曲　御田の舞殿や畦で田舞・神田代舞・風流武者行事・源平合戦・田植踊り・住吉踊りを奉納。
6・晦日	6・晦日	各地の神社			夏越大祓 大祓	茅の輪・人形　12・晦日の大祓と同様の半年の区切り。
7・全体		大坂三郷と周辺	大阪府	大阪市	夏祭 貰い祭	秋季が例祭の神社も都市域の夏祭の影響で夏季にも神賑。
7・7		星田妙見宮	大阪府	交野市	七夕祭	星田神社の境外社。妙見祭7・23。本社・星田神社例祭は10・17。神輿・御迎提灯・地車が出る。
7・7		機物神社	大阪府	交野市	七夕祭 例祭	神輿　境内には竹笹ほか多数の七夕飾り。
7・7		金峯山寺	奈良県	吉野町	蛙飛び行事 法要	青蛙・布団太鼓　蓮華会（旧6・9）と同日に蔵王堂前で行なう。主となる青蛙は布団太鼓に乗って山内を巡る。
7・第1金曜		八坂神社	石川県	能登町	宇出津あばれ祭 御霊会	神輿・奉灯（キリコ）　神輿を海や川、火中に投げ入れる。ミソギ型神幸祭の特徴を残す。土曜日に神幸祭。
7・12	6・29	生國魂神社	大阪府	大阪市天王寺区	生玉祭 夏祭	鳳輦・神輿・枠式太鼓・唐獅子　元宮・大阪城へ陸渡御。例祭9・9。旧暦時の神賑は28日。
7・14	6・14	難波八阪神社	大阪府	大阪市浪速区	難波祭 御霊会	神輿・枠式太鼓　宵宮に道頓堀を船渡御。本宮は陸渡御。
7・14	6・14	杭全神社	大阪府	大阪市平野区	平野郷夏祭 御霊会	神輿・布団太鼓・地車　11日に神輿洗。宵宮13日の晩に地車が宮入り。14日に神幸祭。秋季例祭10・17。
7・15	6・15	御津宮	大阪府	大阪市中央区	八幡祭 夏祭	神輿・枠式太鼓　例祭6・15。
7・16	6・末	玉造稲荷神社	大阪府	大阪市中央区	玉造祭 夏季例祭	なにわ伝統野菜・玉造黒門越瓜の振る舞い。
7・17	6・17	御霊神社	大阪府	大阪市中央区	御霊祭 夏祭	神輿・太鼓台・唐獅子　宵宮16日に木津川を下って堀江の行宮まで船渡御。例祭10・17。
7・17	6・7	八坂神社	京都府	京都市東山区	祇園祭（前祭） 御霊会	神輿・鉾・山　還幸祭（後祭）は7・24（旧6・14）。例祭6・15。
7・18	6・16	高津宮	大阪府	大阪市中央区	高津祭 例祭	神輿　地車囃子・落語会など境内での神賑。祭神・仁徳天皇の氷室の故事にちなみ氷とゴサイバを献饌。
7・18		海老江八坂神社	大阪府	大阪市福島区	例祭 御霊会	枠式太鼓・地車　太鼓台と地車の舁き上げ。秋祭10・18。
7・第3日曜前の土曜		露天神社	大阪府	大阪市北区	夏祭 例祭の神賑	唐獅子・傘踊り　秋祭10・20。

7・連休	6・14	感田神社	大阪府	貝塚市	夏祭 御霊会	神輿・布団太鼓　日曜に神幸祭。例祭7・19。
7・連休		春日神社	大阪府	泉佐野市	夏祭 例祭の神賑	神輿・布団太鼓　神輿を地面に激しく叩き付ける。月曜に神幸祭。例祭7・24。
7・連休	6・18	高良神社	京都府	八幡市	太鼓祭 例祭の神賑	唐破風屋根付太鼓台　石清水八幡宮摂社。域内の氏子祭。例祭7・18。
7・21	6・21	難波神社	大阪府	大阪市中央区	氷室祭 例祭	神輿・布団太鼓・唐獅子 祭神・仁徳天皇の氷室の故事にちなみ氷柱の奉納。
7・22	6・22	坐摩神社	大阪府	大阪市中央区	坐摩祭 夏季例祭	境内末社・陶器神社にて瀬戸物の作り物。 春季例祭4・22。秋季例祭10・22。
7・22		今福皇大神宮	大阪府	大阪市城東区	夏祭 夏祭	地車　例祭10・22。
7・23	6	茨住吉神社	大阪府	大阪市西区	夏祭 夏祭	神輿・枠式太鼓・唐獅子　境内に大きな山型献灯台。 例祭10・23。
7・25	6・25	大阪天満宮	大阪府	大阪市北区	天神祭 夏祭	鳳輦・神輿・枠式太鼓・地車・唐獅子ほか 陸渡御・船渡御（奉安船・供奉船・奉拝船）。例祭3・25。
7・25		生根神社	大阪府	大阪市西成区	だいがく祭 夏祭	神輿・台舁ほか　現存随一の大きな台舁。例祭10・9。
7・下旬 24〜30迄日曜	6・8	科長神社	大阪府	太子町	例祭 風神祭	神輿・地車・船型曳車　地車・曳船上にて三番叟。例祭7・27。
7・最終日曜	6・18	粉河産土神社	和歌山県	紀の川市	粉河祭 例祭	神輿・曳車型御迎提灯　曳車はダンジリと呼ばれる。
旧暦6・17	6・17	厳島神社	広島県	廿日市市	管絃祭 例祭	神輿・管絃船　海上を神幸。潮汐を考慮し旧暦で斎行。
7・31		大鳥大社	大阪府	堺市西区	堺渡御祭 夏祭	神輿　明治期より堺宿院へ渡御。例祭8・13。 往時は旧8・15に総社へ渡御。
8・1	6・晦日	住吉大社	大阪府	大阪市住吉区	住吉祭 大祓	神輿・歌舞音曲・枠式太鼓・唐獅子 堺宿院へ渡御。例祭（夏越大祓）7・31。
8・7頃	7・7	夜疑神社	大阪府	岸和田市	牛神祭 牛供養	宮座神事。土・ナス・ビワの葉で牛の顔を形づくる。
8・第1日曜	7・17	桑名宗社	三重県	桑名市	石取祭 例祭の神賑	祭車（曳車型御迎提灯）　例祭8・17。
8・14		弥勒寺	大阪府	岸和田市	葛城踊り 降雨祈願感謝祭	雨踊り　和泉葛城山の雨神に奉る。現在は盆の時期に行なう。

8・15	7・15	各地			盂蘭盆会 祖霊祭	盆棚・盆踊り
8・15		土生神社氏地	大阪府	岸和田市	土生鼓踊り 降雨祈願感謝祭	雨踊り　現在は氏子の盆踊りとして行なう。 例祭10月（地車）。養水祭（水論回顧）8・18。
8・16	7・16	洛中洛外	京都府	京都市	五山送り火 祖霊祭	送り火　各地に迎え火・送り火、迎え鐘・送り鐘の風習。
9・上旬土曜	8・1	開口神社	大阪府	堺市堺区	八朔祭 八朔	神輿・布団太鼓　土曜日に渡御。例祭0・12。田実神事9・13。 北組の菅原神社の八朔祭にも布団太鼓が出る。
9・15	8・15	誉田八幡宮	大阪府	羽曳野市	例祭 放生会	神輿・地車　誉田御廟山古墳の濠端まで渡御。 保存の神輿は国宝。
9・15	8・15	石清水八幡宮	京都府	八幡市	石清水祭 放生会	神輿・放生式　男山山麓の放生川にて放魚・放鳥。
9・15	8・15	鶴岡八幡宮	神奈川県	鎌倉市	例大祭 放生会	神輿　江戸型神輿の原型か。16日には鈴虫の放生。
旧暦8・15 直近の日曜	8・15	百舌鳥八幡宮	大阪府	堺市北区	月見祭 放生会	布団太鼓・放生祭　旧8・15例祭。石清水八幡宮より献幣使。
9・連休	8・13	岸城神社	大阪府	岸和田市	岸和田祭 例祭の神賑	地車　例祭9・15。江戸期は6・13と0・13に神事・神賑。
10・全体		摂河泉全域	大阪府等		秋季例祭 産土・収穫感謝祭	地車　摂津・大坂型。河内・石川型。和泉・岸和田型。
10・4		北野天満宮	京都府	京都市上京区	瑞饋祭 収穫感謝祭	神輿・瑞饋御輿・剣鉾　神幸祭1日。還幸祭4日。 瑞饋御輿は御旅所に展覧し4日巡行。例祭（元勅祭）8・4。
10・5	9・3	手向山八幡宮	奈良県	奈良市	転害会 例祭	神輿　東大寺大仏鋳造の際の宇佐八幡神カミ迎えの再現。
10・8	9・9	諏訪神社	長崎県	長崎市	長崎くんち 例祭	神輿・各種奉納踊り　コッコデショ（布団太鼓）が伝わる。 7日と9日に神賑の奉納踊り。
10・10	9	原田神社	大阪府	豊中市	獅子神事祭 産土・収穫感謝祭	唐獅子・扁額型御迎提灯・布団太鼓・地車　獅子（オテンサン） が神輿の役割。獅子の還幸・神賑の宮入り9日。本宮10日。
10・第1金曜 の翌日		大鳥美波比神社	大阪府	堺市西区	秋祭 産土・収穫感謝祭	地車　大鳥大社境内摂社。
10・第1日曜		桜井神社	大阪府	堺市南区	上神谷こおどり 降雨祈願感謝祭	雨踊り　鉢ケ峯寺村の国神社（旧8・27）に伝わった芸能。
10・第1日曜		早馬神社	宮城県	気仙沼市	神幸船祭 御霊会	神輿　ミソギ型神幸祭。村内・沖合を巡った後に浜で禊。

10・連休		西代神社	大阪府	河内長野市	西代神楽 産土・収穫感謝祭	神輿・唐獅子・地車　伊勢大神楽系の獅子舞。獅子舞は金曜。
10・連休		高向神社	大阪府	河内長野市	日野獅子舞 産土・収穫感謝祭	神輿・唐獅子・地車　日野村（春日神社）に伝わった芸能。
10・連休	8・15	泉井上神社	大阪府	和泉市	秋祭 産土・収穫感謝祭	地車　境内に和泉国五社総社。 かつて旧暦8・15に放生会。和泉五社から神輿・飯山・渡物。
10・連休	8・15	聖神社	大阪府	和泉市	秋祭 産土・収穫感謝祭	神輿・地車　かつて旧暦8・15に総社の放生会に渡御。
10・連休		大津神社	大阪府	泉大津市	秋祭 産土・収穫感謝祭	地車　地車を当て合うカチアイは府下唯一の様式。
10・連休	8・29	泉穴師神社	大阪府	泉大津市	秋祭 産土・収穫感謝祭	神輿・神饌曳車・地車　飯之山地車にて飯山神饌。 かつて旧暦8・15に総社に渡御。
10・連休	8・15	積川神社	大阪府	岸和田市	秋祭 産土・収穫感謝祭	神輿・地車　かつて旧暦8・15に総社の放生会に渡御。
10・連休		夜疑神社	大阪府	岸和田市	秋祭 産土・収穫感謝祭	地車　後宴として久米田寺・行基堂へ行基参り。
10・連休		火走神社	大阪府	泉佐野市	秋祭 産土・収穫感謝祭	地車　舁き上げる荷地車。屋根が上下する。
10・連休	8・26	大森神社	大阪府	熊取町	秋祭 産土・収穫感謝祭	地車　地車が境内の舞殿を三周巡る。
10・連休		茅渟神社	大阪府	泉南市	秋祭 産土・収穫感謝祭	神輿・地車（ヤグラ）　域内最大級のヤグラ。
10・連休	9・9	男神社	大阪府	泉南市	秋祭 産土・収穫感謝祭	神輿・地車（ヤグラ）　海岸近くの浜宮へ浜降り。
10・連休		波太神社	大阪府	阪南市	秋祭 産土・収穫感謝祭	神輿・地車（ヤグラ）　月曜日に神輿が浜降りし海に入る。
10・連休	9・15	粟田神社	京都府	京都市東山区	粟田祭 例祭	神輿・十二灯・剣鉾　知恩院前の瓜生石にて神事法要。
10・連休	8・15	宇佐神宮	大分県	宇佐市	仲秋祭 放生会	神輿・放生会式　六郷満山の僧侶参列。日曜日に放生式。 八幡古表神社と古要神社に往時奉納の傀儡子の舞と相撲が伝承。
10・第2日曜		談山神社	奈良県	桜井市	嘉吉祭 産土・収穫感謝祭	百味御食　多武峰の秋の収穫。仏式色のある特殊神饌。 かつては旧暦9・11。例祭11・17。
10・15		枚岡神社	大阪府	東大阪市	秋郷祭 産土・収穫感謝祭	神輿・布団太鼓・地車　例祭2・1。

10・15	8・15	松原八幡神社	兵庫県	姫路市	灘の喧嘩祭 産土・収穫感謝祭	神輿・鳳輦型屋根付太鼓台　神輿担当は海中での禊。御旅山には無数の桟敷席。
10・15		伊曽乃神社	愛媛県	西条市	西条まつり 産土・収穫感謝祭	神輿・舁屋台（ダンジリ）・曳車型布団太鼓　例祭2・1。16日の還幸祭では加茂川堤に約80台のダンジリが並ぶ。
10・17	9・13	住吉大社	大阪府	大阪市住吉区	宝之市神事 収穫感謝祭	6月の御田植神事で植えた稲の収穫祭。
10・18		内宮神社	愛媛県	新居浜市	例祭 産土・収穫感謝祭	神輿・布団太鼓　金色の立体刺繍の飾幕が発達。
10・第3土曜		建水分神社	大阪府	千早赤阪村	秋祭 産土・収穫感謝祭	地車　広大な氏地。地車上の舞台で俄を演じる。
10・第3土曜		琴弾八幡神社	香川県	観音寺市	秋祭 産土・収穫感謝祭	神輿・布団太鼓　琴弾山の本殿から麓の拝殿まで神幸。
10・第3日曜		諏訪神社	大阪府	大阪市城東区	獅子舞 産土・収穫感謝祭	唐獅子・地車　府内唯一の毛獅子。
10・第3日曜		北條神社	大阪府	大東市	秋祭 産土・収穫感謝祭	筥提灯型御迎提灯・地車　府内随一の巨大地車。例祭10・21。
10・第3日曜		美具久留御魂神社	大阪府	富田林市	秋祭 産土・収穫感謝祭	地車　地車の舞台で俄を演じる。
10・第3日曜		壹須何神社	大阪府	河南町	秋祭 産土・収穫感謝祭	筥提灯型御迎提灯・地車　地車の舞台で俄を演じる。
10・第3日曜		鳥飼八幡宮	兵庫県	洲本市	秋祭 産土・収穫感謝祭	神輿・太鼓・布団太鼓・船型曳車・唐獅子・綱引
10・第3日曜		宇太水分神社	奈良県	宇陀市	水分祭 産土・収穫感謝祭	神輿・宮型屋根付太鼓台　惣社水分神社から姫神を迎える。
10・22		平安神宮	京都府	京都市左京区	時代祭 記念祭	純鳳輦型神輿（桓武天皇・孝明天皇）・時代行列　平安京遷都の日。 平安京築造の天皇と最後の天皇の御霊を祀って京都を奉祝。
10・22	9・9	由岐神社	京都府	京都市左京区	鞍馬の火祭 例祭	神輿・松明　カミ迎えの再現。
10・22		魚吹八幡神社	兵庫県	姫路市	提灯祭 産土・収穫感謝祭	神輿・御迎提灯・鳳輦型屋根付太鼓台・地車（芸能舞台）
10・22頃の日曜		八坂神社	大阪府	池田市	神田祭 産土・収穫感謝祭	神輿・大幟・扁額型御迎提灯・屋根付太鼓台
10・26頃		五社神社	大阪府	大阪市西淀川区	秋祭 産土・収穫感謝祭	太鼓台（梵天太鼓）　尼崎や庄内など北摂地域でよく見る形態。

10・第4日曜		牛窓神社	岡山県	瀬戸内市	例祭 産土・収穫感謝祭	神輿・布団太鼓・船型曳車　同地域に唐子踊りが伝わる。
11・22		石上神宮	奈良県	天理市	鎮魂祭 鎮魂（たまふり）	十種神宝を用いて御霊を振って安鎮する。
11・23		少彦名神社	大阪府	大阪市中央区	神農祭 厄除祈願	道修町の薬種業者が創始。厄除け張り子の虎。
11・24		恩智神社	大阪府	八尾市	御供所神事 産土・収穫感謝祭	特殊神饌　26日の卯辰祭（秋季例祭）のためのヒト形唐菓子。
11・末の土曜か日曜	10・亥	上神谷地域	大阪府	堺市南区	亥の子 収穫感謝祭	子供たちが各戸を巡って藁鉄砲で地面を打つ。北摂能勢にも残る。関東では十日夜。
12・5	11・5	奥能登地域	石川県	能登町	アエノコト 収穫感謝祭	田神を田主の家に迎え饗応。カミ送り2・9（旧1・9）。
12・14	11・14	石津太神社	大阪府	堺市西区	ヤッサイホッサイ 例祭	火渡り　戎神が浜人に担がれ火渡りしカミ迎えを再現。
12・15	11・16	海老江八坂神社	大阪府	大阪市福島区	御饗神事 産土・収穫感謝祭	特殊神饌　宮座で神饌を調理。翌日に直会。
12・15		銀鏡神社	宮崎県	西都市	銀鏡神楽 例祭	神楽・特殊神饌　神饌に猪頭が供される。 シシトギリ（狩法神事）。14夜～15朝に神楽33番。
12・17		春日若宮神社 （春日大社摂社）	奈良県	奈良市	おん祭 例祭	神楽（社伝神楽・東遊・田楽・細男・神楽式・舞楽） 毎年新築の御假殿へ夜中に神幸。
12・24		増田神社	三重県	桑名市	伊勢大神楽総舞	唐獅子・放下芸　各組が参集。例祭（神講）12・23。

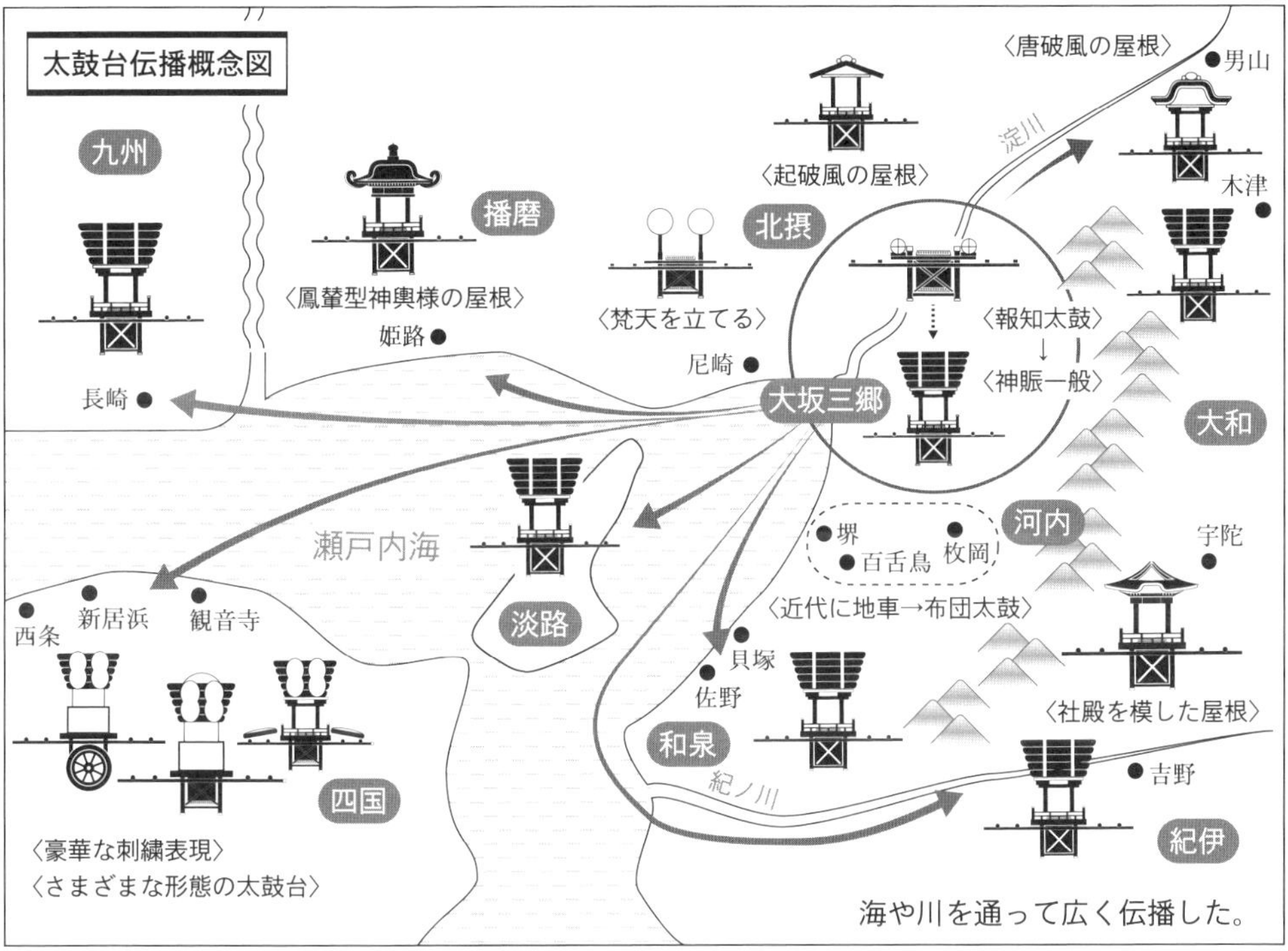
太鼓台伝播概念図
九州
播磨
〈鳳輦型神輿様の屋根〉
姫路
〈起破風の屋根〉
〈梵天を立てる〉
北摂
尼崎
〈唐破風の屋根〉
男山
淀川
木津
〈報知太鼓〉
↓
〈神賑一般〉
大坂三郷
長崎
大和
瀬戸内海
淡路
堺
百舌鳥
枚岡
河内
宇陀
〈近代に地車→布団太鼓〉
西条
新居浜
観音寺
貝塚
佐野
和泉
〈社殿を模した屋根〉
紀ノ川
吉野
四国
紀伊
〈豪華な刺繍表現〉
〈さまざまな形態の太鼓台〉
海や川を通って広く伝播した。

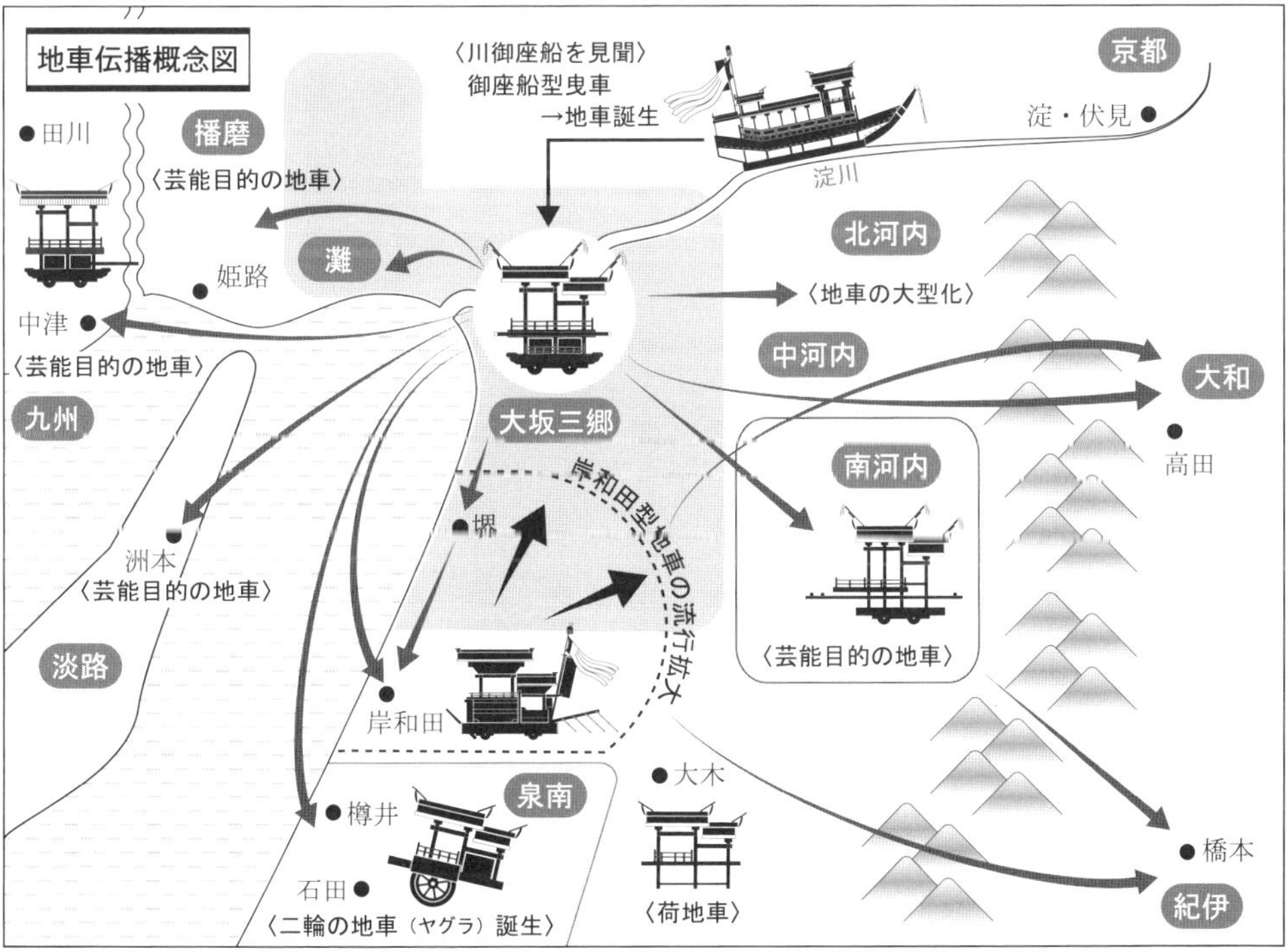
地車伝播概念図
〈川御座船を見聞〉
御座船型曳車
→地車誕生
京都
淀・伏見
淀川
田川
播磨
〈芸能目的の地車〉
灘
姫路
北河内
〈地車の大型化〉
中津
〈芸能目的の地車〉
中河内
大和
九州
大坂三郷
高田
南河内
堺
岸和田型地車の流行拡大
洲本
〈芸能目的の地車〉
淡路
〈芸能目的の地車〉
岸和田
大木
泉南
樽井
石田
〈二輪の地車（ヤグラ）誕生〉
〈荷地車〉
橋本
紀伊

あとがき

「神賑」という言葉を、もっと多くの方に知ってもらいたい。これが、本書執筆の根底にある動機でした。神職の方々の間では一般的な語句なのですが、神道関係の書物でも索引に挙がることはまれで、一部の祭を除いて、祭（神賑）に携わる人の中でも市民権を得ていない専門用語です。ところが、本書を通読していただければわかるように、神賑という概念を抜きにして祭を語ることはできません。

本文でも述べたように、私にとって岸和田祭の土日開催は衝撃でした。難しいとは思いますが、神賑行事の日取りを式日に戻す希望は捨てておりません。もっと祭について考える機会を増やしたい、祭の中の神事と神賑行事との関係性を伝えたいとの想いで、平成二十年から六年間にわたってシンポジウム「摂河泉の神賑」（主催・岸和田市青年団協議会）を企画しました。また、同じ頃、「探求　日本の神賑」（全十七回）を新聞で連載するなど、機会のあるごとに、「神賑」という言葉を発信してきました。これは、私にとっては、神賑という言葉、概念で祭を捉えることが有効なのかどうなのか、という実験でもありました。結果はおおむね良好で、祭を神事と神賑行事とに分けることによって、二次元の絵が三次元の立体になったかのごとく、祭の実像を鮮明に浮かび上がらせることができました。

祭具の各論については、大阪を拠点としていた頃の研究の蓄積で書き上げることができましたが、祭の概念や神輿については、京都に移り住まなければ書くことができなかったように思います。平成二十二年に、二十代に中退していた京都大学農学部森林科学科へ再入学し、人と自然との関わり、森・里・海の連環、カミとヒトとの関係を学んだことは、未来に果たす祭の役割を考える際の、大きな助けとなりました。

本書には、フィールドワークや歴史史料から得た情報だけではなく、それらを元に構築した私独自の造語や論考もいくつかあります。これらについては、まだまだ議論が不十分なところもあるかもしれませんが、一度、世に問うことによって見えてくるものもあるだろうし、また、少しでも早く研究の成果を祭の現場に還元したいとの想いで、細心の注意を払いながらも大胆に筆を進めました。扱う内容の性格上、情報量も多く、中には思い違いなどあるかもしれません。その際は、ご指摘いただければと思います。本書が、少しでも多くの地域において、祭の継承・発展のための一助となれば幸いです。

本書の執筆にあたっては多くの方々にご助言を賜りました。お一人お一人のお名前をすべて挙げることはかないませんが――神賑というキーワードを投げかけてくださった夜疑神社宮司の原充昭様、神社のさまざまについてご教授くださった大阪天満宮禰宜の岸本政夫様、生國魂神社筆頭権禰宜の中村文隆様、泉州から大阪へと引っ張り出してくださった講談師の旭堂南陵師匠、恩師の国立民族学博物館・総合地球環境学研究所名誉教授の秋道智彌先生、京大への再入学を受け入れてくださった京都大学教授の柴田昌三先生、私の良き理解者で盟友でもある彫刻師の河合申仁師、太鼓正の南本庸介社長、地元の祭を続けながら舞台の太鼓を打つ太鼓奏者の植木陽史氏、京都での人脈を広げてくださった平浩之氏、京都に在住の後、祈りのかたちのさまざまを示してくださった有職菓子御調進所老松主人の太田達氏、観世流能楽師の林宗一郎氏、有斐斎弘道館館長の濱崎加奈子氏、企画段階から相談に乗ってくださった芸能史研究家の前田憲司氏には格別の感謝を申し上げます。また、初期の段階で情報の確認作業を手伝っていただいた菊澤聖子氏、娘の桜をあやしながら徹夜で内容と図版の検証作業を一緒にこなしてくれた妻・香織、そして、当初の企画内容から脱線し続ける私の文章を絶えず原点に回帰させてくださった編集部の松浦利彦氏にも深く感謝を申し上げます。ありがとうございました。

平成二十七年六月

森田　玲

参考文献

■辞書・図録類

半井真澄編『神職宝鑑　上・下』碧梧書院、一八九九年
本田安次ほか編『日本庶民生活史料集成　第二十二巻　祭礼』三一書房、一九七九年
安津素彦ほか編集監修『神道辞典』神社新報社、一九六八年
下中弥三郎編『神道大辞典　縮刷版』臨川書店、一九八六年
小野泰博ほか編『日本宗教事典　縮刷版』弘文堂、一九九四年
国学院大学日本文化研究所編『神道事典　縮刷版』弘文堂、一九九九年
山折哲雄編『稲荷信仰事典（神仏信仰事典シリーズ３）』戎光祥出版、一九九九年
真弓常忠編『祇園信仰事典（神仏信仰事典シリーズ10）』戎光祥出版、二〇〇二年
『日本の神々と祭り――神社とは何か？』国立歴史民俗博物館、二〇〇六年
『国宝大神社展』ＮＨＫ、二〇一三年
鈴木棠三『日本年中行事辞典（角川小辞典16）』角川書店、一九七七年
宮本常一『民間暦』講談社、一九八五年
山中永之佑編『堺県法令集二（羽曳野資料叢書　第六巻）』羽曳野市、一九九三年
西沢有綜編著『暦日大鑑』新人物往来社、一九九四年
暦の会編著『暦の百科事典　2000年版』本の友社、一九九九年
白川静『新訂　字訓　普及版』平凡社、二〇〇七年
大野晋編『古典基礎語辞典』角川学芸出版、二〇一一年
『神々の美の世界――京都の神道美術』産経新聞社、二〇〇四年
神田より子ほか編『民俗小事典　神事と芸能』吉川弘文館、二〇一〇年
『角川日本地名大辞典27　大阪府』角川書店、一九八三年
『日本歴史地名大系　第27巻　京都市の地名』平凡社、一九七九年
『日本歴史地名大系　第28巻　大阪府の地名Ⅰ・Ⅱ』平凡社、一九八六年

■祭

大野晋ほか編集校訂『古事記伝　第１（本居宣長全集　第九巻）』筑摩書房、一九六八年
南方熊楠『南方熊楠全集７　書簡Ⅰ』平凡社、一九七四年
倉林正次『祭りの構造――饗宴と神事』日本放送出版協会、一九七五年
倉林正次『天皇の祭りと民の祭り――大嘗祭新論』第一法規出版、一九八三年
倉林正次『祭りのこころ』おうふう、二〇〇二年
柳田國男『柳田國男全集13・14』筑摩書房、一九九〇年
薗田稔『誰でもの神道――宗教の日本的可能性』弘文堂、一九九八年
上田篤『鎮守の森の物語――もうひとつの都市の緑』思文閣出版、二〇〇三年
上田正昭編『探究「鎮守の森」――社叢学への招待』平凡社、二〇〇四年
黒田一充『祭祀空間の伝統と機能』清文堂出版、二〇〇四年
神崎宣武『「まつり」の食文化』角川学芸出版、二〇〇五年
新木直人『神游の庭――世界文化遺産・京都賀茂御祖神社「下鴨神社」』経済界、二〇〇七年
岩井宏實・日和祐樹『神饌――神と人との饗宴（ものと人間の文化史140）』法政大学出版局、二〇〇七年
岡田荘司編『日本神道史』吉川弘文館、二〇一〇年
田中恆清『神道のちから』学習研究社、二〇一一年
「特集　神さまとなった生き物たち」『BIOSTORY　Vol.20』誠文堂新光社、二〇一三年
井上光貞ほか校注『律令（日本思想大系　新装版）』岩波書店、一九九四年
虎尾俊哉編『延喜式　上（訳注日本史料）』集英社、二〇〇〇年
武田祐吉ほか訳『読み下し日本三代実録　上巻　清和天皇』戎光祥出版、二〇〇九年
式部寮編『神社祭式』一八七五年
『風俗画報　八十八号』東陽堂、一八九五年
神社本庁編『神社祭式同行事作法解説』神社新報社、一九七四年
神社本庁編『神社祭式行事作法指導要綱』神社新報社、一九七五年
宮田登ほか編『都市と田舎――マチの生活文化（日本民俗文化大系　第十一巻）』小学館、一九八五年
松平誠『都市祝祭の社会学』有斐閣、一九九〇年
山口佳紀ほか校注・訳『古事記（新編日本古典文学全集１）』小学館、一九九七年
小島憲之ほか校注・訳『日本書紀１（新編日本古典文学全集２）』小学館、一九九四年
植垣節也校注・訳『風土記（新編日本古典文学全集５）』小学館、一九九七年
小島憲之ほか校注・訳『萬葉集１（新編日本古典文学全集６）』小学館、一九九四年
小沢正夫ほか校注・訳『古今和歌集（新編日本古典文学全集11）』小学館、一九九四年
ニコラ・ブーヴィエ著、高橋啓訳『日本の原像を求めて』草思社、一九九四年

神社本庁編『SOUL of JAPAN』神社本庁、二〇一三年

■自然

土居水也「清良記（親民鑑月集）」『日本農書全集10』農山漁村文化協会、一九八〇年
秋道智彌編『自然はだれのものか――「コモンズの悲劇」を超えて』昭和堂、一九九九年
秋道智彌『なわばりの文化史――海・山・川の資源と民俗社会』小学館、一九九九年
加藤真『日本の渚――失われゆく海辺の自然』岩波書店、一九九九年
畠山重篤『森は海の恋人』文芸春秋、二〇〇六年
末原達郎『文化としての農業　文明としての食料』人文書館、二〇〇九年
森本幸裕ほか編著『いのちの森――生物親和都市の理論と実践』京都大学学術出版会、二〇〇五年

■神楽

林屋辰三郎『中世芸能史の研究――古代からの継承と創造』岩波書店、一九六〇年
『折口信夫全集　第十七巻（芸能史篇　第1）』中央公論社、一九六七年
国書刊行会編「東大寺要録」『続々群書類従　第十一　宗教部1』続群書類従完成会、一九七八年
『神楽――古代の歌舞とまつり（日本の古典芸能1）』平凡社、一九八六年
三隅治雄『民俗芸能の芸（日本の芸シリーズ）』東京書籍、一九八七年
藤井知昭編『日本音楽と芸能の源流――日本文化の原像を求めて』日本放送出版協会、一九八五年
本田安次『日本の伝統芸能　神楽Ⅰ（本田安次著作集　第一巻）』錦正社、一九九三年
西角井正大編『民俗芸能一（日本音楽叢書七）』音楽之友社、一九九〇年
南谷美保『四天王寺聖霊会の舞楽』東方出版、二〇〇八年

■京都

『続日本紀（国史大系　第二巻）』経済雑誌社、一八九七年
『日本紀略（国史大系　第五巻）』経済雑誌社、一八九七年
『本朝世紀（国史大系　第八巻）』経済雑誌社、一八九八年
『八坂誌』八坂神社、一九〇六年
塙保己一編「二十二社註式」『群書類従　第二輯　神祇部』続群書類従完成会、一九五九年
塙保己一編「祇園執行日記」『群書類従　第二十五輯　雑部』続群書類従完成会、一九六〇年
藤原明衡著、川口久雄訳注『新猿楽記（東洋文庫424）』平凡社、一九八三年
沖森卓也ほか編著「秦氏本系帳」『古代氏文集』山川出版社、二〇一二年
京都市編『京都の歴史1・2』学芸書林、一九七〇～七一年
上田正昭ほか『京の社――神々と祭り』人文書院、一九八五年
米山俊直編著『ドキュメント祇園祭――都市と祭と民衆と』日本放送出版協会、一九八六年
所功『京都の三大祭』角川書店、一九九六年
植木行宣『山・鉾・屋台の祭り――風流の開花』白水社、二〇〇一年
八木透編著『京都の夏祭りと民俗信仰』昭和堂、二〇〇二年
太田達ほか編著『京の花街――ひと・わざ・まち』日本評論社、二〇〇九年
山路興造『京都芸能と民俗の文化史』思文閣出版、二〇〇九年
川嶋將生『祇園祭――祝祭の京都』吉川弘文館、二〇一〇年
『京都の剣鉾まつり』京都の民俗文化総合活性化プロジェクト実行委員会、二〇一一年
河内将芳『祇園祭の中世――室町・戦国期を中心に』思文閣出版、二〇一二年
西村豊・三枝暁子『京都　天神をまつる人びと――ずいきみこしと西之京』岩波書店、二〇一四年

■大阪

喜田川季荘『類聚近世風俗志　原名守貞漫稿　上・下』国学院大学出版部、一九〇八年
喜多村筠庭著、長谷川強ほか校訂『嬉遊笑覧　三』岩波書店、二〇〇四年
船越政一郎編『浪速叢書　第二　摂陽奇観』浪速叢書刊行会、一九二七年
船越政一郎編『浪速叢書　第四　摂陽奇観』浪速叢書刊行会、一九二七年
船越政一郎編『浪速叢書　第六　摂陽奇観』浪速叢書刊行会、一九二九年
船越政一郎編「蘆分船」『浪速叢書　第十二　地誌』浪速叢書刊行会、一九二七年
上方郷土研究会編『郷土研究上方　第七号』創元社、一九三一年
上方郷土研究会編『郷土研究上方　第三十一号』創元社、一九三三年
上方郷土研究会編『郷土研究上方　第五十五号』創元社、一九三五年
上方郷土研究会編『郷土研究上方　第六十七号』創元社、一九三六年
大阪市史編纂所編『近来年代記　上・下』大阪市史料調査会、一九八〇年
浜田義一郎ほか編『大田南畝全集　第八巻』岩波書店、一九八六年
藤里好古「天神祭の諸相」『郷土研究上方　第七号』創元社、一九三一年
藤里好古『大阪夏祭提燈考』上方郷土研究会、一九三三年

上田長太郎『大阪の夏祭』上方郷土研究会、一九三七年
『大阪府官幣社現行特殊慣行神事』大阪府、一九三〇年
『府社現行特殊慣行神事』大阪府、一九三二年
『郷社現行特殊慣行神事』大阪府学務部、一九三四年
『大阪府の民俗1・2』大阪府教育委員会、一九六三～六四年
『大阪府の民俗芸能』大阪府教育委員会、二〇〇九年
『大阪府神社名鑑』大阪府神道青年会、一九七一年
『大阪府神社史資料　上巻・下巻』大阪府神社庁、一九八六年
『大阪の祭り』大阪府神道青年会、一九八〇年
神祇院編『官国幣社特殊神事調』国書刊行会、一九七二年
大阪府学務部編『大阪府史蹟名勝天然記念物　第一冊』清文堂出版、一九七四年
宮本又次『大阪文化史論』文献出版、一九七九年
牧村史陽編『大阪ことば事典』講談社、一九七九年
高橋秀雄ほか編『都道府県別　祭礼行事　大阪府』桜楓社、一九九三年
旅行ペンクラブ編『大阪の祭』東方出版、二〇〇五年
『大阪の祭り――描かれた祭り・写された祭り』大阪府神社庁、二〇〇九年
『瓦版にみる幕末大坂の事件史・災害史』大阪城天守閣、二〇一一年
『古写真にみるなにわの行事・祭礼』大阪城天守閣、二〇一三年
森田玲『堺・泉州の神賑――地車・やぐら・ふとん太鼓』岸和田市青年団協議会、二〇〇八年
森田玲『摂河泉の神賑――地車・獅子・彫物』岸和田市青年団協議会、二〇〇九年
森田玲『摂河泉の神賑　第三～六巻』岸和田市青年団協議会、二〇一〇～一三年
森田玲「探求　日本の神賑　全17回（連載）」産経新聞（関西版）、二〇〇九年
森田玲「渾身の民俗芸能アーカイブス・よみがえる神賑――未来への道標」『館報　池田文庫　第三十四号』池田文庫、二〇〇九年
森田玲「大坂の祭――神事と神賑行事」『大阪の教科書　増補改訂版』創元社、二〇一二年
産土神（森田玲・林宗一郎）編著『平成二十六年度　京都市芸術文化特別奨励者　活動報告書』産土神、二〇一五年
堺史編纂係編『堺大観　一』堺市、一九〇三年
堺市編『堺市史　第三巻』堺市役所、一九三〇年
松本壮吉編『左海民俗　二十周年記念号』堺民俗会、一九六八年
『開口神社史料』開口神社、一九七五年
『開口神社と堺』堺市博物館、二〇一二年
与謝野晶子「住吉祭」『精神修養　第二巻第八号』精神修養社、一九一一年
与謝野晶子『私の生ひ立ち』刊行社、一九八五年
吉田豊「堺学Ⅰ　堺の祭りと信仰――住吉祭の練物とふとん太鼓」『上方文化研究センター研究年報　第5号』大阪女子大学上方文化研究センター、二〇〇四年
米山俊直『天神祭――大阪の祭礼』中央公論社、一九七九年
井野辺潔・網干毅編著『天神祭――なにわの響き』創元社、一九九四年
大阪天満宮文化研究所編『天神祭――火と水の都市祭礼』思文閣出版、二〇〇一年
平野郷公益会編『平野郷町誌』清文堂出版、一九七〇年
『極楽へのいざない――練り供養をめぐる美術』龍谷大学龍谷ミュージアム、二〇一三年
『政基公旅引付　本文篇・研究抄録篇・索引篇』和泉書院、一九九六年
『水にかける想い――和泉と水・雨乞いを中心に』歴史館いずみさの、二〇〇〇年

■その他の地域

芳賀日出男『郷土の伝統芸能（カラーブックス815）』保育社、一九九一年
芳賀日出男『日本の祭（カラーブックス84）』保育社、一九六五年
『祭礼・山車・風流――近世都市祭礼の文化史』四日市市立博物館、一九九五年
『町人文化の華――大津祭』大津市歴史博物館、一九九六年
『阿波踊り今昔物語』徳島市立徳島城博物館、一九九七年
『続・江戸型山車のゆくえ――天下祭及び祭礼文化伝播に関する調査・研究報告書』千代田区教育委員会、一九九九年
佐々木順三『神楽――（余録）芸北地方伝統芸能歳時記』美土里町観光協会、一九九九年
『月刊　大和路ならら　135号』地域情報ネットワーク、二〇〇九年
奈良国立博物館編『おん祭と春日信仰の美術』仏教美術協会、二〇一二年

■神輿

『泉邦四県石高　寺社旧跡幷地侍伝』和泉市史編纂委員会、一九六二年
米田雄介ほか校訂『史料纂集　吏部王記』続群書類従完成会、一九七四年
神吽著、重松明久校注訓訳『八幡宇佐宮御託宣集』現代思潮社、一九八六年
飯沼賢司『八幡神とはなにか』角川書店、二〇〇四年
手中正『神輿と明王太郎――宮大工の技術と伝統』東京美術、一九九六年
松本芳郎「和泉五社祭礼と「飯ノ山」渡し」『泉佐野市史研究　第7号』泉佐野市教育委員会、二〇〇一年

宮本卯之助監修『神輿大全』誠文堂新光社、二〇一一年
佐々木長生「浜下りと大震災」『季刊東北学　第29号』柏書房、二〇一一年

■御迎提灯
貞本義保編著『今宮町志』大阪府西成郡今宮町、一九二六年
折口信夫「だいがくの研究」『古代研究　第一部　民俗学篇』大岡山書店、一九二九年
『夏祭浪花鑑（国立劇場上演資料集192）』国立劇場芸能調査室、一九八一年
『玉出のだいがく――生根神社「だいがく祭り」調査報告書』生根神社、二〇〇三年

■太鼓台
西沢一鳳「皇都午睡」『新群書類従　第1　演劇』市島謙吉、一九〇六年
日本観光文化研究所編「特集　糸の匠――淡路島のだんじり屋」『あるくみるきく　232号』近畿日本ツーリスト、一九八六年
三宅都子『太鼓職人』解放出版社、一九九七年
藤井豊監修『太鼓台――小豆島の秋まつり』月刊ぴ〜ぷる、一九九八年
南川孝司編『貝塚の太鼓台』摂河泉文庫・貝塚寺内町倶楽部、二〇〇三年
山根眞人「秋祭りにおける神賑行事の時代的変遷について」『神社本庁教学研究所紀要　第11号』神社本庁教学研究所、二〇〇六年
福原敏男『西条祭礼絵巻――近世伊予の祭礼風流』西条市総合文化会館、二〇一二年

■地車
三枝博音編「和漢船用集」『復刻　日本科学古典全書7　海上交通』朝日新聞社、一九七八年
『高松藩御座船　飛龍丸』琴平海洋会館、一九九〇年
『御座船――豪華・絢爛大名の船』日本海事科学振興財団、一九九一年
『USHIMADO――海遊文化館』牛窓町、一九九二年
『科長神社の夏祭りとだんじり――山田の船だんじり出現の背景』太子町立竹内街道歴史資料館、二〇〇四年
井上通女遺徳表彰会編『井上通女全集』吉川弘文館、一九〇七年
『大阪編年史　第十三巻』大阪市立中央図書館、一九七一年
『大阪市史　第三　復刻版』清文堂出版、一九七九年
野間光辰監修『校本　難波丸綱目』中尾松泉堂書店、一九七七年
大阪地車研究会監修『大阪のだんじり』大阪観光協会、一九八六年
近江晴子「天神祭の地車――PartI」『大阪春秋　第55号』大阪春秋社、一九八八年
八木滋「近世後期大坂における市場社会と民衆世界」『近代大阪と都市文化』清文堂出版、二〇〇六年
近江晴子編『大阪天満宮　夏大祭天神祭と秋大祭流鏑馬式史料』関西大学なにわ・大阪文化遺産学研究センター、二〇一〇年
小谷方明編『和泉郷土史々料　第九号』和泉郷土史々料刊行会、一九三二年
小谷方明編『郷土和泉　第十五号』郷土和泉刊行会、一九三四年
永野仁編『だんじり祭関係史料集（岸和田市史史料　第2輯）』岸和田市、一九七九年
『岸和田市史　第3巻』岸和田市、二〇〇〇年
『熊沢友雄日記1〜3（岸和田市史史料　第6〜8輯）』岸和田市教育委員会、二〇〇八〜一〇年
森田玲『CD岸和田八木だんじり祭　鳴物十三ヶ町　宮入り編・行基参り編・小屋前編』民の謡、二〇〇四〜一〇年
森田玲『岸和田だんじり祭　地車名所独案内』古磨屋、二〇〇六年
森田玲『岸和田祭音百景　平成地車見聞録』民の謡、二〇〇七年
森田玲『CD泉州岸和田だんじり祭　解説書』コロムビア、二〇〇九年
玉谷哲・森田玲編著『岸城神社御鎮座六百五十年人祭記念誌』岸城神社、二〇一一年
宮本圭造「「だんじり」遡源」『祇園囃子の源流――風流拍子物・羯鼓稚児舞・シャギリ』岩田書院、二〇一〇年

■唐獅子
塙保己一編「教訓抄」『続群書類従　第十九輯上　管絃部』続群書類従完成会、一九五八年
竹内里三編「法隆寺伽藍縁起幷流記資材帳」『寧楽遺文　中巻』東京堂、一九六二年
文化財保護委員会監修『月刊　文化財　209号』第一法規出版、一九八一年
澤井浩一「伊勢大神楽と大阪の獅子舞――大神楽研究の課題整理」『大阪市立博物館研究紀要　第28冊』大阪市立博物館、一九九六年
森田玲「伊勢大神楽の音曲構成①〜④」『たいころじい』第32巻〜35巻、二〇〇八〜一〇年
森田玲「伊勢大神楽の神楽囃子研究――音曲構成の特徴と他分野諸芸能との関連性」『民俗音楽研究　第36号』日本民俗音楽学会、二〇一一年
北川央『神と旅する太夫さん――国指定重要無形民俗文化財「伊勢大神楽」』岩田書院、二〇〇八年
樋口幸弘『大栗裕作品集』（CD解説書）EMI、二〇〇九年
前田憲司「維新後の伊勢大神楽の消長」『三重県史　通史編　近現代1』三重県、二〇一五年

さくいん

〈著者略歴〉

森田 玲（もりた・あきら）

昭和五一年（一九七六）、大阪府生まれ。京都市在住。京都大学農学部森林科学科卒。関西学院大学大学院社会学研究科博士課程前期課程修了（民俗学）、同後期課程在学中。同志社大学嘱託講師、京都府立大学非常勤講師。玲月流初代・篠笛奏者。㈱篠笛文化研究社・代表（旧・民の謡）。なにわ大賞特別賞受賞。文化庁芸術祭新人賞受賞。京都市芸術文化特別奨励者。主な著作に『日本の祭と神賑』『日本だんじり文化論』（創元社）、『現代民俗学入門』（分担執筆、創元社）、『日本の音 篠笛事始め』（篠笛文化研究社）、『天神祭の神賑』『岸和田だんじり図典』（だんじり彫刻研究会）、CD『天地乃笛』など。

日本《に》本《ほん》の祭《まつり》と神賑《かみにぎわい》

——京都《きょうと》・摂河泉《せっかせん》の祭具《さいぐ》から読《よ》み解《と》く祈《いの》りのかたち

二〇一五年 七 月二〇日 第一版第一刷発行
二〇二四年一二月一〇日 第一版第五刷発行

著 者 森田 玲
発行者 矢部敬一
発行所 株式会社 創元社
〈本 社〉〒五四一-〇〇四七
大阪市中央区淡路町四-三-六
電話（〇六）六二三一-九〇一〇㈹
〈東京支店〉〒一〇一-〇〇五一
東京都千代田区神田神保町一-二 田辺ビル
電話（〇三）六八一一-〇六六二㈹
〈ホームページ〉https://www.sogensha.co.jp/

組版 はあどわあく　印刷 TOPPANクロレ

ISBN978-4-422-23035-1 C0039